Winfried Kretschmann (Hg.)

Aus Zuversicht Wirklichkeit machen

Winfried Kretschmann (Hg.)

Aus Zuversicht Wirklichkeit machen

Aus Zuversicht Wirklichkeit machen

Gedanken zum Zusammenhalt in Zeiten des Umbruchs

FREIBURG · BASEL · WIEN

Verlag Herder GmbH, Freiburg im Breisgau 2024
Alle Rechte vorbehalten
www.herder.de

Satz: ZeroSoft, Timișoara
Herstellung: GGP Media GmbH
Printed in Germany

ISBN Print: 978-3-451-39841-4
ISBN E-Book (E-PUB): 978-3-451-83416-5
ISBN E-Book (PDF): 978-3-451-83418-9

Inhalt

Einleitung
WINFRIED KRETSCHMANN 9

Transformation braucht Mehrheiten
JOACHIM GAUCK 13

Kapitel I:
Ein Update für die Demokratie 25

Über das Verhältnis von Zusammenhalt und Freiheit
JAN-WERNER MÜLLER 27

Zusammen wachsen – Für eine konkrete Ethik der sozialökologischen Transformation
MARKUS GABRIEL 35

Demokratie im Transformationsstress – Lässt sich Bürgersinn fördern?
FELIX HEIDENREICH 45

Freiheit – oder: Warum es mehr Politik braucht
ISABELLE-CHRISTINE PANRECK 57

Nachhaltigkeit muss durch die Freiheit gehen
PHILIPP KROHN 66

Klimawandel als Bewährungsprobe der offenen Gesellschaft
RALF FÜCKS 75

Wider die große Geste, oder: der evolutionäre Modus der
Demokratie
ARMIN NASSEHI 85

Kapitel II:
Streiten, sprechen, gemeinsam handeln. 97

Konflikt und Konsens – Was uns trennt und was uns eint
STEFFEN MAU 99

Die Kunst des Miteinander-Redens in Zeiten des Hasses
BERNHARD PÖRKSEN 107

Klimaschutz sozial gerecht gestalten
ANITA ENGELS.. 117

Neurowissenschaften und Klimapolitik – Warum wir dringend eine neue Reifeprüfung brauchen
MAREN URNER 126

Transformation braucht Emotion
JOHANNES HILLJE 134

Kapitel III:
Dialog und Engagement machen den Unterschied 143

Politik des Gehörtwerdens – Eine baden-württembergische Erfolgsgeschichte
BARBARA BOSCH 145

Den Bürger nicht als Problem, sondern als Teil der Lösung betrachten
BENNO STIEBER 155

Mit Bürgerenergie gegen die Klimakrise
LAURA ZÖCKLER 164

Die Bemühten der Ebene
WOLF LOTTER.. 174

Kapitel IV:
Wandel managen und Zukunft sichern 185

Raus aus der Stimmungsfalle
STEFAN HARTUNG.................................... 187

Unternehmen als Gestalter der Transformation
ENRICO DE MONTE UND HANNA HOTTENROTT 194

Die Verantwortung der Wirtschaft – Sorgen und Hoffnungen der Belegschaft einbeziehen
ROMAN ZITZELSBERGER............................... 207

Kapitel V:
Wahrnehmung und Selbstbilder in der Transformation   **213**

Klimakrise und Demokratie – ein Paradox?
AXEL SALHEISER 215

Wer sind die Klimaskeptiker, und wie kann Vertrauen zurückgewonnen werden?
MARC DEBUS 223

Doppelter Transformationsschock und gesellschaftlicher Zusammenhalt – Effekte des Lebensumfelds
EVERHARD HOLTMANN, TOBIAS JAECK UND ISABEL MÜLLER   233

Don't do that: Die Nachwendezeit als Worst Practice sozialer Transformation
CHRISTIAN BANGEL 243

Kapitel VI:
Aus Zuversicht Wirklichkeit machen **249**

Für eine Politik der tätigen Zuversicht
ROBERT HABECK 251

Nicht warten, einfach machen
CLARA SCHWEIZER 260

Kleine Schritte statt großer Worte
PETER UNFRIED 269

Aus Zuversicht Wirklichkeit machen – ein Schlusswort
WINFRIED KRETSCHMANN 278

Über die Autorinnen und Autoren 294

Einleitung

WINFRIED KRETSCHMANN

Unter der Überschrift der ökologischen Transformation findet derzeit ein gewaltiger Umbruch statt. Er reicht weiter und tiefer, als es der so technisch daherkommende Begriff nahelegt. Denn es geht um weit mehr, als fossile durch erneuerbare Energie zu ersetzen – was im Übrigen schon schwer genug ist. Es geht um wirtschaftliche Interessen, Geschäftsmodelle und Wohlstand. Und es geht um die Veränderung der eigenen Lebenswelt, um tägliche Routinen, Mobilität, Wohnen, Arbeitsplätze.

Manche begegnen dieser Veränderung mit Lust, andere mit Frust. Vielen stecken die jüngsten Krisen noch in den Knochen, auch deshalb blicken sie mit Sorge auf das, was kommt. Manche fürchten, bei all dem Wandel nicht mehr mithalten zu können, einige fühlen sich bevormundet. Autoritäre Kräfte nutzen das aus. Sie propagieren scheinbar einfache Lösungen und winken mit Tickets in eine Vergangenheit, in die aber niemand mehr zurückkann. Sie schüren Ängste und befeuern die Verunsicherung. Das setzt unsere liberale Demokratie unter eine erhebliche Spannung: Einerseits müssen wir uns zügig von den fossilen Energien verabschieden, sonst gefährden wir das Überleben unserer Zivilisation. Andererseits müssen wir die Transformation so gestalten, dass darüber unsere Gesellschaften nicht auseinanderfallen und unsere Demokratie nicht zerbricht.

Altbundespräsident Joachim Gauck zitiert hierzu Antonio Gramsci, der vor der Krisenhaftigkeit jener Zeit gewarnt hat, in der das Alte stirbt, das Neue aber noch nicht zur Welt kommen kann. Auch wenn Gramsci dabei nicht die ökologische Transformation im Sinn hatte, trifft seine Beschreibung den Punkt: Was brauchen wir, was müssen wir tun, was sollten wir lassen, damit wir das Klima erfolgreich schützen, unseren Wohlstand erneuern und die Gesellschaft auf diesem Weg zusammenhalten? Davon handelt dieses Buch. Es ist im Nachgang zur Tagung „Gemeinsam handeln – die Gesellschaft in der Transformation zusammenhalten" entstanden, die im Oktober 2023 in Mannheim stattfand.

Die ökologische Transformation und der gesellschaftliche Zusammenhalt – das sind nicht nur wissenschaftlich bedeutsame Themen. Sie sind auch die Leitmotive meines eigenen politischen Handelns. Auch deshalb bin ich sehr froh und dankbar, dass so viele hervorragende Autorinnen und Autoren bereit waren, an diesem Projekt mitzuwirken.

Allen voran Altbundespräsident Joachim Gauck, der in seinem einleitenden Beitrag eine Standortbestimmung vornimmt und sich der Frage widmet, was wir für eine erfolgreiche Transformation brauchen: Mehrheiten für eine rationale Politik. Und diese Mehrheiten, so seine These, kommen nur zustande, wenn es wirkmächtige Erzählungen vom Gelingen der ökologischen Transformation gibt. Wenn wir davon erzählen, wie man die Transformation zum Erfolg macht. Wenn die Zivilgesellschaft dieses Jahrhundertthema zu ihrem eigenen macht. Und wenn politisch Verantwortliche das nötige Fingerspitzengefühl aufbringen, damit sich Menschen nicht vom Veränderungsdruck übermannt fühlen.

Im Kapitel *„Ein Update für die Demokratie"* geht es um die normativen Grundlagen für die Demokratie in Zeiten der Transformation, um das Verhältnis von Konflikten, Streit, Zusammenhalt und Freiheit. Und warum Freiheit – auch wirtschaftliche – heute ein entscheidender Faktor ist, um durch Veränderungen die Freiheit von morgen zu ermöglichen. Dabei müsse der Modus der Veränderung evolutionär sein, um Kompromisse zu ermöglichen und Loyalitäten zu erhalten.

Die empirischen Befunde zu der normativen Debatte liefert das zweite Kapitel: *„Streiten, sprechen, gemeinsam handeln"*. Wie viel Konsens, wie viel Spaltung gibt es denn tatsächlich in unserer Gesellschaft? Wie gelingt es, in Zeiten von Umbruch und Konflikten, von wachsender Abneigung gegenüber anderen Positionen, ja von zunehmendem Hass auf Andersdenkende miteinander zu reden? Wie viel Emotion und vor allem welche Emotion braucht das Sprechen über die Transformation, um konstruktive Klimapolitik zu befördern? Und wie bekommen wir eine faire Verteilung von Kosten, Nutzen und Verantwortung in der Klimapolitik hin?

Noch konkreter wird es im darauffolgenden Abschnitt *„Dialog und Engagement machen den Unterschied"*. Hier geht es darum, dass die Bürgerinnen und Bürger nicht in erster Linie das Objekt der Transformation sind, sondern sie als Subjekte mitgestalten: In der „Politik des Gehörtwerdens", die nicht nur ein Markenzeichen meiner Amtszeit geworden ist, sondern ein wichtiger Weg, um in einer sich weiter differenzierenden Gesellschaft sicherzustellen, dass die Vielfalt der Meinungen bei Entscheidungen berücksichtigt wird. Aber die Menschen wirken auch durch direktes Engagement, beispielsweise beim Aufbau von Bürgerenergie-Genossenschaften. Beides kann helfen, eine Transformationskultur wachsen zu lassen, die selbstverständlich von der Überzeugung und dem Engagement der Menschen getragen wird, ohne dass es dafür einer Vielzahl staatlicher Normen bedarf.

Die Rolle der Unternehmen und der Belegschaften wird im Kapitel *„Wandel managen und Zukunft sichern"* beleuchtet. Und diese Rolle ist zentral. Denn die Unternehmen müssen die technischen Lösungen anbieten, mit denen wir unseren Wohlstand klimaneutral erwirtschaften können. Dabei brauchen sie klare Rahmenbedingungen und Ziele von Seiten der Politik, aber auch Freiheiten bei der Umsetzung. Der Erfindergeist und die Kreativität von Unternehmen und Start-ups und das Engagement der Beschäftigten bergen ein enormes Potenzial für die ökologische Transformation, das wir bestmöglich nutzen müssen.

Das fünfte Kapitel *„Wahrnehmungen und Selbstbilder in der Transformation"* beleuchtet die gesellschaftlichen Wirkungen von Transformationsprozessen. Dabei geht es darum, wer die Transformationsskeptiker sind und wie diese gezielt angesprochen werden könnten. Es geht um Fragen von Partizipation, Selbstwirksamkeit und Vertrauen. Und darum, welche Lehren aus dem Transformationsprozess zu ziehen sind, den die neuen Bundesländer in den vergangenen Jahrzehnten durchlaufen haben.

Im abschließenden Abschnitt *„Aus Zuversicht Wirklichkeit machen"* versammeln sich Plädoyers für einen Weg der „tätigen Zuversicht" – etwa von Vizekanzler und Bundeswirtschaftsminister Robert Habeck. Statt über die Größe der Aufgabe ein wortreiches Lamento anzustimmen und die ökologische Transformation vor allem als moralisches Dilemma zu begreifen, komme es auf die gelebte Praxis an: auf Hartnäckigkeit, Mut und Risikobereitschaft einerseits, aber auch auf die Fähigkeit zum Kompromiss und zum gemeinsamen Handeln. Am Ende sei erfolgreicher Klimaschutz eben die Summe einer Vielzahl von kleinen Schritten, die gemeinsam zum Ziel führen.

Mir bleibt an dieser Stelle nur, mich bei allen Autorinnen und Autoren herzlich dafür zu bedanken, dass sie dieses Buch möglich gemacht haben: mit klugen Analysen, profunder Fachexpertise, einem realistischen Blick und visionärer Kraft. Mein Dank gilt darüber hinaus allen, ohne deren Mithilfe ein solches Werk nicht hätte entstehen können.

Ich hoffe, dass Sie, liebe Leserinnen und Leser, auf den folgenden Seiten viele Erkenntnisse und Denkanstöße finden, die Sie zum Nach- und Weiterdenken, aber gerne auch zum Widerspruch oder zum Streit animieren. Besonders freuen würde ich mich, wenn wir Sie für den Club derer gewinnen würden, die den Wandel mit tätiger Zuversicht mitgestalten.

Transformation braucht Mehrheiten

JOACHIM GAUCK

Es ist vielfach beschrieben und diagnostiziert worden: Wir leben in Zeiten von Polykrisen, Krisen, die nicht aufeinanderfolgen, sondern sich überschneiden, manchmal gegenseitig verstärken und uns auf teils erschreckende Weise mit den Versäumnissen unserer Politik konfrontieren. Infolge der Corona-Pandemie wurde uns so recht bewusst, in welch hohem Maße wir wirtschaftlich in vielen Bereichen von China abhängig sind. Infolge der russischen Invasion in die Ukraine 2022 erkannten wir erschrocken, dass die europäische Sicherheit ernsthaft gefährdet ist und Deutschland seine Verteidigungsbereitschaft sträflich vernachlässigt hat. Gleichzeitig ist Amerika in seiner Rolle als Führungsmacht einer liberalen, regelbasierten Ordnung geschwächt, während China und Russland und weitere autoritäre Staaten in Asien, im Nahen Osten, in Afrika und Lateinamerika auf eine Neugestaltung von Einflusssphären setzen.

Zu den geopolitischen Unsicherheiten gesellten sich weitere große ungelöste Probleme, die Fragen nach der Zukunftstauglichkeit unserer Gesellschaftsmodelle berühren. Nicht zuletzt fragen wir uns: Wie kann es gelingen, den globalen Klimawandel zu verlangsamen und zu beschränken? Wie lösen wir uns aus dem fossilen Zeitalter, das uns hohe Lebensqualität, eine starke Wirtschaft und gute Jobs beschert hat? Wie schaffen wir es, unseren erfolgreichen Weg klimaneutral fortzusetzen?

Ich kann an dieser Stelle keine politische Handlungsanleitung geben, wie Klimaneutralität mit konkreten Schritten umgesetzt werden kann. Aber mit diesem Beitrag will ich einen Teil zur Debatte beisteuern, wie die gewaltige Transformation gelingen kann, die sich auf die Politik insgesamt, die Gesellschaft und unsere Art zu wirtschaften auswirkt. Wenn ich mich als Mensch fortgeschrittenen Alters hier zu Wort melde, so will ich auch daran mitwirken, dass meine Kinder, Enkel und Urenkel eine lebenswerte Zukunft haben. Und als Christ möchte ich zudem, dass wir uns stärker bemühen, die Schöpfung zu bewahren, statt sie zu zerstören.

Lassen Sie mich den Fokus über das Klima und die Transformation unseres Wirtschaftsmodells zunächst etwas weiten und einen Schritt zurücktreten. Der italienische Philosoph, Schriftsteller und Politiker Antonio Gramsci hat über jenen gefährlichen Moment einer Krise, in dem das Alte stirbt, das Neue aber noch nicht zur Welt kommen kann, geschrieben: „In diesem Interregnum kommt es zu den unterschiedlichsten Krankheitserscheinungen." Diese Beobachtung können wir wahrlich auf verschiedene Erschütterungen beziehen, denen unsere liberale Demokratie seit geraumer Zeit widerstehen muss.

Wenn wir heute auf unser Land und in die Welt schauen, dann sehen wir disruptive Entwicklungen, neue Bedrohungen, die uns überrascht haben, Kriege und Konflikte, die uns unvorbereitet treffen, die unser außen- und sicherheitspolitisches Handeln völlig neu herausfordern. Die Feinde der Freiheit fordern uns heraus. Die mörderischen Terrorakte der Hamas bedrohen die Sicherheit Israels. In seinem neoimperialen Wahn versucht Russland die Souveränität der demokratischen Ukraine zu beseitigen und ihre Menschen auszulöschen oder zu assimilieren. Auch im Innern nehmen wir wahr, dass die liberale Demokratie unter Druck gerät, dass das politische Machtgefüge sich verändert, die gesellschaftliche Polarisierung zunimmt und dass autoritäre, populistische Kräfte den Pluralismus und die Rechtsstaatlichkeit infrage stellen.

Ich habe zu dieser doppelten Bedrohung, der die liberale Demokratie ausgesetzt ist, ein Buch mit dem Titel *Erschütterungen* veröffentlicht, weil ich mir ernste Sorgen mache. Unsere Demokratie erscheint mir manchmal wie ein Gelände, in dem die Bürgerinnen und Bürger – aber auch die Politik – zu lange sorglos in den Tag lebten und dabei ignorierten, dass ihnen von außen und innen Gefahren drohten. Diese Sorglosigkeit gilt auch für die Klimakrise, die sich nicht nur wie ein Hintergrundrauschen bemerkbar macht, sondern für eine nachhaltige Verunsicherung sorgt. Denn auch der Wandel des Klimas ist eine

Herausforderung für die Handlungs- und Zukunftsfähigkeit unserer liberalen Demokratie. Es sprengt in der Tat die Grenzen unserer Vorstellungskraft, was geschehen mag, wenn die globale Erderwärmung außer Kontrolle gerät.

Und dennoch müssen wir uns den Fakten stellen: Extreme Wetterphänomene sind keine abstrakten Szenarien, klimatische Veränderungen führen schon heute dazu, dass Ernten ausbleiben und Lebensräume durch Naturkatastrophen zerstört werden. In Deutschland realisieren wir auch, dass wir eben nicht zu den Vorreitern im Bereich Nachhaltigkeit gehören und die ökologische Modernisierung ein Stück weit verschlafen haben. Der russische Angriffskrieg hat zudem offenbart, dass die Energieversorgung unseres Landes auf tönernen Füßen stand und dass wir beim Thema Erneuerbare großen Nachholbedarf haben.

Hoffnung macht mir aber, dass gesellschaftlich wie politisch ein dringender Handlungsbedarf erkannt wurde: Klimaschutz ist parteiübergreifend ein Thema, das ernst genommen wird. So scheint es mir wichtig festzuhalten, dass alle im Bundestag vertretenen demokratischen Parteien sich zum Pariser Klimaabkommen von 2015 bekennen. Und diese Verpflichtung bedeutet, dass Deutschland dazu beiträgt, die Erderwärmung auf unter zwei Grad Celsius und möglichst unter 1,5 Grad Celsius zu beschränken. Bereits in 22 Jahren will unser Land CO_2-neutral wirtschaften. Dies ist eine gigantische Aufgabe für uns alle.

Den meisten Menschen ist bewusst, dass wir im Anthropozän leben, in dem wir Menschen zur bestimmenden Kraft in Umwelt und Klima geworden sind, weil wir massiv und über lange Zeit in die Naturkreisläufe eingreifen. Dass wirksames politisches Handeln dringend geboten ist, um die globale Erhitzung einzudämmen, daran erinnert uns eine außerordentlich wache und aktive Zivilgesellschaft, die sich selbstorganisiert in den Diskurs über die Klimapolitik überall in Europa und darüber hinaus einbringt. Einige Protestformen halte ich zwar für wenig zielführend. Aber ich freue mich auch über jedes konstruktive Engagement von jungen Menschen, die sich für zuständig erklären und Verantwortung für sich und ihre Zukunft übernehmen. Laut einer Eurobarometer-Umfrage ist eine überwiegende Mehrheit der Europäer der Ansicht, dass der Klimawandel ein ernstes Problem für die Welt ist. Dort, wo die Politik zu langsam oder wenig ambitioniert agiert, gibt es Kontrollmechanismen, die greifen. Das Bundesverfassungsgericht hat in einem wegweisenden Urteil darauf hingewiesen, dass Freiheit für die kommenden Generationen nur im Rahmen einer intakten Natur und eines stabilen Klimas möglich sein wird.

Der russische Angriffskrieg und die daraus resultierenden hohen Energiepreise haben vielen Menschen vor Augen geführt, dass Abhängigkeiten von nichtdemokratischen Energielieferanten enorme Gefahren bergen. Überhaupt profitieren autoritäre, monarchistische und diktatorische Staaten überproportional von unserem immer noch ungestillten Hunger nach fossilen Energieträgern, und nicht selten werden Gewinne genutzt, um nicht nur das eigene Regime zu stützen, sondern auch um religiöse Fanatiker und Terroristen zu unterstützen. Wir erkennen: Das Thema Klima lässt sich schon lange nicht mehr vom Thema Sicherheit trennen – nicht nur, was die langfristigen Folgen anbelangt.

Ich neige bekanntlich nicht zum Alarmismus. Aber es besteht doch kaum ein Zweifel daran, dass sich das Klima jetzt schon merklich wandelt. Wir wissen, dass sich die weltweite Erhitzung am oberen Rand der von den Klimamodellen vorhergesagten Temperaturen bewegt. Im Juli 2023 wurden mehrere traurige Weltrekorde für die höchsten je gemessenen Werte aufgestellt. Der September 2023 war in Deutschland im Durchschnitt 3,4 Grad Celsius wärmer als in den letzten 30 Jahren. Das Robert Koch-Institut schätzt die Zahl der hitzebedingten Sterbefälle im Jahr 2023 auf 3200.

Wenn wir ehrlich sind, ist es dennoch mitunter so: „Wir fühlen zwar, dass vieles nicht in Ordnung ist, aber bitte heute noch keinen Preis dafür, noch keine Aufgabe dafür, noch keine Last dafür übernehmen." Diese Worte stammen nicht von mir, sondern von der ehemaligen Umweltministerin Angela Merkel.

Das Statement von 1997 macht deutlich, dass es uns nicht leichtfällt, uns auf diese Welt der Transformation einzustellen und zu erkennen, was wir zu tun haben. So geht das Zitat weiter: „Wenn ihr es heute nicht macht, wird es euren Kindern und Enkelkindern doppelt, dreifach teurer."

Angesichts multipler und teilweise globaler Krisen, auch angesichts der zahlreichen Umwälzungen der modernen Welt – von IT-Revolution und Globalisierung über künstliche Intelligenz bis zur Migrationsproblematik – ist die Beschäftigung mit äußerst bedrohlich wirkenden Zukunftsszenarien nicht für alle Menschen selbstverständlich. Was schwierig ist, wird von vielen Menschen zunächst erstmal gemieden. Nicht jeder will wissen, was es bedeutet, dass wir uns Kipppunkten nähern, dass die Polkappen abschmelzen und Permafrostböden auftauen. Diese Entwicklungen rufen doch Gefühle der Ohnmacht, der tiefen Sorge und auch der Ängste hervor.

Für viele Menschen hat sich das Gefühl der Sicherheit reduziert. Und so komme ich zurück auf diesen Moment, den Gramsci beschreibt: Wir stehen am Beginn einer neuen Epoche, in der die Nutzung der fossilen Energie zu Ende geht. Und es geht jetzt darum, eine Wirtschaft, die 250 Jahre mit Kohle, Öl und Gas betrieben wurde, innerhalb der nächsten Jahre komplett auf erneuerbare Energien umzustellen. Noch haben wir dies als Gesellschaft nicht vollständig verinnerlicht: Aber die Transformation erfordert eine schnelle Dekarbonisierung der Wirtschaft und ihrer Produkte. Und als Industrieland kommt Deutschland hierbei eine zentrale Rolle und auch international große Verantwortung zu.

Unsere Mentalitäten und Gewohnheiten müssen sich ändern, aber es mangelt uns doch auch an der Vorstellungskraft, wie wir diese Jahrhundertaufgabe bewältigen wollen – zusätzlich zu all den anderen Aufgaben, die auf der politischen Agenda stehen. Wir erkennen: Wir stehen vor epochalen Herausforderungen, nicht nur ökonomisch und ökologisch, sondern auch gesellschaftlich. Wir sehen auch, dass wir uns in einem globalen Umfeld befinden, dass wir innerhalb der EU und der internationalen Gemeinschaft abgestimmt handeln müssen, dass wir Verantwortung tragen auch für Staaten, die besonders unter den Folgen der Klimaveränderung leiden oder die bei der Einsparung von CO_2 unsere Unterstützung benötigen.

Für die anbrechende neue Zeit brauchen wir auch neue Erzählungen, die es uns erlauben, an das Gelingen der komplexen ökologischen Transformation zu glauben. Daher spricht Ministerpräsident Winfried Kretschmann völlig zu Recht davon, dass die vor uns liegenden Aufgaben eben nicht nur eine Jahrhundertherausforderung, sondern auch eine Jahrhundertchance sind. Ich glaube, dass wir diese Art der Zuversicht dringend brauchen. Und ich bin mir sicher, dass sie angesichts der schöpferischen Kraft, die in diesem Land und in diesen Menschen steckt, auch angebracht ist.

Unser Land hat nach dem Zweiten Weltkrieg eine beispiellose Erfolgsgeschichte erlebt – Demokratiewunder, Wirtschaftswunder, Westbindung, Wiedervereinigung, europäische Integration, Sicherheit und Wohlstand – politische und wirtschaftliche Stabilität. Nun schreiben wir ein neues Kapitel. Gibt es so etwas wie eine positive Zukunftsvision? „Das Land, das als erstes die Klima- und Ressourcenneutralität erreicht, hat seine wirtschaftliche Basis auf den Weltmärkten für Jahrzehnte gesichert", hat ein deutscher Ökonom gesagt. Und gerade das Hochtechnologieland Baden-Württemberg hat dabei mehr zu gewinnen als zu verlieren. Nachhaltige Zukunftstechnologien sind längst Wachstumstreiber und Exportschlager.

Politisch ist dabei entscheidend, welche Erzählung sich durchsetzt. Bis heute hält sich das Bild von einer Gegnerschaft zwischen Wirtschaft und Umweltschutz in vielen deutschen Köpfen oder von der Notwendigkeit einer Aussöhnung zwischen Wirtschaft und Umweltschutz. Heute und künftig wird es aber so sein, dass Umweltschutz nicht nur mit Wohlstand vereinbar ist, sondern dass er zu einem tragenden Geschäftsmodell wird. Trotz Herausforderungen durch Auflagen und steigende CO_2-Preise erwarten viele Großunternehmen laut einer Umfrage der Kreditanstalt für Wiederaufbau positive – oder zumindest keine negativen – Auswirkungen auf ihre Wettbewerbsfähigkeit durch die Umstellung auf Klimaneutralität. Die anbrechende Ära gehört den Unternehmen, die Umweltschutz und Nachhaltigkeit in ihre Geschäftsmodelle integrieren. Diejenigen, die innovative Lösungen für ökologische Herausforderungen entwickeln, werden die wirtschaftlichen Pioniere der Zukunft sein. Lassen Sie mich an dieser Stelle aber auch festhalten: Die Wirtschaft braucht für eine erfolgreiche Transformation klare und verlässliche Vorgaben des Staates. Der Staat muss mit seinen Rahmenbedingungen, die er setzt, berechenbar sein. Es wird dabei nicht nur Gewinner geben. Schon aus den strukturellen Umbrüchen der Vergangenheit wissen wir um die Härten eines solchen Prozesses, den wir mit den Mitteln der sozialen Marktwirtschaft begleiten müssen. Wenn neue Arbeitsplätze entstehen und alte ersetzt werden, dann muss der Staat Orientierung und Unterstützung bieten. Wir wollen auch nicht, dass Unternehmen abwandern, weil sie andernorts bessere Rahmenbedingungen vorfinden. Essenziell für den Erfolg sind dabei verlässliche wirtschaftliche Anreize, schlanke Planungs- und Genehmigungsverfahren und nicht zuletzt eine leistungsfähige Verwaltung.

Die Richtung, die wir einschlagen müssen, ist klar: Die von Menschen verursachte Erderhitzung kann auch von Menschen gestoppt werden. Darin besteht unsere kollektive Verantwortung. Klimaschutz und Wohlstand, Ökonomie und Ökologie sind eben keine Widersprüche, sondern eine Formel für die klimaneutrale Zukunft.

Allerdings ist das, was ich bisher beschrieben habe, nur ein Teil der Wahrheit. Auch wenn wir ihn als gesamtgesellschaftliche, gemeinsame große Aufgabe definieren: Der Weg in das postfossile Zeitalter ist eben nicht nur verlockend und beglückend – wie unsere Idealisten meinen. Die Transformation erzeugt nicht nur neue Chancen. Sie bringt zur gleichen Zeit auch neue Ängste hervor, die in Teilen der Gesellschaft das Gefühl, wir lebten in einer Dauerkrise, verstärken. Wir haben bei der Diskussion über das Heizungserneuerungsgesetz gesehen, welches Konflikt- und Empörungspotenzial bei Veränderungen lauert, die die private Lebenswirklichkeit der Menschen in unserem Land betreffen. Empörungspotenzial bei Veränderungen ist normal und eine historische Kontinuität. Bei forciertem Wandel gibt es immer auch ein ganz starkes Anwachsen der Angstpotenziale – übrigens in jeder Gesellschaft.

Es ist offensichtlich: Die Dekarbonisierung bringt Veränderungen in der Wirtschaft und Gesellschaft mit sich und erfordert Anpassungsfähigkeit. Auch das hat Ministerpräsident Kretschmann erkannt, wenn er davon spricht, dass die Politik die Menschen mitnehmen muss auf dem Weg in die klimaneutrale Zukunft. Die Anpassungsfähigkeit ist also etwas, worum wir uns ernsthaft gemeinsam bemühen müssen. Die Zivilgesellschaft, die debattiert, und die Politik, die gestaltet. Die Politik muss die Menschen mitnehmen, sie muss nicht nur die progressivsten Zeitvorstellungen umsetzen, sondern sie benötigt ein Schrittmaß, welches es uns erlaubt, auch in Zukunft breite Mehrheiten für eine rationale Politik zu erhalten.

Die Frage des Klimawandels darf nicht zum Gegenstand eines neuen Kulturkampfes werden, der tiefe ideologische Gräben aufreißt. Einige Vertreter linker Ideologien sehen die Klimakrise als Anlass, den Kampf gegen den Kapitalismus neu zu entfachen. Sie halten einen Lebensstil für unumgänglich, der auf dem Prinzip „Weniger ist mehr" basiert. Auf der anderen Seite gibt es reaktionäre und libertäre Kräfte, die jeden staatlichen Eingriff in den Markt als übertriebene Regulierung ablehnen und als Einschränkung persönlicher Freiheiten betrachten. Selbst Maßnahmen von Investmentunternehmen, die Umwelt, soziale Belange und gute Unternehmensführung berücksichtigen, stoßen bei ihnen auf Ablehnung, da sie diese als Anbiederung an einen vermeintlich übertriebenen „Zeitgeist" betrachten.

In dieser holzschnittartigen Debatte wird deutlich, dass es einen ideologischen Konflikt darüber gibt, wie unsere Gesellschaft mit der Klimakrise umgehen sollte. Die Aufgabe der demokratischen Mitte liegt darin, diese Diskussion respektvoll zu führen und gemeinsame Lösungen zu finden und umzusetzen.

Unseren Wohlstand und unsere Freiheit können wir nur wahren und mehren, wenn uns die Gestaltung des Weges in das postfossile Zeitalter gelingt. Wir stehen also vor einer gesamtgesellschaftlichen Aufgabe, an der alle Parteien des demokratischen Spektrums, von progressiv bis konservativ, mitwirken müssen. Für diese Aufgabe sind breite demokratische Mehrheiten unerlässlich. Schon jetzt wird um die besten Instrumente und Schritte gerungen. Der baden-württembergische Finanzminister Danyal Bayaz und der grünliberale Vordenker Ralf Fücks haben zu Recht festgestellt: „Wer die liberale Moderne verteidigen will, muss die ökologischen Folgekosten der Freiheit in Rechnung stellen. Im Kern geht es darum, Umweltgüter mit einem adäquaten Preis zu versehen und damit Anreize für ökologische Innovationen und neue Geschäftsmodelle zu schaffen." Es klingt paradox: Aber um die Freiheit und den Wohlstand auch in einer klimaneutralen Zukunft bewahren zu können, müssen wir bereit sein, viele Dinge zu verändern – auch solche, die unsere bisherige Lebensweise betreffen. Für einen Teil unserer Gesellschaft stellt diese Aussicht eine Bedrohung dar. Diese Bedrohung aktiviert eine „autoritäre Disposition", die Sehnsucht nach Gewissheit und Sicherheit, nach Homogenität und Ordnung. Die Verhaltensökonomin Karen Stenner hat festgestellt, dass in den europäischen Demokratien gut 30 Prozent der Bevölkerung eine derartige Prägung aufweisen. Prinzipiell kann diese Disposition, die grundsätzlich nicht negativ zu bewerten ist, im rechten wie im linken politischen Spektrum auftauchen. Das Ziel ist stets eine schützende homogene Wir-Gruppe, welche allen, die ihr angehören, dieselben Normen und Verhaltensweisen vorgibt und Gewissheit verspricht. Freiheit ist dieser Gruppe weniger wichtig als Sicherheit, Wandel und Risiko werden als bedrohlich angesehen. Der außergewöhnlich große Wandel, der diese Zeit prägt, führt zu einer Häufung und Intensivierung der in dieser Gruppe vorhandenen Ängste. In dieser Situation erstarken die populistischen Kräfte, sie wissen, politisch zu instrumentalisieren, was die betreffenden Menschen ängstigt oder verunsichert. Wir haben es mit sehr starken Mobilisationsfaktoren zu tun: Realer oder befürchteter Normen- bzw. Kontrollverlust führt dann zu Schüben von Intoleranz und Radikalisierung. Wenn wir die jüngere Vergangenheit betrachten – insbesondere die neuen Allianzen, die während der Corona-Pandemie und nach dem russischen Angriffskrieg gegen die Ukraine entstanden sind –, sehen wir mit Erschrecken, dass eine Querfront entstanden ist, die die „Misstrauensgemeinschaft" unzufriedener Bürger dauerhaft zum Reservoir einer systemfeindlichen Politik machen möchte. Elitenkritik, Antipluralismus und die Infragestellung der repräsentativen Demokratie betreffen immer stärker auch das Feld der Klimapolitik. Schon seit der Bundestagswahl 2017 versucht die AfD gezielt, Wähler anzusprechen, die am menschengemachten Klimawandel zweifeln.

Wir befinden uns in einem Moment in der Geschichte unseres Landes, in dem wir die lange Phase des wirtschaftlichen Erfolgs nur fortsetzen können, wenn wir den Mut zu Veränderungen aufbringen. Nicht das Beharren auf alten Gewissheiten, ständiges Jammern und Klagen oder gar das Aussprechen wütender Schuldzuweisungen werden uns in Zukunft Wohlstand ermöglichen, sondern nur die Bereitschaft, den Wandel aktiv zu gestalten.

Wenn wir unser Erfolgsmodell erhalten wollen, müssen wir Antworten auf die Frage finden: Welche Veränderungen erfordern die Fehlentwicklungen der Vergangenheit und die Entwicklungstrends der Gegenwart? Es liegt an uns, diese Herausforderungen nicht nur als Bedrohungen zu sehen, sondern als Anstoß für einen konstruktiven Wandel, der unser Land in eine bessere Zukunft führt. Wenn ich mir etwas wünschen könnte, dann wären es Neugier und Begeisterung für die Zukunft, die wir gemeinsam gestalten werden.

Wenn wir den Blick über Deutschland hinaus weiten, dann sehen wir, dass sich die Dinge bewegen. In den USA versucht Präsident Biden mit massiven Investitionen nicht nur der Klimaneutralität näherzukommen, sondern auch Jobs und Innovationskraft des Landes zu stärken. Die EU hat mit dem Green New Deal einen ähnlichen Weg eingeschlagen. Wir könnten auch die Geschichten erzählen, die Vorreiter in Sachen nachhaltiger Energie weltweit schreiben: Ein Land wie Kenia bezieht seine Energie schon heute zu 90 Prozent aus erneuerbaren Quellen. Island nutzt erneuerbare Energiequellen wie Geothermie und Wasserkraft für nahezu 100 Prozent seiner Energiebedürfnisse. Dänemark ist führend in der Windenergieproduktion.

Ich bin zuversichtlich, dass es uns gelingen wird, die Transformation zur Klimaneutralität mit deutschem und baden-württembergischem Erfinder- und Innovationsgeist zu meistern. Gerade der demokratische Wettstreit um die besten Ideen bietet uns einen politischen Gestaltungsraum, der es erlaubt, sich der rasant verändernden Welt anzupassen, und die Marktwirtschaft kann innovative Lösungen hervorbringen.

Gleichzeitig müssen wir alle Menschen in unserem Land stärker einbeziehen, auch jene, denen diese Veränderungen Angst machen. Das Image des „Kümmerers" darf nicht zum Aushängeschild und Markenzeichen radikaler Kräfte werden. Deshalb brauchen wir neue Formate und Möglichkeiten zur Bürgerbeteiligung und auch zur Teilhabe auf kommunaler Ebene, wie es sie beispielsweise bei Projekten im Bereich der erneuerbaren Energien bereits gibt. Eine starke Zivilgesellschaft macht es zudem Extremisten und Populisten deutlich schwerer, mit ihren Sirenengesängen zu verfangen.

Unabdingbar scheint mir neben realistischen politischen Konzepten auch eine deutliche Stärkung der politischen Kommunikation. Es ist wichtig, dass die Politik die Balance zwischen dem Schutz der Umwelt und den Bedürfnissen und Sorgen der Menschen findet. Dies erfordert eine sorgfältige Abwägung und einen offenen Dialog, um sicherzustellen, dass möglichst wenige in dieser Phase der Transformation verloren gehen.

Wenn sich die Komplexität der politischen Probleme erhöht, dann muss Politik ihre Botschaften anpassen, um zu den Wählerinnen und Wählern durchzudringen. Wenn ich nun zu einfachen Botschaften ermuntere, dann ist damit kein billiger Populismus gemeint. Lösungsorientierte Politik verführt nicht. Sie arbeitet nicht mit Ressentiments. Ich meine eine erhellende Vereinfachung, die es uns erlaubt, Probleme genau zu beschreiben, und die Schritte benennt, die erforderlich sind, um Lösungen näher zu kommen. Mehr als je zuvor ist mir in den letzten Jahren bewusst geworden: Ohne gelingende – also verbesserte – politische Kommunikation wird es schwer sein, die liberale Demokratie zu bewahren und zu schützen.

Mir ist durchaus bewusst: Der Teufel steckt im Detail, und wofür es im Allgemeinen große Zustimmung gibt, das scheitert im Konkreten dann doch. Wandel gerne, aber doch bitte nicht vor meiner Haustür. Klar ist: Ohne eine kräftezehrende und kleinteilige Überzeugungsarbeit werden sich viele Projekte nicht realisieren lassen, weil es an der notwendigen Zustimmung fehlt und man sich in einer offenen Gesellschaft auch mit großer Kreativität und Leidenschaft dem Verhindern widmen kann. Im Wissen darum wird dann die Gestaltungsform des Kompromisses zu verteidigen sein, denn hinter ihm können sich große Mehrheiten versammeln. Nicht das Streben nach Perfektion wird uns den Wandel erfolgreich gestalten lassen, sondern die Suche nach dem bestmöglichen Kompromiss, hinter den sich die innovativen Erfindergeister und Zukunftsenthusiasten genauso stellen wie die beständigen Bedenkenträger und Fortschrittsmuffel. In unserer demokratischen Gesellschaft haben alle Menschen das gleiche Recht, die Zukunft mitzugestalten. Aber erst aus dem respektvollen Austausch von Argument und Gegenargument und der Bereitschaft zum Kompromiss erwächst das WIR unserer Gesellschaft.

So wünsche ich uns, dass es den Bürgerinnen und Bürgern in Baden-Württemberg tatsächlich gelingt, gemeinsam das ehrgeizige Ziel zu erreichen, ein zukunftsfähiges Wirtschaftsmodell zu etablieren und die erste klimaneutrale Wirtschaft der Welt zu werden. Es wäre eine gute Nachricht für Deutschland und die Welt insgesamt!

Kapitel I:
Ein Update
für die Demokratie

Über das Verhältnis von Zusammenhalt und Freiheit

JAN-WERNER MÜLLER

Heute wird bekanntlich in vielen westlichen Gesellschaften eine tiefgehende Spaltung diagnostiziert. Was auch als Polarisierung bezeichnet wird, ist nie nur eine Sache von politischen Konflikten, egal wie hart sie ausgefochten werden. Nein, bei Polarisierung zerfällt das Gemeinwesen quasi in zwei Blöcke; die Bürgerinnen und Bürger nehmen ihre Differenzen höchstpersönlich – in den USA spricht man von affektiver Polarisierung, also zunehmender gegenseitiger Animosität.[1] Kurz gesagt: Man will eigentlich gar nicht mehr wirklich mit den anderen; die Verhältnisse fühlen sich an wie eine Art kalter Bürgerkrieg.

Ob die Zustände in Deutschland denen in den USA ähneln, ist empirisch sehr fraglich.[2] So oder so ist jedoch das Wort „Spaltung" in aller Munde. Und als Antwort auf die Spaltungsdiagnose gilt hierzulande „Zusammenhalt". Ja, Zusammenhalt hat wohl in keinem anderen Land eine solche politische Karriere hingelegt wie hier. In den USA ist nur ganz selten von *cohesion* die Rede; in Frankreich ist *cohésion* schon eher ein wichtiger, aber keineswegs zentraler Terminus in der politischen Auseinandersetzung; hierzulande aber wird der Begriff bei so gut wie jeder Gelegenheit hervorgekramt – sodass bei manchem der Verdacht aufkommt, es könnte sich um eine Art kommunitaristischen Kitsch handeln, mit dem nicht so sehr die „Spaltungen der Gesellschaft" überwunden, als vielmehr legitime Konflikte überkleistert werden sollen.

---

[1] Kaube, Jürgen/Kieserling, André, Die gespaltene Gesellschaft, Berlin 2022.
[2] Mau, Steffen/Lux, Thomas/Westheuser, Linus, Triggerpunkte. Konsens und Konflikt in der Gegenwartsgesellschaft, Berlin 2023.

Noch bei einem anderen zentralen Begriff der politischen Debatten ist die Lage gespannt: Angesichts von Klima- und vielen anderen Krisen stellt sich die Frage, was „Freiheit" im 21. Jahrhundert eigentlich bedeuten soll. Nicht erst seit der Pandemie ist deutlich geworden, dass manche Politikerinnen und Politiker – aber auch viele Bürgerinnen und Bürger – eine libertär-autoritäre Vorstellung von Freiheit verfolgen: Einerseits will man mit möglichst wenigen, idealerweise gar keinen Ansprüchen seitens des Gemeinwesens behelligt werden; andererseits will man aber bei bestimmten politischen Herausforderungen die eigenen ganz partikularen Vorstellungen möglichst allen aufzwingen und würdigt diejenigen, die einen anderen Begriff von Freiheit haben, systematisch herab.[3] Die Annahme, antiautoritär sei automatisch irgendwie links, stimmt offenbar nicht; libertär und autoritär sind auf verschiedene Weisen kombinierbar. Man denke an Rechtspopulisten wie Trump und Bolsonaro: Beide treten mit einem großspurigen Freiheitsversprechen auf und setzen eine bestimmte Form von Freiheit absolut; ja, Bolsonaros Appeal bestand geradezu darin, die Brasilianer wieder in eine Art Naturzustand zu führen: Lockerung des Waffenrechts, individuelle Aufrüstung als Konsequenz. Auf der anderen Seite beschneidet ein rechtspopulistisch regierter Staat schon längst gesichert geglaubte Freiheiten in Bereichen wie Abtreibung und Minderheitenrechte.

Könnte es sein, dass der exaltierte Freiheitswunsch ein Versuch ist, den Zusammenhalt partiell oder gar ganz aufzukündigen (denn Zusammenhalt, wenn der Begriff überhaupt etwas besagt, muss ja auch immer Einschränkungen beim Einzelnen beinhalten)? Und ist es dann damit getan, Zusammenhalt wie eine Art Zauberformel zu beschwören, damit Bürgerinnen und Bürger nicht auf eine so merkwürdige Weise zwischen autoritär und libertär – was ja auch heißt: sich vom Zusammenhalt loszusagen – changieren?

Es ist an der Zeit, das Verhältnis von Freiheit und Zusammenhalt noch einmal gründlich zu überdenken und vielleicht auch neu zu justieren. Im ersten Teil meiner Ausführungen geht es um die Fra-

---

[3] Amlinger, Carolin/Nachtwey, Oliver, Gekränkte Freiheit. Aspekte des libertären Autoritarismus, Berlin 2022.

ge, warum und inwiefern Freiheit eigentlich des Zusammenhalts bedarf. Im zweiten Teil wird dann andersherum gefragt, warum und auf welche Weise Zusammenhalt von Freiheit lebt. Im dritten und letzten Teil werden einige mehr oder weniger praktische Schlussfolgerungen aus dieser Diskussion gezogen werden – jenseits von kommunitaristischem Kitsch und jenseits von libertär-autoritären Freiheitskonzeptionen.

Warum braucht Freiheit Zusammenhalt?

Die moderne Demokratie beginnt mit einem Versprechen: *Liberte, Egalité* und, nun ja, zwar nicht *cohésion,* aber bekanntermaßen *Fraternité.* Offenbar ist ein drittes Element im Sinne irgendeines Zusammengehörigkeitsgefühls (oder gar Solidarität?) nötig, um die Idee eines Zusammenlebens von Freien und Gleichen zu ermöglichen. Warum ist dies so? Fraternité – oder eben auch Zusammenhalt – hat etwas mit einer Rolle zu tun, der wir im politischen Denken noch immer viel zu wenig Aufmerksamkeit widmen: der des Verlierers in demokratischen Prozessen. Wie spricht man mit politischen Verlierern? Wie spricht man über sie? Und am wichtigsten: Warum sollten Verlierer überhaupt ihren Status als Verlierer hinnehmen? Es gibt drei Antworten auf die letztere, entscheidende Frage; alle drei haben etwas mit Zusammenhalt zu tun.

Die erste Antwort gab Jean-Jacques Rousseau. Wer sich nach einer Abstimmung, bei welcher die *volonté générale* – also der Gemeinwille, der *per definitionem* auf das Gemeinwohl zielt – ermittelt worden ist, in der Minderheit befindet, muss sich dem Votum der anderen fügen. Nur sollte dies nicht zähneknirschend geschehen, sondern mit der Einsicht, dass man mit seiner Minderheitsposition offenbar das genuine Gemeinwohl verfehlt hatte. Die berüchtigte Formulierung, die Verlierer müssten zu ihrer Freiheit gezwungen werden, hat bei vielen seiner Leser den Verdacht aufkommen lassen, Rousseau sei eine Art prototalitärer Denker.

Eine großzügigere Lesart legt einen weniger gefährlichen Gedanken nahe: Die Bürger, die sich in der Minderheit wiederfinden, müssen von ihren Partikularinteressen oder egoistischen Leidenschaften fehlgeleitet worden sein; sie seien – auch bei vermeintlich freier Willensentscheidung – gerade nicht frei, sondern geradezu Sklaven von privaten Präferenzen, die im Gegensatz zum Gemeinwohl stünden. Gesetzt, der Wille besteht, weiter das Gemeinwohl mit anderen zu verfolgen (was ja nichts anderes heißt als: der Wille, weiter Teil des Gemeinwesens zu sein), sollten sich die Bürger, die zur Freiheit gezwungen werden, eigentlich glücklich schätzen – ihnen wird der weitere Zusammenhalt mit den anderen Rechtsgenossen ermöglicht. Nun sind sie auch in der Lage, die von der Mehrheit beschlossenen Gesetze als ihre eigenen zu verstehen. Der Rousseau'sche Grundanspruch, die Adressaten der Gesetze müssten auch ihre Autoren sein, bleibt gewahrt. Und nur so lässt sich Demokratie verwirklichen.

Kritiker wenden seit jeher ein: Hier wird das Ideal der kollektiven Selbstbestimmung um den Preis persönlicher Autonomie verwirklicht; zudem sei die Vorstellung eines Gemeinwohls, das alle nachvollziehen können, in einer komplexen und konfliktreichen modernen Gesellschaft eine Illusion (und die kulturelle Homogenität, welche für Rousseau die Bestimmung der *volonté générale* erleichtern sollte, ist in unseren Gesellschaften weder empirisch plausibel noch normativ wünschenswert).

Hans Kelsen, der wohl größte Jurist des 20. Jahrhunderts hat eine abgeschwächte Form Rousseau'scher Ansprüche vorgeschlagen, um das Ideal völliger Freiheit von Fremdbestimmung zu retten.[4] Laut Kelsen sollten Mehrheiten in modernen Gesellschaften, die von unlösbaren Interessen- wie Wertekonflikten charakterisiert seien, stets den Kompromiss mit Minderheiten suchen. Käme es zu Kompromisslösungen bei Gesetzen, so könnten sich am Ende alle im Ergebnis wiederfinden, müssten aber ihre eigenen Positionen nicht wie bei Rousseau im Namen der Freiheit völlig aufgeben; zudem entfällt die Annahme, es sei stets so etwas wie objektives Gemeinwohl für alle erkenn- und leicht nachvollziehbar.

Die Frage ist nur: Warum sollte die Mehrheit Konzessionen an die Minderheit machen, wenn dies im Entscheidungsprozess eigentlich gar nicht nötig ist (weil die Minderheit nicht so etwas wie Vetomacht

---

[4] Kelsen, Hans, Verteidigung der Demokratie, herausgegeben von M. Jaestaedt und O. Lepsius, Tübingen 2006.

hat)? Kelsens Antwort konnte nur lauten: Um langfristig den Zusammenhalt einer Gesellschaft zu sichern, also einer Minderheit nicht das Gefühl zu geben, sie werde einfach unterdrückt. Ob sich daraus jedoch kurzfristig für Wahlsieger ein konkreter Anreiz zur Suche nach Kompromissen ergibt, mag man bezweifeln.

Bleibt eine dritte Möglichkeit: Freiheit wird in der Tat erst einmal nur von Wahlsiegern erfahren (was natürlich nicht heißt, dass solche Sieger den Unterlegenen ihre Grundfreiheiten nehmen dürften). Aber das Gefühl, kollektiv selbstbestimmt zu leben, ist in der Tat kein allgemeines; es kann jedoch mal von den einen, dann wieder von den anderen erfahren werden (zumindest suggerierte dies die moderne Pluralismustheorie der Demokratie). Hier entsteht Zusammenhalt nicht aus substanzieller Übereinstimmung in Sachfragen oder ständigem, vielleicht eher krampfhaftem Basteln an Kompromissen, sondern aus dem gemeinsamen Willen, an Prozeduren der demokratischen Willensbildung festzuhalten – und es auch bei wiederholten Niederlagen noch weiter mit den anderen zu versuchen.[5]

Fremdbestimmt ist ein Verlierer nicht, solange er oder sie die Möglichkeit hatte, auf freie und faire Weise an der demokratischen Willensbildung mitzuwirken; zumal bleibt ihm oder ihr die Freiheit, es bei der nächsten politischen Auseinandersetzung einmal mehr zu versuchen, eine Mehrheit von den eigenen Positionen zu überzeugen.

Schulbuchweisheiten? Vielleicht, aber man sollte sie sich ins Gedächtnis rufen angesichts der Akteure, die sich schlicht weigern, einen Verliererstatus anzuerkennen (auch hier sind Trump und Bolsonaro die offensichtlichen Beispiele). Aber nicht jeder Verlierer, der sich beschwert, ist ein schlechter Verlierer; darauf wird zurückzukommen sein.

Warum braucht Zusammenhalt Freiheit?

In freien und pluralistischen Gesellschaften kann jeder Konflikte anzetteln; eine völlig konfliktfreie Gesellschaft, so folgt im Umkehrschluss, ist wohl kaum eine freie Gesellschaft. Nun wissen wir seit den

---

[5] Siehe auch Schönberger, Sophie, Zumutung Demokratie, München 2023.

Schriften Georg Simmels vom Anfang des 20. Jahrhunderts, dass Konflikte und Kohäsion nicht einfach Gegensätze sind; vielmehr kann aus Konflikten Zusammenhalt entstehen. Denn man bezieht sich ja auch im Streit aufeinander; es entsteht eine „Wechselwirkung" (Simmels Schlüsselbegriff); man hält sich an formelle oder informelle Regeln der Konfliktaustragung und perpetuiert damit existierende Praktiken der Konfliktbewältigung – und dies schafft letztlich Zusammenhalt, unabhängig davon, wer verliert und wer gewinnt.

Nur: Zusammenhalt entsteht nicht immer automatisch. Es müssen vielmehr gewisse Grundvoraussetzungen gegeben sein. Zum einen darf man denjenigen, die manchmal etwas euphemistisch als „Konfliktpartner" beschrieben werden, nicht grundsätzlich die Legitimität oder gar die Zugehörigkeit absprechen. Genau dies tun jedoch Rechtspopulisten regelmäßig: Sie behaupten bekanntlich, dass sie als Einzige das verträten, was sie oft als „das wahre Volk" oder auch als „die schweigende Mehrheit" bezeichnen. Aus diesem (nicht empirischen, sondern moralischen) Alleinvertretungsanspruch folgt, dass andere Wettbewerber um politische Ämter grundsätzlich illegitim sind (das Standardargument lautet, sie seien auf irgendeine Weise korrupt). Weniger offensichtlich – aber weit gravierender – ist, dass all denjenigen, die nicht in die symbolische Konstruktion des vermeintlich wahren Volkes seitens der Populisten hineinpassen (oder die sich herausnehmen, Rechtspopulisten zu kritisieren), schlichtweg die Volkszugehörigkeit abgesprochen wird. „Wir sind das Volk" bedeutet hier schlicht: Die anderen (vorzugsweise ohnehin schon irgendwie unliebsame Minderheiten und Populismus-Kritiker) gehören gar nicht zum Volk. Wer aber nicht dazugehört, kann auch nicht so etwas wie Partner in einem Konflikt sein. Und deswegen kann aus Konflikten mit Rechtspopulisten, die so verfahren wie soeben beschrieben, auch kein Zusammenhalt entstehen.

Es gibt noch eine zweite Grundvoraussetzung dafür, dass die Freiheit, Konflikte anzuzetteln, letztlich Kohäsion stärkt. Eine der wichtigsten demokratischen Grundfreiheiten ist bekanntlich Meinungsfreiheit. Wie Hannah Arendt anmerkte, bedeutet Politik ein freies Spiel der Meinungen; die (eine) Wahrheit sei hingegen in der Politik despotisch (denn worüber sollte man sich politisch auseinandersetzen, wenn es nur darum geht, sich der Wahrheit zu unterwerfen – bzw. demjenigen, der diese Wahrheit besitzt?).

Gleichzeitig bestand Arendt aber darauf, dass Meinungen sich auf einer klaren Faktengrundlage bewegen müssten (oder, wie der amerikanische Politiker Daniel Patrick Moynihan einmal bemerkte: Jeder hat das Recht auf seine eigene Meinung, aber nicht auf seine eigenen Fakten). Wenn man absolut keine gemeinsame Faktengrundlage hat, kann auch kein in irgendeiner Weise produktiver Streit stattfinden (außer, dass man *en passant* vielleicht etwas über die Wert- und Wunschvorstellungen des anderen lernt). Wenn mein Gegenüber die wissenschaftlich akzeptierten Fakten über die globale Erderwärmung referiert und ich dann behaupte, das mit dem Klimawandel sei eine Erfindung der Chinesen, um unsere Industrie zu zerstören, wird sich keine „Partnerschaft" im Konflikt ergeben. Freiheiten (wie Meinungs- und Versammlungsfreiheit) bleiben zwar gewahrt, aber aus diesen Freiheiten lässt sich kein Zusammenhalt kreieren.

Wer nun meint, dieses Szenario betreffe nur Verschwörungstheoretiker, sei daran erinnert, dass eine strikt technokratische Haltung ähnlich fatale politische Folgen haben kann. Technokraten behaupten, salopp gesagt, es gäbe für eine Herausforderung nur eine einzige rationale Lösung; wer widerspreche, oute sich damit als irrational. Konflikte können nicht produktiv werden, weil die einmal als irrational Abgestempelten in der politischen Auseinandersetzung eigentlich nicht satisfaktionsfähig sind.

Man bemerke, wie sich, bei allen offensichtlichen Unterschieden, Populismus und Technokratie ähneln. Beide stellen Formen von Antipluralismus dar: Der Technokrat behauptet, der Gegner sei irrational; der Populist wirft den politischen Kontrahenten vor, Volksverräter zu sein.

Und was folgt nun daraus?

Was folgt nun aus diesen eher abstrakten Überlegungen? Wohl am wichtigsten: Zusammenhalt ist nicht nur für Harmoniesüchtige; Freiheit, Streit und Kohäsion können miteinander verbunden werden (wobei klar ist, dass diese Verbindungen nicht reibungslos sind: auch wer den politischen Gegner grundsätzlich respektiert, mag ihm oder ihr Verletzungen zufügen; was wirklich Fakt ist und was nicht, bleibt oft heftig umstritten). Dies hat aber zumindest Implikationen für ein politisches Ethos, mit dem die Bürgerinnen und Bürger sich begegnen.

Es gibt allerdings auch institutionelle Schlussfolgerungen: Wenn man sich immer wieder auf der politischen Verliererseite wiederfindet – und es dafür strukturelle Gründe im politischen System gibt –, ist man nicht einfach ein schlechter Verlierer, wenn man Beschwerden anmeldet. Es wäre naiv zu meinen, die Beschwerden würden dann sofort behoben – aber zumindest sollte den Bürgern klar sein, dass es einen Unterschied gibt zwischen demokratiegefährdendem Verlierertum (Trump, Bolsonaro) und einer Verliererunzufriedenheit, der man auf demokratische Weise abhelfen könnte.

Und zu guter Letzt: Dass ein neuer Strukturwandel der Öffentlichkeit die empirische Möglichkeit einer weittragenden Faktengrundlage für Konflikte gefährdet, ist kaum mehr News. Neu ist hingegen die Einsicht, dass das, was ich bei anderer Gelegenheit die kritische Infrastruktur der Demokratie genannt habe (dazu gehören Medien, nicht zuletzt soziale Medien), auch deswegen sowohl der Reparatur wie der Weiterentwicklung bedarf, weil nicht nur Zusammenhalt gefährdet ist, sondern auch die Freiheit, produktive Konflikte anzuzetteln.

Zusammen wachsen – Für eine konkrete Ethik der sozialökologischen Transformation

MARKUS GABRIEL

Wir leben im Zeitalter der Hyperkomplexität. Die vielfältigen Krisen unserer Zeit, die teils in regionale und globale Katastrophen umschlagen, sind miteinander verschachtelt. Ihre Verschachtelung besteht darin, dass jede der heute beinahe von der gesamten Menschheit spürbaren Krisen Einfluss darauf hat, wie sich eine andere Krise entwickelt.[1] Diese ineinander verschachtelten Krisensysteme sind nicht insgesamt vorhersagbar. Hinzu kommen ebenfalls weder vorhersagbare noch berechenbare unerwünschte Nebenwirkungen unserer Eingriffe. Diese Kombination macht unsere Situation hyperkomplex.

Dabei ist eine Krise ein Zustand eines in der Regel lebendigen Systems, der zwischen einem vergangenen Normalzustand und einem neuen Zustand liegt.

Krisen sind Übergänge.

Diese Übergänge können gelingen, dann erwirbt das System Erfahrung. Im individuellen Leben sprechen wir in diesem Sinne von Lebenserfahrung. Soziale Formationen – von kleinen Gruppen über größere Institutionen bis hin zu einer Gesellschaft als dem größten beobachtbaren sozialen Zusammenhang – können ebenfalls Krisen

---

[1] Zum Begriff der Hyperkomplexität vgl. Gabriel, Markus, Sätze über Sätze. ABC des wachen Denkens. Kuratiert, redigiert & ediert von René Scheu, Berlin 2023 sowie jüngst theoretisch ausführlich dargestellt in Gabriel, Markus, Sense, Nonsense, and Subjectivity, Cambridge, MA. 2024. Zur Diagnose einer „Stapelkrise" vgl. bereits Gabriel, Markus, Moralischer Fortschritt in dunklen Zeiten. Universale Werte für das 21. Jahrhundert, Berlin 2020.

durchlaufen. Übersteht das System die Krise, geht es verändert und gestärkt aus ihr hervor. Dies ist der positive Fall der Krise als Chance.

Krisenhafte Übergänge können aber auch scheitern. Dann wird kein neuer Normalzustand erreicht. Die Krise wird fortgesetzt, verschlimmert sich, und im schlimmsten Fall geht das System zugrunde. In diesem negativen Fall schlägt die Krise in eine Katastrophe um, Vorbote einer existenziellen Krise, in deren Zuge der Fortbestand (das Überleben) des gesamten Systems infrage steht.

Wir wissen heute dank der beispiellosen Erkenntnisfortschritte in den Natur-, Technik- und Lebenswissenschaften mehr über lebendige Systeme als jemals zuvor. Dieses Wissen ist natürlich nicht nur theoretisch, sondern eng mit unserem allgemeinen wirtschaftlichen, sozialen und humanen Fortschritt verzahnt. Auf diese Weise sind wir sowohl Erben der Aufklärung als auch des großen Nachkriegsversprechens, dass gerecht erzeugter und verteilter Wohlstand gesellschaftlichen Zusammenhalt fördert. Das klassische Stichwort ist hierbei „soziale Marktwirtschaft", die es freilich in verschiedenen Spielarten gibt, weil Wirtschaft im modernen Zeitalter der Nationalstaaten mit Politik verwoben ist. Im liberalen demokratischen Rechtsstaat ist diese Kopplung von Wirtschaft und Politik wiederum in einen weiteren Kreislauf der demokratischen Meinungsbildung eingebunden, der sich von keiner Machtspitze aus kontrollieren und steuern lässt. Freiheit ist auf diese Weise sowohl das Ergebnis als auch die Voraussetzung der modernen sozioökonomischen Wertproduktion.

Allerdings gerät diese Konstellation im 21. Jahrhundert zunehmend unter Rechtfertigungsdruck, was Teil der hyperkomplexen Krisenlage ist. Und zwar ist dieser Druck längst nicht mehr nur extern. Es handelt sich nicht nur um autoritäre Angriffe auf die Demokratie, die es im Systemwettbewerb und leider inzwischen auch unter geopolitischen Sicherheitsaspekten zu parieren gilt, sondern auch um eine interne Krise der sozialen Marktwirtschaft. Die Kollateralschäden der industriellen, fossilen Rahmenbedingungen der Mehrwertproduktion und des quantitativen Wirtschaftswachstums ergeben sich aus den objektiv vorliegenden, planetarischen Grenzen. Darüber hinaus profitiert bei weitem nicht die gesamte Menschheit vom Fortschritt der Moderne, was zur Folge hat, dass Wohlstand global betrachtet zu ungerecht verteilt ist, ohne dass wir globale Umverteilungsmechanismen entwickelt haben, die wirklich tragfähig sind. Damit sind Aufgaben für die Moderne bezeichnet. Es geht nicht darum, sie zu verabschieden, sondern sie auf Augenhöhe mit den Erkenntnissen und Herausforderungen unserer Zeit zu verbessern.

Im Folgenden plädiere ich dafür, die ökologische Dimension der sozialökologischen Transformation als Ausgangspunkt für Lösungsvorschläge in unserer hyperkomplexen Krisenlage zu wählen. Dabei schlage ich vor, eine neuartige normative Orientierung zu entwickeln, die den ethischen Rahmen für die sozialökologische Transformation vorgibt. Dieser ethische Rahmen geht über die freilich höchst relevanten und wichtigen technokratischen und letztlich physikalischen Aspekte der notwendigen Transformation von Energie, Ernährung, Mobilität hinaus. Wie genau wir die Transformation gestalten, welche Lebensform sich als Anpassung an die teils nicht mehr zu verhindernden Klimakatastrophen herausbildet, aber auch welche Chancen für einen positiven sozialen Wandel noch bestehen, all dies lässt sich weder allein technologisch noch politisch feststellen. Es kommt nämlich immer auch darauf an, wer wir (als Menschen) sind und wer wir in Zukunft sein wollen. Und dies weist in den Bereich der Ethik sowie anderer geistes- und sozialwissenschaftlicher Selbstbestimmungen des Menschen.

Vor diesem Hintergrund möchte ich den Begriff einer *konkreten Ethik* einführen. Eine konkrete Ethik basiert auf dem Begriff des Zusammenwachsens (con-crescere). Das Zusammenwachsen ist gesellschaftlich gedacht ein zusammen Wachsen. Wer zusammen wächst, das jeweilige gesellschaftliche Wir, müssen wir dabei in unserem planetarischen Zeitalter neu bestimmen. Die Corona-Pandemie sollte uns gelehrt haben, dass unser Leben eng verwoben ist mit unzähligen lebendigen Systemen, deren Verhalten wir niemals vollständig vorhersagen, geschweige denn insgesamt steuern können.[2] Anstatt zu versuchen, diesen Umstand einer partiellen Unverfügbarkeit der Natur durch eine immer weiter beschleunigte Technisierung unserer Lebenswelt einzufangen, kommt es darauf an, die Technisierung in

---

[2] Vgl. dazu Brockmann, Dirk, Im Wald vor lauter Bäumen. Unsere komplexe Welt besser verstehen, München 2021 sowie teils im Anschluss daran Gabriel, Markus, Der Mensch als Tier. Warum wir trotzdem nicht in die Natur passen, Berlin 2022.

unsere Lebensprozesse einzubetten. Denn als Tiere sind wir unter anderem Ergebnisse von Äonen der Evolution und damit auf eine Weise an unsere Umwelt angepasst, deren komplexe Struktur jede verfügbare Modellierung bei weitem übersteigt. Wir können den Strang der Evolution, an dessen vorläufigem Ende wir als *Homo sapiens* stehen, nicht vollständig nachvollziehen, geschweige denn nachbauen. Doch dank unserer natur- und kulturgeschichtlichen An- und Einpassung in eine Umwelt, die wir immer auch schon durch unser Leben verändern und gestalten, sind wir imstande, die Wirklichkeit überhaupt zu erkennen.

Dieser Gedanke wurde bereits vor den großen lebenswissenschaftlichen Durchbrüchen naturphilosophisch als die spekulative Idee vorgetragen, dass die Natur sich im Menschen selbst erkennt, sodass wir zumindest epistemisch ein Sonderwesen sind: das einzige Lebewesen, das imstande ist, sich selbst als Lebewesen zu erforschen und seine Lebenswelt durch Technik und Wissenschaft zu gestalten.[3]

Dieses Lebewesen, das wir sind, hat aber nicht nur eine theoretische Sonderstellung als einziges uns bekanntes Lebewesen, das um seine „Stellung im Kosmos" weiß.[4] Zu diesem theoretischen Vermögen kommt nämlich unsere praktische Freiheit hinzu. Diese besteht darin, dass wir nicht einfach nur sind, was wir sind. Wir finden uns nicht nur als Teil der Natur vor, der sein Leben als Selbsterhaltung vollzieht. Vielmehr wissen wir, dass wir unser individuelles Leben und

---

[3] Vgl. dazu unter anderem im Anschluss an die Naturphilosophie Schellings Nagel, Thomas, Mind and Cosmos. Why the Materialist Neo-Darwinian Conception of Nature is Almost Certainly False, Oxford 2012 sowie im Bezug auf die Tierethik Korsgaard, Christine, Fellow Creatures. Our Obligations to the Other Animals, Oxford 2018.

[4] Vgl. Scheler, Max, Die Stellung des Menschen im Kosmos, hrsg. von Wolfhart Henckmann, Hamburg 2018. Zumindest in dieser Fußnote sei darauf hingewiesen, dass wir natürlich aus wissenschaftlicher (und damit auch aus philosophischer Sicht) nicht wissen, ob es einen Gott gibt. Das können wir nach heutigem Erkenntnisstand auch nicht ausschließen, weshalb es seit einigen Jahren wieder zu einer Neubesinnung auf die Grundlagen der Religionsphilosophie gekommen ist. Vgl. Tetens, Holm, Gott denken. Ein Versuch über rationale Theologie, Stuttgart 2015. Das ist insofern relevant, als Gott, wenn er denn existiert, womöglich als Lebewesen zu verstehen ist (als lebendiger Gott, wie ihn die monotheistischen Religionen verstehen und verehren). Dann gäbe es mindestens ein Lebewesen, das nicht durch evolutionäre Prozesse entstanden ist. Wie dem auch sei, die religionsphilosophischen und metaphysischen Grundfragen nach Gott und dem Wesen des Lebens können und müssen nicht vor der Entwicklung einer konkreten Ethik beantwortet werden, weil diese theologisch völlig neutral (und mithin auch nicht atheistisch) ist.

unsere sozialen Formationen gestalten können. Sie sind kontingent, d. h. sie können so oder eben anders sein. Wie sie jeweils sind, hängt von einer Vielzahl von Entscheidungen ab sowie von Faktoren, über die wir keine Kontrolle haben. Diese Entscheidungen sind dadurch in einem besonderen, praktischen Sinn frei, dass sie Ausdruck unserer Selbstbilder sind. Menschen vollziehen ihr Leben im Licht einer Vorstellung ebendieses Lebens. Deswegen bewerten wir unser Leben und wünschen uns nicht nur dasjenige, was zum Überleben gut und nützlich ist, sondern überdies ein gutes Leben.

Menschen tun, was sie tun, üblicherweise, weil sie sich ein Bild davon machen, wer sie jeweils sind und wer sie sein wollen. Die Fähigkeit, auf diese Weise ein selbstbestimmtes Leben zu führen, ist der Grund unserer Freiheit. Eine der großen Stärken des *liberalen* demokratischen Rechtsstaats besteht darin, diese Fähigkeit zu stärken, Autonomie nicht nur als Gegebenheit zu verstehen, sondern als graduierbar und veränderbar – zum Beispiel durch Bildung und Wohlstand, die sich wechselseitig bedingen. Menschen können mehr oder weniger frei, mehr oder weniger autonom sein. Freiheit durch wechselseitige Unterstützung zu ermöglichen und zu erweitern, ist ein primäres gesellschaftliches Ziel einer freiheitlichen Gesellschaft.

Auf dieser anthropologischen Grundlage können wir nun sagen, dass es soziokulturelle sowie rein natürliche Umstände gibt, unter denen wir unsere Freiheitsgrade erweitern können.[5] Ein Zuwachs an Freiheit ist dabei wünschenswert, eine Einschränkung nicht. Politisch folgt daraus wohlgemerkt kein anrüchiger Libertarismus oder Anarchismus. Denn ein Zuwachs an Freiheit gelingt immer nur, wenn wir uns wechselseitig stützen. Es gibt keinen individuellen Freiheitsgewinn, der nicht in der Regel direkt oder indirekt mit anderen geteilt ist. Freiheit ist nicht beiläufig, sondern wesentlich sozial. Wenn uns die Wirklichkeit überhaupt offensteht und wir frei sind, müssen wir durch ihr Sein „mit anderen kommunizieren", wie Simone de Beauvoir in

---

[5] Zum Begriff der Freiheitsgrade in einem ähnlichen Zusammenhang vgl. Möllers, Christoph, Freiheitsgrade. Elemente einer liberalen politischen Mechanik, Berlin 2020.

ihrer heute wieder brandaktuellen *Ethik der Ambiguität* bereits 1947 gezeigt hat.[6]

Allerdings müssen wir heute eine weitere Dimension hinzufügen, die uns wiederum auf das Ökologische zurückführt. Diese Dimension besteht darin, dass die anderen, mit denen wir leben und zusammen wachsen, nicht nur Menschen sind. Vielmehr ist es sogar so, dass jedes Individuum unserer Spezies bereits bei genauerer Betrachtung eine komplexe Symbiose verschiedener Lebensformen ist. Es gäbe uns ohne Mikrobiom nicht. Ein erheblicher Teil der Biomasse eines erwachsenen Menschen setzt sich aus nichtmenschlichem Leben zusammen, das von unseren Lebensprozessen profitiert und sie wiederum begünstigt. Die nichtmenschliche Natur und die nichtmenschlichen Tiere sind niemals nur „da draußen", sondern immer auch dort, wo wir sind und leben.

Im Allgemeinen ist nun die *Ethik* diejenige Teildisziplin der Philosophie, die sich mit moralischen Fragen und Antworten beschäftigt. Das tut sie insbesondere unter der Maßgabe, dass sich sinnvolle moralische Fragen stellen lassen, die mögliche Antworten erlauben. Dabei ist eine wahre Antwort auf eine sinnvoll gestellte Frage eine *Tatsache*. Philosophisch etwas genauer formuliert ist eine Tatsache dasjenige, was wir mit einer wahren Antwort sprachlich erfassen. So ist die Tatsache, dass $7 + 5 = 12$ ist, dasjenige, was dafür sorgt, dass die Antwort auf die Frage, was $7 + 5$ ist, 12 ist. Es gibt unzählige Tatsachen verschiedener Art. Es ist eine Tatsache, dass Stuttgart die Landeshauptstadt Baden-Württembergs ist. Es ist ebenfalls eine Tatsache, dass die Erde mehr oder weniger rund (jedenfalls keine flache Scheibe) ist und dass es einen menschengemachten Klimawandel gibt, der für unser Überleben letztlich schädlich ist.

Für unseren Zusammenhang ist es nun wichtig anzuerkennen, dass es überdies *moralische* Tatsachen gibt. Moralische Tatsachen sind eine

---

[6] Sie geht dabei so weit, das Offensein der Wirklichkeit für gezielte Veränderung (was sie kurzerhand als „Sein" bezeichnet) als Kommunikation zu verstehen, womit sie gezeigt hat, dass unsere individuelle Selbstbestimmung wesentlich auf andere bezogen ist. Jemand zu sein heißt, mit anderen gemeinsame Projekte zu verfolgen. Wir müssen uns nicht erst aus unserer egoistischen Subjektivität herausarbeiten, um anderen zu begegnen, sondern sind bereits mit ihnen zusammen, ob uns dies jeweils gefällt oder nicht. Vgl. Beauvoir, Simone de, Pour une morale de l'ambiguïté, Paris 1947, S. 90.

Teilmenge der normativen Tatsachen (zu denen politische, ästhetische, juristische und andere soziale Tatsachen zählen). Eine Tatsache ist normativ, wenn sie etwas, in der Regel eine Handlung bewertet, z. B. als legal oder illegal, freundlich oder unfreundlich, gut oder böse.

Was moralische Tatsachen im Unterschied zu anderen normativen Tatsachen ausmacht, sehe ich darin, dass sie davon handeln, was wir tun bzw. unterlassen sollen lediglich, insofern wir Menschen sind. Die moralischen Tatsachen betreffen das Gelingen und Scheitern unserer menschlichen Lebensform. Deswegen sind die paradigmatischen Fälle der Ethik mit Grundfragen des Lebens und Sterbens beschäftigt. Es ist beispielsweise eine offensichtliche moralische Tatsache, dass man Kleinkinder nicht zum Vergnügen aus dem Fenster werfen soll. Ich führe dieses plakative Beispiel hier nur an, um zu zeigen, dass es eine Vielzahl von moralischen Tatsachen gibt, die kulturübergreifend gelten und anerkannt werden. Gleichwohl werden sogar moralisch offensichtliche Tatsachen missachtet, was im Extremfall des absolut Bösen gipfeln kann. So ist es absolut böse, Iskander-Raketen absichtlich auf Kindergärten zu schießen, um die Zivilbevölkerung in einem Angriffskrieg in die Knie zu zwingen. Solche und ähnliche Beispiele extremer, moralisch eindeutig verwerflicher Gewalt lassen sich leider heute vermehrt anführen. Sie zeigen einmal mehr, dass technologisch und wirtschaftlich hochgerüstete moderne Industriestaaten allein nicht hinreichen, um moralischen Fortschritt zu garantieren, was eigentlich bereits eine der großen Lektionen des zivilisatorischen Zusammenbruchs des 20. Jahrhunderts sein sollte.[7]

Die Ethik stellt nicht nur fest, ob es moralische Tatsachen überhaupt gibt (was in der Teildisziplin der Metaethik erforscht wird).[8] Ihr Erkenntnisziel besteht darin, moralische Tatsachen zu entdecken, die

---

[7] Vgl. in diesem Sinne die berühmte Aufklärungskritik bei Adorno, Theodor W./Horkheimer, Max, Dialektik der Aufklärung. Philosophische Fragmente, mit einem Vorwort von Eva von Redeker, Frankfurt a. M. 2018. Wohlgemerkt richtet sich diese Kritik nicht zwingend gegen jede Aufklärung, sondern zeigt vielmehr, welche Defizite und Pathologien die Moderne zu überwinden hat, um das Projekt der Aufklärung einzulösen.

[8] Dabei ist die heute in der Fachdisziplin verbreitete Antwort positiv, was man als moralischen Realismus (als die These, dass es moralische Tatsachen gibt) bezeichnet. Vgl. zum Forschungsstand das jüngst erschienene Standardwerk David Copp/Paul Bloomfield (Hrsg.), The Oxford Handbook of Moral Realism, Oxford 2023.

uns bisher teilweise oder ganz verborgen waren. Welche Ethik der KI und eben auch: welche Ethik der sozialökologischen Transformation gegeben ist, steht nicht ohne Forschung fest.

An dieser Stelle bedarf es einer neuen Vision des Guten, die es uns erlaubt, das Gute nicht nur als gegeben, sondern als eine Aufgabe zu verstehen. Diese Aufgabe besteht darin, dass nicht nur die wissenschaftlichen Disziplinen interdisziplinär kooperieren, sondern dass darüber hinaus andere relevante Sektoren der Gesellschaft (Wirtschaft, Staat, Kunst, Zivilgesellschaft usw.) herangezogen werden, damit wir gemeinsam aus allen verfügbaren Perspektiven an der Frage arbeiten, wie wir gemeinsam, d. h. zusammen wachsen können. Hierbei verstehe ich unter „Wachstum" nicht bloß eine Vermehrung, d. h. etwa das quantitativ messbare Wirtschaftswachstum. Daneben gibt es auch *qualitatives* Wachstum, das traditionell mit dem Begriff des Glücks und neuerdings in Debatten des „well-being" und „human flourishing" angepeilt wird. Wie wir jeweils qualitativ wachsen können und daraus dann freilich auch wirtschaftlichen, aber ethisch wirklich gestützten Profit ableiten können, ergibt sich nur aus einer ernsthaften, transdisziplinären und transsektoralen Kooperation.[9]

Das bezeichne ich nun im Unterschied zu einer *angewandten Ethik* als eine *konkrete Ethik*. Diese konkrete Ethik basiert unter anderem auf jüngsten Theorieentwicklungen in der Ethik.[10] Sie geht davon aus, dass die Lebendigkeit eines Systems nicht nur ein Ergebnis seiner Selbsterhaltung ist, sondern davon abhängt, dass das System einen positiven Beitrag zur Entwicklung anderer Systeme in einem Kreislauf wechselseitiger Unterstützung leistet. Konkrete Ethik ist nicht nur eine Anwendung ethischer Prinzipien, die innerhalb der Philosophie entwickelt werden, auf reale Probleme der Menschheit. Sie ergibt sich erst aus der Situation des Menschen, sodass die Prinzipien der Ethik keine apriorischen oder gar quasilogischen Strukturen sind, die wir auf

---

[9] Vgl. dazu in Auseinandersetzung mit jüngeren Beiträgen aus der „new moral political economy" Gabriel, Markus, Gutes tun. Wie der ethische Kapitalismus die Demokratie retten kann, Berlin 2024 (i. Ersch.).

[10] Vgl. etwa den Ansatz des Bonner, von Christiane Woopen geleiteten Centers for Life Ethics (https://www.lifeethics.uni-bonn.de) sowie eine neuere Entwicklung in der gegenwärtigen ostasiatischen Philosophie, dokumentiert in Bing Song/Yiwen Zhan (Hrsg.), Gongsheng across Contexts. A Philosophy of Co-Becoming, London 2024.

unser Leben anwenden, sondern vielmehr Selbsterkenntnisse unserer Lebensform.

Auf diese Weise wird Nachhaltigkeit nicht nur als ökonomischer Wert verstanden, sondern als Merkmal gelingender Lebendigkeit. Das Leben und das Lebendige sind Wertquellen und nicht bloß faktisch vorkommende Ereignisse im Universum oder der Natur. Leben ist dabei bei genauerer Betrachtung immer Zusammenleben, weil lebendige Systeme nicht in einer nichtlebendigen Umwelt existieren, sondern in einer ausdifferenzierten Umwelt, die durch die Tätigkeiten unzähliger Lebewesen ständig verändert wird.

Das bedeutet, dass wir die Schnittstelle von Ethik und Politik neu denken können. Demokratische Politik lässt sich nicht auf Ethik reduzieren. Dort, wo demokratische Entscheidungen mit den einschlägigen institutionellen Verfahren getroffen und durchgesetzt werden müssen, kann sich die Politik niemals nur an einer Expertise orientieren, die ihr eine eindeutige Richtung vorgibt. Politische Entscheidungen müssen getroffen werden, sie lassen sich deswegen niemals vereindeutigen. Gleichwohl kann die konkrete Ethik einen Beitrag dazu leisten festzustellen, welche Entscheidungen politisch sind und damit Alternativen aufweisen, über die wir gesamtgesellschaftliche Urteile fällen, die demokratische Institutionen dann in Entscheidungen überführen.

Zu moralischen Tatsachen gibt es keine sinnvollen Alternativen. Sie stehen nicht politisch zur Disposition. Deswegen ist es wichtig, den Unterschied zwischen Ethik und Politik jeweils konkret zu bestimmen und politische Entscheidungen nicht unzulässig zu moralisieren. Es ist nämlich eine entscheidende Stärke des liberalen demokratischen Rechtsstaats, dass er dann in Erscheinung tritt, wenn wir mehr oder weniger gleich gute Alternativen erwägen und unter Unsicherheit agieren müssen, um die Zukunft durch gute Gesetze zu gestalten. Die konkrete Ethik gibt dafür Leitplanken an die Hand, ersetzt aber die politische Entscheidung nicht durch eine ethische Expertise.

Eine lebendig gestaltete, von einer konkreten Ethik des Zusammenwachsens getragene sozialökologische Transformation wäre eine Metamorphose. Die Metapher der Metamorphose macht im Unterschied zur Transformation (was ein letztlich gleichbedeutender lateinischer Ausdruck für dieselbe Sache ist) deutlich, dass gesellschaftlicher Wandel eine lebendige Zivilgesellschaft, lebendige Institutionen sowie eine lebendige transsektorale Kooperation benötigt. Gesellschaftlicher Zusammenhalt entsteht dadurch, dass wir zusammenwachsen und somit auch zusammen wachsen.

Demokratie im Transformationsstress – Lässt sich Bürgersinn fördern?

FELIX HEIDENREICH

Unter Stress können politische Gemeinwesen auf zwei idealtypische Weisen reagieren: Entweder es kommt zu einer besonderen Geschlossenheit, zum „Burgfrieden", zur „Union sacrée", zu einem „Rally 'round the flag"-Effekt, bei dem alle sekundären Divergenzen bis auf weiteres ausgeklammert werden; oder aber – und auch hierfür gibt es historische Beispiele – das Vertrauen in die kollektive Problemlösungskompetenz kollabiert; statt das Problem zu bearbeiten, wird dann nur nach Schuldigen für die Krise gesucht. Im schlimmsten Fall zerfällt das Gemeinwesen, die Menschen „laufen von der Fahne".

Versteht man die Transformation hin zu einer postkarbonen Gesellschaft als eine Form des kollektiven Stresses, so stellt sich die Frage, auf welche Weise „unsere Gesellschaft" reagiert. Diese bewusst vage gehaltene Formel – „unsere Gesellschaft" – kann ganz verschiedene Referenzgrößen bezeichnen: einzelne Bundesländer, die Bundesrepublik Deutschland, die EU oder den „Westen" insgesamt. Egal auf welcher der ohnehin eng verwobenen Ebenen man die Stressreaktionen analysiert, wird man konstatieren müssen, dass quasi auf allen Ebenen, in fast allen Ländern und in den verschiedensten Kontexten eine Art kollektive Desorientierung durch Stress zu beobachten ist.

Dieser Stress hat seine Quellen nicht nur in den ökonomischen Effekten der Globalisierung, in der kulturellen Verunsicherung durch Migration und in den dramatischen Folgen einer globalen Pandemie, sondern in zunehmendem Maße auch im Klimawandel selbst. Auch wenn die ersten Extremwetterereignisse wie das Unwetter im Ahrtal nur recht diffus der Erderwärmung zuzuordnen sind, gibt es doch ein wachsendes Bewusstsein dafür, dass der Klimawandel längst in Mitteleuropa angekommen ist und seine konkreten Auswirkungen von Jahr zu Jahr dramatischer werden. Es ist also nicht erstaunlich, dass westliche Gesellschaften im Transformationsstress sind.

Wie ist dieser Situation zu begegnen? Wie gelingt es, in hochgradig individualisierten Gesellschaften ein für die Einzelnen durchaus zumutungsreiches kollektives Handeln zu organisieren? Wie kann es gelingen, staatliches Handeln einerseits und Zivilgesellschaft andererseits in einen produktiven Kooperationsmodus zu versetzen? Wie gelingt die große Transformation mit Zusammenhalt?

Um zu diesen Fragen einige Überlegungen beizusteuern, möchte ich in drei Schritten vorgehen: Ich möchte erstens die grundlegende Ambivalenz der Rede vom „Zusammenhalt" thematisieren, um deutlich zu machen, inwiefern das Stiften von Zusammenhalt sehr grundlegende demokratietheoretische Fragen aufwirft. Zweitens möchte ich kurz vier mögliche Gründe anführen, warum ein „Rally 'round the flag"-Effekt im Falle des Klimawandels schwieriger zu erreichen ist als im Fall einer externen militärischen Bedrohung. Und im dritten Schritt will ich Institutionen der demokratischen Artikulation von Zumutungen in Erinnerung rufen, die dabei helfen können, zentripetale Kräfte zu entfalten, also Zusammenhalt zu generieren. Als Ausblick verweise ich auf den Begriff des „Beehive State".

1. Demokratie und Zusammenhalt

Die Demokratie steht in einem ambivalenten Verhältnis zum Zusammenhalt: *Einerseits* zeichnen sich moderne, funktional differenzierte und weltanschaulich pluralistische Gesellschaften dadurch aus, dass sie das Individuum aus den immer auch einengenden Strukturen des sozialen Zusammenhalts entlassen. Ein zentrales Versprechen moderner Demokratien lautet nämlich, dass in ihnen nicht nur die freie Entfaltung der Persönlichkeit, sondern sogar ein Höchstmaß an Individualismus möglich sei.¹ Die Vielzahl möglicher Lebensentwürfe und Werteorientierungen würde aus dieser Sicht gerade den Gewinn des Modernisierungsprozesses darstellen.

Eine Minimierung der sozialen Kohäsion erlaubt es aus dieser Perspektive außerdem, legitime Konflikte – anders als in traditionellen oder „kompakten" Gemeinschaften – offen ansprechen und fair aushandeln zu können. Begriffe wie „Zusammenhalt", „Konsens" oder „Vertrauen" stehen aus dieser liberalen Perspektive stets im Verdacht, Konflikte lediglich zu verdecken oder Regierungen auf fragwürdige Weise gegen Kritik zu immunisieren. Denn freie Gesellschaften räumen ihren Bürgerinnen und Bürgern aus gutem Grund das Recht ein, ihren Regierungen zu misstrauen, diese durch definierte Verfahren zu kontrollieren und sie in einer kritischen Öffentlichkeit einer ständigen Beobachtung zu unterziehen.² Nicht etwa Vertrauen, sondern Misstrauen wäre aus dieser liberalen Perspektive die erste Bürgerpflicht. Weniger „Zusammenhalt", weniger „Gemeinschaft" wäre dann gerade ein Vorteil liberal geprägter, demokratischer Gesellschaften.

Dass dieses Paradigma in vielen westlichen Gesellschaften derzeit an ihre konzeptionellen und praktischen Grenzen stößt, dürfte indes keine originelle These sein. Seit etwa 2015 wird immer dramatischer deutlich, dass Demokratien nämlich *andererseits* zugleich eines „überlappenden Konsenses" bedürfen, wie der meist als liberal eingruppierte Philosoph John Rawls betonte.³ Dieser Konsens betrifft zumindest die Frage, in welchem Modus die entstehenden Konflikte ausgetragen werden können. Denn wenn Akteure Wahlergebnisse nicht mehr akzeptieren, die politische Konkurrenz als Feind delegitimieren oder gar mit der Möglichkeit politischer Gewalt kokettieren, gerät die Demokratie in Gefahr. Auch und gerade Demokratien bedürfen folglich

---

¹ Vgl. z. B: Luhmann, Niklas, „Individuum, Individualität, Individualismus", in: ders., Gesellschaftsstruktur und Semantik. Studien zur Wissenssoziologie der modernen Gesellschaft. Band 3, Frankfurt a. M. 1989, S. 149–258.
² Pierre Rosanvallon nennt diese Mechanismen des Einspruchs, der Gegenprüfung von Entscheidungen und der Kontrolle die „Gegen-Demokratie". Diese „Gegen-Demokratie" ist natürlich zentraler Bestandteil der Demokratie und nicht etwa ihr Gegenteil. Sie besteht aus all jenen Möglichkeiten, die es erlauben, sich dem „Zusammenhalt" und den kollektiv bindenden Entscheidungen auch entgegenzustellen. Vgl. Rosanvallon, Pierre, Die Gegen-Demokratie. Politik im Zeitalter des Misstrauens, Hamburg 2017.
³ Rawls, John, Eine Theorie der Gerechtigkeit, Frankfurt a. M. 1977.

eines geteilten Normenbestandes und eines irgendwie regelgeleiteten Sozialverhaltens, also gewisser Haltungen, die man durchaus als „Zusammenhalt" bezeichnen kann.

Ob sich ein solcher „Zusammenhalt zweiter Ordnung", also ein Konsens darüber, wie mit Dissens umzugehen ist, auf reine Normeneinhaltung reduzieren lässt („Einhaltung der Spielregeln!"), oder ob darüber hinaus eine intrinsisch motivierte Orientierung an Werten (ein „Sportsgeist") nötig ist, bleibt indes umstritten. Aus liberaler Sicht muss sich der Staat auf die bloße Kontrolle der Normenerfüllung beschränken. Staatliche Akteure sollten aus dieser Perspektive Begrifflichkeiten wie „Leitkultur" meiden. Erst an der Grenze zum Strafrecht darf aus dieser Perspektive der liberale Rechtsstaat tätig werden: Er kontrolliert die Einhaltung von Verboten, also Normen, interessiert sich aber nicht für Werte, also die Haltungen und Motivationen seiner Bürgerinnen und Bürger.

Dass eine solche Normerfüllung durch Sanktionsandrohung praktische Grenzen hat, wird heute indes in vielen Bereichen deutlich – man denke an die millionenschweren Investitionen in Zäune, Überwachungskameras und Sicherheitspersonal in Berliner Freibädern[4], an die endemische Ausbreitung der „porch piracy", also des Diebstahls von auf den Terrassen der Vorstadthäuser abgelegten Paketen in den USA[5] oder die rein quantitativ kaum noch zu bewältigende Ausbreitung des Ladendiebstahls in Großbritannien.[6] Wenn es keine intrinsische Motivation gibt, sich an Regeln zu halten, wenn die Regelübertretung nicht mehr die Ausnahme darstellt, sondern eine nutzenmaximierend durchkalkulierbare Option, ist der Staat irgendwann rein quantitativ überfordert – und die Freibäder sehen aus wie Gefängnisse.

---

[4] Vgl. den Beitrag der Tagesschau „Videoüberwachung und Zäune - Berlin bezahlt Millionen für Sicherheit im Freibad" vom 7.5.2024 10:54 Uhr.

[5] Der Schaden in den USA wird für das Jahr 2023 auf 8 Milliarden geschätzt. Vgl. Adkins, Matthew, 2023 Package Theft Annual Statistics and Trends, in: Security.org, 30.1.2024, https://www.security.org/package-theft/annual-report/ (abgerufen am 28.5.2024).

[6] Vgl. o. A., England und Wales registrieren so viele Ladendiebstähle wie nie, in: Spiegel Online, 26.1.2024, https://www.spiegel.de/panorama/england-und-wales-registrieren-so-viele-ladendiebstaehle-wie-nie-a-0a1e3cfd-3537-48d1-bf54-4706d04209ff?sara_ref=re-xx-cp-sh (abgerufen am 28.5.2024).

Kommunitaristische und republikanische Demokratietheorien gehen daher davon aus, dass ein Mindestmaß an Bürgersinn nötig ist, um eine politische Gemeinschaft funktionsfähig zu halten. Achtung und Respekt lassen sich zwar nicht juristisch einklagen, sie sind mit Kant gesprochen „Tugendpflichten", keine „Rechtspflichten", aber sie werden in der Demokratie vorausgesetzt und dürfen auch durch staatliches Handeln gefördert werden. Daher ist es aus republikanischer Sicht auch legitim, wenn ein Staat (wie im republikanisch geprägten Frankreich) für „Brüderlichkeit" (bzw. Geschwisterlichkeit) wirbt.

„Bürgersinn" bedeutet dann dreierlei: Dass man *erstens* kollektiv vereinbarte Regeln auch dann einhält, wenn man bei ihrer Übertretung vermutlich nicht erwischt wird; dass man *zweitens* mehr macht, als man von Rechts wegen tun müsste (sich also beispielsweise für das Gemeinwohl engagiert, sich höflich, wohlwollend und hilfsbereit verhält), und dass man sich *drittens* in Ausnahmesituationen auch mit weniger als der buchstabengetreuen Erfüllung von rechtlichen Ansprüchen zufriedengibt, also nicht pedantisch auf seinem „guten Recht" beharrt. Aus dieser Definition von Bürgersinn ergibt sich spiegelbildlich eine Art Pathologie der Verkürzung sozialer Interaktion auf die bloße Rechtsbeziehung: In Gesellschaften mit erodiertem Bürgersinn begegnen wir Menschen, die *erstens* Regeln nur befolgen, weil ihre Übertretung sanktioniert wird (und diese Sanktion als wahrscheinlich eingeschätzt wird), die *zweitens* für andere nur tun, was sie zu müssen, und *drittens* ihre Rechte mit querulantischer Verbohrtheit gegen alles und jeden verteidigen.[7]

Es scheint mir betonenswert, dass diese im weitesten Sinne republikanische Argumentation keineswegs als künstliche moralische Aufladung von Politik oder als Überfrachtung des Zusammenlebens mit quasireligiösen oder ethischen Ansprüchen zu verstehen ist. Die Notwendigkeit eines Mindestmaßes von Bürgersinn lässt sich nüchtern und rein funktionalistisch konstatieren: Gesellschaften ohne Bürgersinn sind weniger resilient, produzieren mehr Transaktionskosten und bieten eine geringere Lebensqualität.

---

[7] Zu dieser „Pathologie individueller Freiheit" vgl. auch das entsprechende Kapitel bei Honneth, Axel, Das Recht der Freiheit, Berlin 2012.

Dass wir in der Bundesrepublik Deutschland eine erkennbare, ja sogar quantitativ messbare Krise dieses „Konsens zweiter Ordnung" erleben, sollte vor diesem Hintergrund beunruhigen. Nicht nur nimmt die politische Gewalt messbar zu; auch unterhalb der Schwelle der Strafbarkeit erleben wir eine Verrohung der politischen Auseinandersetzung, die sich in der mehr oder weniger expliziten Bedrohung, Bedrängung, Beleidigung von politisch engagierten Menschen – von der kommunalen Ebene bis zur Bundesebene – zeigt. Längst geht es dabei um den bewussten Einsatz von physischer oder verbaler Gewalt als Mittel der Politik.[8]

Tragisch und dramatisch ist aber, dass ganz offenbar der Transformationsstress auf diese Entwicklung katalytisch wirkt. Angesichts der enormen Herausforderungen geopolitischer und klimapolitischer Art scheinen die zentrifugalen Kräfte rapide zuzunehmen. Von einem „Rally 'round the flag"-Effekt ist (bisher) nichts oder fast nichts zu sehen. Aber warum nicht?

2. Zusammenhalt im Angesicht des Klimawandels?

Ich will im Folgenden kurz vier Faktoren benennen, die erklären können, warum ein „Rally 'round the flag"-Effekt – zumindest in Deutschland – bisher nicht zu beobachten ist. *Erstens* gehört zum Mechanismus einer Geschlossenheit nach innen in der Regel eine Feindstellung nach außen: Das entschlossene kollektive Handeln richtet sich gegen eine benennbare, am besten anschauliche Entität – wie beispielsweise im Falle Churchills gegen ein aggressives und mörderisches Deutsches Reich.[9] Im Falle der Nachhaltigkeitskrise und des Klimawandels fällt dieser Mechanismus gewissermaßen aus: Der „Feind", das Problem, ist immer noch größtenteils unsichtbar. Noch reichen die Dürren, Extremwetterereignisse und Hitzewellen offenbar nicht aus, um dem

---

[8] Diese Situation ist nicht völlig neu. Auch in den 1970er Jahren, den „Jahren des Hasses", prägte politische Gewalt bis zum Terrorismus die politische Debatte. Daraus abzuleiten, die Lage werde sich von selbst beruhigen, wäre allerdings ein Fehlschluss.

[9] Entsprechende Prozesse sind immer auch instrumentalisierbar, weil Freund/Feind-Semantiken in autoritären Regimen dazu dienen können, die Frustration nach außen zu kanalisieren.

Klimawandel sozusagen ein „Gesicht" zu geben. Der Klimawandel ist kein „Feind" in einem personenförmigen Sinne, keine äußere Macht, der man eine Flagge entgegenhalten könnte, hinter der sich die politische Gemeinschaft versammeln könnte.

Zweitens hat das Problem des Klimawandels bekanntlich seinen Ursprung in unserem eigenen Verhalten: Nicht nur gibt es keinen externen Feind, sondern die eigene Lebens- und Produktionsweise selbst stellt bekanntlich das Problem dar. Genau aus diesem Grund ist die Rede vom „Systemwechsel" (Kohei Saito), der „Revolution" (Bernd Ulrich und Hedwig Richter) oder der „Abschaffung des Kapitalismus" (Ulrike Herrmann) unplausibel: Diese Redeweisen suggerieren, „das System" (was immer damit gemeint sein mag) sei etwas, das sich wie ein Motor austauschen lasse, wie ein „Außen", dem sich die Gesellschaft gegenüberstellen könne.

Umso größer ist die Gefahr, dass die Freund/Feind-Semantik in die Gesellschaft selbst hineingetragen wird. Die gewissermaßen autoreflexive Form des Problems („Wir müssen uns ändern.") droht interne Feinderklärungen zu provozieren („Ihr müsst euch ändern!"): Um nicht sehen zu müssen, dass „wir alle" Teil des Problems sind, fokussiert man auf bestimmte Personen, die in eminentem Maße zum Problem erklärt werden. Sachlich ist der Hinweis auf die Ungleichverteilung von Emissionen zutreffend, aber rhetorisch bewirkt er eine Art Immanentisierung der Freund/Feind-Semantik: Wer sich nicht vegan ernährt, wird belehrt. Begriffe wie „Flugscham" deuten an, dass es im schlimmsten Fall nicht um die Kritik an bestimmtem Verhalten, sondern um die Verachtung der Person geht. Damit potenziert man die polarisierende Wirkung, die der Transformationsstress ohnehin in sich birgt.

Drittens ist der Klimawandel kein kurzfristiges oder akutes Problem, sondern ein strukturelles und außerordentlich langfristiges. *Zumutungen* sind jedoch vor allem dann plausibel zu formulieren, wenn zugleich ihr Ende absehbar ist: „Durststrecken" können angekündigt werden, weil sie ein Ende haben. Ein Ausnahmezustand kann aber nicht auf Dauer gestellt werden, weil er dann zur Regel würde. Ein Appell zur Geschlossenheit angesichts der epochalen Herausforderungen ist folglich nur schwer denkbar, wenn diese Geschlossenheit bis zum

Ende des 21. Jahrhunderts wird andauern müssen. In seiner zeitlichen Dimension sprengt die „große Transformation" sozusagen den Rahmen bisher bekannter Momente des krisenbedingten Zusammenhalts.

Viertens – und dies unterscheidet die aktuelle Lage vermutlich grundlegend von vielen früheren Momenten eines krisenbedingten Zusammenhalts – werden heute alle Appelle und Adressierungen, die zu Zusammenhalt aufrufen, in einen gesellschaftlichen Resonanzraum hineingesprochen, der über Jahrzehnte durch neoliberale Vorstellungen geprägt wurde. Die Frequenzhöhe, auf der zur Versammlung hinter der Flagge aufgerufen wird, ist auf Empfängerseite kaum noch bekannt, weil über Jahrzehnte der Eindruck vermittelt wurde, eine „Gesellschaft" als kollektives handelndes Subjekt gebe es eigentlich gar nicht. Thatchers legendärer Satz „There is no such thing as society!" hat mit hervorgebracht, was er lediglich zu beschreiben vorgab: eine Gesellschaft, die nicht mehr an die eigene, kollektive Handlungsfähigkeit glaubt. Republikanische Vorstellungen wirken in einem gesellschaftlichen Klima, in dem Bürgerinnen und Bürger vor allem als Wirtschaftssubjekte adressiert werden, entsprechend fremd und irritierend. Das Publikum versteht im schlimmsten Fall gar nicht mehr, wovon die Rede ist.

3. Institutionen des Zusammenhalts

Im Folgenden möchte ich unter Verweis auf frühere Arbeiten an Institutionen und Verfahren erinnern, die auf strukturierte Weise Zumutungen an Bürgerinnen und Bürger adressieren.[10] Ausgangspunkt dieser Überlegungen war eine Leitunterscheidung, die Christoph Möllers im Jahr 2008 in seinem Band *Demokratie – Zumutungen und Versprechen* formulierte.[11] Demokratien stehen aus dieser Perspektive immer in einem doppelten Verhältnis zu ihren Bürgerinnen und Bürgern: Sie versprechen einerseits viel mehr als autoritäre Systeme (Freiheit, Teilhabe, Selbstentfaltung, Rechtssicherheit etc.), sie muten andererseits ihren Bürgerinnen und Bürgern aber auch sehr viel mehr zu.

---

[10] Vgl. Heidenreich, Felix, Demokratie als Zumutung. Für eine andere Bürgerlichkeit, Stuttgart 2022.

[11] Vgl. Möllers, Christoph, Demokratie – Zumutungen und Versprechen, Berlin 2008.

Demokratie im Transformationsstress – Lässt sich Bürgersinn fördern?

Während in den Versuchen, die Demokratie gegen ihre Feinde in Schutz zu nehmen, meist die *Versprechen* akzentuiert werden, um den Kontrast zu autoritären Regimen möglichst deutlich herauszuarbeiten, sind die demokratischen *Zumutungen* lange in den Hintergrund getreten. Die bereits angesprochene neoliberale Verformung des Staatsbegriffs hat zur Folge gehabt, dass im schlimmsten Fall auch demokratische Staaten als Service-Einheiten begriffen wurden, die „zu liefern" haben.

Verschiebt man indes den Fokus auf die lange Tradition der demokratischen Zumutungen, so wird schnell deutlich, dass die Mechanismen des „In-Anspruch-Nehmens" von Bürgerinnen und Bürgern der Demokratie keineswegs fremd sind. Im Gegenteil: Die auch sanktionsbewährte Rekrutierung von Bürgern (meist sehr viel seltener Bürgerinnen) steht schon am Anfang der Geschichte der Demokratie. Schließlich wurden in der attischen Demokratie Ämter durch Losverfahren zugeteilt und die Vollbürger der Stadt durch allerlei Mechanismen zur Mitarbeit regelrecht genötigt. So berichtet Aristophanes in der Komödie „Die Archaner", man habe die Müßiggänger mit einem rotgefärbten Seil zur Teilnahme in die Volksversammlung getrieben.

Die konkrete Mitarbeit in der Demokratie war also von Anfang an nicht nur ein „Angebot" oder eine „Option", sondern auch Aufgabe und Zumutung. Ein solcher Perspektivenwechsel rückt all jene Praktiken in den Fokus, in denen Bürgerinnen und Bürger nicht nur die *Möglichkeit* der Partizipation haben, sondern zu dieser *angehalten* werden. Wehrpflicht und Bürgerdienste sind hierfür natürlich die augenfälligsten Beispiele. Aber die Schweizer Demokratie kennt auch die unter dem etwas irreführenden Namen des „Milizsystems" etablierten Mechanismen des Rollenwechsels zwischen Bürger und Beamten: „Der Staat" ist hier keine ferne Institution, die dem Einzelnen als etwas Fremdes gegenübertritt, sondern ein Gebilde, das man selbst trägt und mit Leben füllt.

Weitere Mechanismen sind verschiedene Formen der Bürgerrekrutierung im Justizwesen, beispielsweise das Schöffenamt. Auch hier mutet das Gemeinwesen den Einzelnen etwas zu – nämlich die Einarbeitung in komplexe Materien und die Übernahme von Verantwortung. Auch das Institutionendesign der Pflichtfeuerwehr ist in diesem Kontext erwähnenswert. In gewisser Weise stellt es so etwas wie einen

Mikromechanismus des „Rallying 'round the flag" dar: Feuerbekämpfung ist die *Res publica*, die gemeinsame Sache, für die die Republik ihre Bürger in Anspruch nehmen kann.

Da ich an anderer Stelle eine monografische Auseinandersetzung mit dieser Thematik zur Diskussion gestellt habe[12], will ich hier schnell auf den entscheidenden Punkt, nämlich die mögliche Übertragung auf den Transformationsprozess zu sprechen kommen: Die Zumutungen der Demokratie sind zunächst *interne* Formen der In-Anspruch-Nahme: Zumutungsreich ist schon allein das Geschäft der Demokratie. Aber die Demokratie formuliert nicht nur systemimmanente Zumutungen, sondern gibt auch die *externen* Herausforderungen an Bürgerinnen und Bürger weiter. Demokratische Politik muss sich trauen, auch bittere Wahrheiten auszusprechen und unpopuläre Entscheidungen durchzusetzen, um die „große Transformation" so zu gestalten, dass sie möglichst wenig disruptiv erfolgt.

Viele der klassischen „Institutionen des Zusammenhalts" eignen sich glücklicherweise auch für das Management der Transformation: Das Technische Hilfswerk, die Feuerwehren, ja auch die Bundeswehr können nützlich sein, um auf Klimafolgen vorzubereiten, diese abzumildern oder auf entsprechende Notsituationen wie Hochwasser adäquat zu reagieren. Ein Bürgerdienst, der wahlweise einen Beitrag zur Verteidigung, zur Katastrophenprävention oder zum Aufbau sozialer Resilienz leistet (zum Beispiel im Pflegedienst), würde also zwei Dinge auf einmal bewerkstelligen können: Er könnte einen konkreten Beitrag zur Lösung demokratieexterner Probleme leisten (Hochwasserschutz, Altenpflege, Landesverteidigung etc.) und zugleich so etwas wie eine zentripetale Kraft entfalten, weil im besten Fall mehr soziale Durchmischung, mehr Begegnung, mehr Kommunikation, mehr „Bürgersinn" gefördert würde. Realistisch betrachtet besteht ohnehin dringender Handlungsbedarf, um eine viel solidere, resilientere und zugleich agilere europäische Struktur der Krisenprävention aufzubauen. Für die bereits jetzt antizipierbaren Hochwasser, Stürme, Dürreperioden und Waldbrände sind wir weder ausreichend vorbereitet noch gesamteuropäisch professionell koordiniert.

---

[12] Heidenreich, Demokratie als Zumutung.

Ausblick: „An einem Strang ziehen"

Kehren wir zum Ausgangspunkt unserer Überlegungen zurück. Der Anschein einer strukturellen Überforderung ist für staatliche Strukturen im Krisenmoment fatal: Menschen gehen „von der Fahne", wenn sie das Gefühl haben, dass das Schiff ohnehin sinkt, dass ein Engagement nicht mehr lohnt, dass jeder Einsatz nur Ressourcen in ein System kanalisieren würde, welches ohnehin kollabiert. Ein demokratischer Staat muss daher glaubwürdig behaupten können, Herr der Lage zu sein. Vor diesem Hintergrund sind die neusten Umfragen des Deutschen Beamtenbundes alarmierend: 69 Prozent der Befragten sahen 2023 den Staat „in Bezug auf seine Aufgaben und Probleme" als „überfordert" an.[13] Der Eindruck eines Kontrollverlustes ist – unabhängig davon, ob es um Migrations-, Sicherheits- oder Energiepolitik geht – demokratiepolitisch verheerend.

Dieser Eindruck wird wohlgemerkt von äußeren Feinden systematisch genährt. In welchem Maße die aktuelle Polarisierung auf externe Einflussnahme zurückzuführen ist, wird man vermutlich erst im zeithistorischen Rückblick abschätzen können. Ob sich der Eindruck einer Staatskrise auf reale Erfahrungen oder nur medial vermittelte Schimären bezieht, ist allerdings für seine politische Wirkung unerheblich: Auch unbegründete politische Emotionen entfalten reale politische Wirkungen. Die Herausforderung besteht folglich darin, die Probleme nüchtern zu benennen und zu bearbeiten, ohne in den Chor jener einzustimmen, die den Untergang herbeisehnen und herbeisingen.

Die Analogie zwischen dem Zusammenhalt im Moment der militärischen oder sicherheitspolitischen Krise einerseits und im Falle der „große Transformation" andererseits trägt nur bedingt – wie Abschnitt 2 zu zeigen versuchte. Dennoch lässt sich aus Vergleichen durchaus etwas lernen.

Das Beispiel der Ukraine zeigt, wie eine Synergie von staatlichen Rahmensetzungen einerseits und intrinsisch motivierter, selbstorganisierter Aktivität der Zivilgesellschaft andererseits aussehen kann. Die

---

[13] DBB Bürgerbefragung Öffentlicher Dienst 2023: Der öffentliche Dienst aus Sicht der Bevölkerung (forsa Gesellschaft für Sozialforschung und statistische Analysen mbH), vom 28. Juli 2023 (F23.0142.02/42859 Le).

Ukraine hat sich in diesem Sinne als resilient erwiesen. Der Begriff der Resilienz hat diesbezüglich den großen Vorteil, dass er nicht allein den Staat adressiert: Für „Sicherheit" mögen Militär und Polizei zuständig sein, sozusagen die Profis; für Resilienz aber muss die Gesellschaft insgesamt einstehen.

Am Beispiel der Ukraine wurde entsprechend der Begriff des „Beehive State" entwickelt.[14] Gemeint ist damit eine Konstellation, in der eine sich selbst organisierende Zivilgesellschaft jene Lücken füllt, die ein an der Belastungsgrenze operierender Staat nicht mehr schließen kann. Schon während der Flüchtlingskrise im Sommer 2015 agierte die Bundesrepublik phasenweise in diesem Modus. Man mag das Denkbild vom „Bienenstaat" schräg und unpassend finden – biologische Metaphern sind in der politischen Theorie bekanntlich immer besonders problematisch, weil sie soziale Zustände als natürlich erscheinen lassen. Zielführend scheint an diesen Überlegungen jedoch die Beobachtung, dass Gesellschaften enorme Dynamiken entfalten können, wenn Staat und Zivilgesellschaft sich nicht gegenseitig behindern oder gar anfeinden, sondern geschickt kooperieren.

Der Begriff „Klimaresilienz" könnte in diesem Sinne die Botschaft transportieren, dass die „große Transformation" nicht etwas ist, was „der Staat" für die Gesellschaft zu organisieren und zu leisten hat. Nachhaltige Politik ist nichts, was „die Politik" (wer immer damit gemeint sein mag) „liefern" kann. Nur wenn Staat und Zivilgesellschaft „an einem Strang ziehen", kann die Transformation gelingen. Dies setzt allerdings voraus, dass man die durch den Transformationsstress freiwerdende Energie richtig kanalisiert, nicht in eine interne Polarisierung, sondern in die koordinierte Bearbeitung der Probleme. Die Wiederentdeckung und der Ausbau der „Institutionen des Zusammenhalts" können dazu einen Beitrag leisten.

---

[14] Vgl. Heidenreich, Felix, Republikanismus der Nachhaltigkeit. Über Bau-Pläne für die Zukunft, in: Berliner Debatte Initial 34:3 (2023), S. 12–20.

Freiheit – oder: Warum es mehr Politik braucht

ISABELLE-CHRISTINE PANRECK

I. Ein Anfang

Es braucht mehr Politik. Angesichts des in der politischen Kultur der Bundesrepublik wabernden Generalverdachts von Lug und Trug gegen Politikerinnen und Politiker[1] sowie der Last der Bürokratie – wer beklagt sie nicht – mutet die These grotesk an. Ist nicht gerade die Überregulierung der Hemmschuh unserer Zeit? Erst jüngst veröffentlichte die Bundestagsstatistik ein Anwachsen des Gesetzeskorpus auf über 52 000 Einzelnormen. Im Jahr 2014 lag die Zahl noch bei gut 44 000.[2] Kaum verwunderlich fordert der Verband der Start-ups im Frühjahr 2024 einen Abbau von Regulierung, um die Gründungskultur in Deutschland zu stärken.[3] Schließlich braucht Innovation Kreativität, Agilität und ein Denken jenseits ausgetretener Pfade – keine Attribute der als behäbig geltenden Politik. Diese scheint verloren in den Krisen der Gegenwart: Die internationale Staatengemeinschaft ist von Kriegen erschüttert, alternative Institutionen nagen an den Vereinten Nationen und der Europäischen Union, das Erreichen der 17 Nachhaltigen Entwicklungsziele ist in weite Ferne gerückt. Es ist nicht über-

---

[1] So schon bei Arendt, Hannah, Was ist Politik? Fragmente aus dem Nachlaß, München 1993, S. 15.
[2] Vgl. Deutschlandfunk, Regelungsdichte nimmt weiter zu, 27.2.2024, https://www.deutschlandfunk.de/regelungsdichte-nimmt-weiter-zu-100.html (abgerufen am 14.3.2024).
[3] Vgl. Deutschlandfunk, Startup-Verband kritisiert Bürokratie-Erleichterungsgesetz, 13.3.2024, https://www.deutschlandfunk.de/startup-verband-kritisiert-buerokratie-erleichterungsgesetz-100.html (abgerufen am 14.3.2024).

trieben, auch von einer sozialen Krise zu sprechen mit Blick auf die Entwicklung von Armut, gerade Kinderarmut, oder Einsamkeit, besonders bei älteren Menschen. Inflation sowie Fachkräfte- und Personalmangel provozieren Fragen an die Geld- und Arbeitsmarktpolitik; schließlich zeigen Naturkatastrophen infolge des menschengemachten Klimawandels, Hitze in Städten und die Energiekrise – vor allem im Winter 2022/23 –, wie fragil die Welt ist, in der wir uns bewegen.

Für Hannah Arendt ist diese Welt nicht einfach gegeben, vielmehr entsteht sie als Zwischen-Raum immer dort, wo Menschen sich begegnen. Von Gewicht ist hier der Plural: Nicht aus einem Menschen heraus entfaltet sich die Welt, es braucht die Pluralität der sich begegnenden Menschen, deren Macht niemals in der einzelnen Person gründet, sondern dem gemeinsamen Handeln mit anderen entspringt. Erst durch den Austausch gerät der Mensch in die Lage, ein Stückchen Welt zu erkennen, erst in diesem „Zwischen" eröffnet sich der Raum für Politik, deren innerste Bestimmung die Sorge um die Welt und deren tiefster Sinn die Freiheit ist.[4] Freiheit ist also mehr als ein Ziel politischen Handelns, ohne sie ist demokratische Politik nicht denkbar. Freiheit meint, „mit Vielen redend zu verkehren und das Viele zu erfahren" ebenso wie „fortzugehen und etwas Neues und Unerhörtes zu beginnen".[5] Diese Begabung zum Handeln beschreibt für die politische Theoretikerin das „Wunder der Freiheit", so könne jeder Mensch die Initiative ergreifen und neu anfangen.[6]

2. Pluralität braucht Konflikt, Konflikt braucht Pluralität

Politik ist nach Arendt untrennbar mit dem Raum zwischen den Menschen verbunden: Zerstört sie die Zwischen-Welt, vernichtet sie sich selbst.[7] Mit jedem Krieg, mit jeder Verfolgung und Tötung von Menschen verschwindet ein Stück Welt – dies gilt für das Heute ebenso wie für die Zukunft. So beschränkt sich die Verantwortung für den Erhalt

---

[4] Vgl. Arendt, Was ist Politik?, S. 16 ff.
[5] Ebd., S. 52.
[6] Vgl. ebd., S. 32 ff.
[7] Vgl. ebd., S. 105.

von Welt nicht auf die Gegenwart, wie der Beschluss des Bundesverfassungsgerichts vom 24. März 2021 zum Klimaschutz verdeutlicht. Die Verpflichtung zum Schutz von Leben und Gesundheit erstreckt sich auch auf die Gefahren des Klimawandels und damit künftige Generationen.[8] Politik spannt sich somit zwischen den Menschen im Jetzt und den Menschen der Zukunft auf.

Eine so verstandene zeitenübergreifende Pluralität steht einer monistischen Idee der Politik entgegen. Diese geht eben nicht in einer Person auf, sondern braucht die Vielen – in ihren Meinungen, Lebensentwürfen und Bedürfnissen. Erst die Begegnung mit anderen Menschen und der Austausch mit ihnen ermöglicht es, unterschiedliche Splitter der Welt zusammenzufügen, wiewohl das Bild der Welt immer kaleidoskopisch, also bruchstückhaft bleibt. Jeder Mensch ist begabt, ein Stück Welt zu begreifen, ohne dass er jemals einer wie auch immer gelagerten Wahrheit nahekommt. Das beschränkte Erkennen erhebt den Menschen zum Träger von Politik, zugleich verkümmert seine Sicht ohne die Perspektive anderer. Kurzum: Die Pluralität macht jeden einzelnen Menschen unverzichtbar.

Die Ideale von Pluralität und Vielfalt bedeuten im demokratischen Alltag in erster Linie Streit. Für die Radikaldemokratin Chantal Mouffe beschreibt Konflikt das Wesen des Politischen – jenseits kurzer Atempausen ist er nicht zu befrieden. Die Demokratie muss sich nun daran messen lassen, inwiefern es ihr gelingt, den feindlich gesinnten Streit in einen legitimen Disput zwischen Gegnerinnen und Gegnern zu wandeln. Von zentraler Bedeutung hierfür sind die Parlamente, so sind die Stimmzettel dort nach Elias Canetti die vormals Toten der Schlachtfelder. Wer dem Gegenüber Freiheit und Gleichheit verneint und ihm die Stimme nimmt, verlässt den Raum des Demokratischen – die Parallele zum Verlust von Welt bei Arendt ist greifbar.[9] Konflikt ist somit der Regelfall in pluralen und vielfältigen Gesellschaften. Das Ringen um Inhalte zwischen Parteien und innerhalb dieser ist kein

---

[8] BVerfG, Beschluss des Ersten Senats vom 24. März 2021 - 1 BvR 2656/18 -, Rn. 1-270, https://www.bverfg.de/e/rs20210324_1bvr265618.html.

[9] Vgl. Mouffe, Chantal, Über das Politische. Wider die kosmopolitische Illusion, Frankfurt a. M. 2007, S. 30 ff.; Dies., „Pluralismus, Dissens und demokratische Staatsbürgerschaft", in: Martin Nonhoff (Hrsg.), Diskurs – radikale Demokratie – Hegemonie. Zum politischen Denken von Ernesto Laclau und Chantal Mouffe, Bielefeld 2007, S. 41–53.

Zeichen für den Niedergang von Demokratien, sondern ein Beweis ihrer Lebendigkeit. Wäre es beruhigend, jeden Morgen beim Blick in die Zeitung von Eintracht und Konsens der politischen Parteien in Fragen der Renten-, Gesundheits- oder Wirtschaftspolitik zu lesen? Wohl kaum. Ohne Konflikt ist Pluralität tot und ohne Pluralität ist der Konflikt autoritär, erst ihr Komplementär verleiht den beiden Prinzipien ihre Kraft und Legitimität.

3. Rechte, Befähigung und die Deutung des „guten Lebens"

Wer die Welt gestalten und Missstände beseitigen will, muss ins Handeln kommen. Für Arendt heißt dies nicht, den Menschen ändern zu wollen, sondern die Verfassung, Gesetze und Statuten zu reformieren, innerhalb derer sich die Menschen bewegen.[10] Jeder Bürger und jede Bürgerin ist aufgerufen, sich hieran zu beteiligen. Die liberalen Rechte der Meinungs-, Presse- und Versammlungsfreiheit sichern den Menschen den Raum hierfür, das Wahlrecht verleiht den Bürgerinnen und Bürgern eine Stimme. Und doch nährt ein Blick in den politischen Alltag Zweifel: Ist es tatsächlich jedem Menschen möglich, sich an der Gestaltung von Politik zu beteiligen? Der Anspruch der allgemeinen Wahl ist zum Beispiel für Menschen mit einer gerichtlich bestellten Betreuung in allen Angelegenheiten erst seit dem Beschluss des Bundesverfassungsgerichts vom 21. Januar 2019 eingelöst. So ist das Wahlrecht an Staatsbürgerschaft und Mindestalter gebunden, nicht an kognitive Fähigkeiten. Nur bei bestimmten schweren Straftaten, zum Beispiel dem Planen eines Angriffskriegs, kann es durch Richterspruch – und dann zeitlich befristet – entzogen werden.

Die feste Verankerung liberaler Freiheitsrechte in der Verfassung eröffnet den Raum für Beteiligung, aber sie garantiert sie nicht. Für Martha Nussbaum reicht es nicht, Rechte zu besitzen, die Menschen müssen sie auch ausüben können – denn was nutzt eine formal eingeräumte Pressefreiheit, wenn die Menschen sie aufgrund vorenthalte-

---

[10] Vgl. Arendt, Was ist Politik?, S. 24.

ner Alphabetisierung nicht nutzen können? So fordert die Nearistotelikerin für jeden Bürger und jede Bürgerin ein Leben ohne vorzeitigen Tod, eine grundlegende Gesundheitsversorgung, Ernährung und Unterkunft, aber auch die Chance auf Liebe, Freude und Spiel.[11] Pointiert heißt es in Nussbaums Plädoyer für soziale Rechte: „Die Bürger in all diesen Bereichen [Erziehung, Gesundheit, Arbeitsverhältnisse] als Freie und Gleichgestellte zu behandeln bedeutet, ihnen zu ermöglichen, eine bestimmte Schwelle zu überschreiten und eine Stufe zu erreichen, auf der sie sich für eine gute Lebensführung entscheiden können."[12]

Die Forderungen Nussbaums schlagen sich bereits heute – zumindest in ihren Grundzügen – im Sozialstaatsprinzip des Grundgesetzes nieder. Die Demokratie wird auch daran gemessen, wie sie die Versprechen der Gerechtigkeit und Gleichheit für ihre Bürgerinnen und Bürger einlöst. Und zu Recht beruhen die staatlichen Maßnahmen zum Auffangen der Wechselfälle des Lebens, etwa durch schwere Krankheit, oder die Schulpflicht auf einem breiten Konsens. Zugleich räumt dieser Anspruch dem Staat eine Deutungshoheit über das „gute Leben" ein. Die Menschen treten ein Stück weit Selbstbestimmung an den Staat ab mit dem Ziel, über die staatlichen Ge- und Verbote eine größere Freiheit zurückzuerhalten. Ein klassisches Beispiel an dieser Stelle ist die Anschnallpflicht in PKWs: Indem die Fahrerin die Freiheit aufgibt, sich nicht anzuschnallen, wird ihr im Falle eines Unfalls eine erhöhte Überlebenschance geschenkt.

4. Willensfreiheit trotz Verregelung

Von Gewicht ist für Isaiah Berlin – ein Verfechter der negativen Freiheit, also der Freiheit von äußeren Zwängen –, einen privaten Bereich zu definieren, in den der Staat nicht eingreifen darf. Berlin verfasst seine Zeilen geprägt durch das Erleben totalitärer Staatlichkeit, die bis ins Intimste des Menschen hineinherrschte. Folglich beharrt Berlin im

---

[11] Vgl. Nussbaum, Martha Craven, Gerechtigkeit oder Das gute Leben, Frankfurt a. M. 2016, S. 57 f.
[12] Ebd., S. 63.

Anschluss an Benjamin Constant auf Religions- und Meinungsfreiheit und der Freiheit des Eigentums.[13] Allerdings haftet dem Beharren auf einer privaten Sphäre die Gefahr fehlender Schutzräume an, wenn etwa sexualisierte Gewalt in Ehen lange als Privatsache galt.[14] Nicht zu verwechseln ist das Plädoyer für den privaten Raum mit libertären Auffassungen, die den Menschen seiner gesellschaftlichen Einbindung entkleiden. So heißt es bei Berlin: „Die Menschen sind in hohem Grade voneinander abhängig, und niemandes Handeln ist so privat, dass es sich auf das Leben der anderen in keiner Weise auswirken würde."[15]

Freiheit bedarf nicht des Abschaffens jeglicher Regelungen, es braucht politische Institutionen und Gesetze. Unbenommen davon bleibt der Willen frei, oder wie es Berlin ausdrückt: „Es ist eines zu sagen, dass zu meinem eigenen Wohl, das ich aus lauter Blindheit nicht erkenne, Zwang auf mich ausgeübt wird: Dies kann mir unter Umständen wirklich zum Wohle gereichen; es kann sogar meinen Freiheitsspielraum vergrößern. Es ist aber etwas ganz anderes, in einem solchen Fall zu sagen, es würde gar kein Zwang auf mich ausgeübt, denn ich selbst würde es, ob mir das bewusst sei oder nicht, so wollen und sei also frei (oder ‚in Wirklichkeit' frei), während sich mein armer irdischer Körper und mein törichter Verstand heftig wehren und gegen jene kämpfen, die mir diesen wohlgemeinten Zwang auferlegen wollen."[16] Wer den Willen der Menschen umdeutet, überschreitet die Grenze zur Manipulation – oder am Beispiel der Anschnallpflicht: Die Autofahrerin legt den Gurt an, selbst wenn sie dies in dem Moment eigentlich nicht will. Ihr Wille bleibt frei, auch wenn ihr Handeln eingeschränkt ist. Niemand versucht ihr einzureden, sie wolle sich anschnallen, wüsste es bloß nicht. Oder nochmals mit Arendt gesprochen: Politik widmet sich der Verfassung, den Gesetzen und Statuten, aber nicht der Formung des Menschen – ein solches Vorhaben wäre gänzlich unpolitisch.[17]

---

[13] Vgl. Berlin, Isaiah, Freiheit. Vier Versuche, Frankfurt a. M. 2006, S. 203 ff.
[14] Vgl. Pateman, Carole, The sexual contract, Stanford 1988.
[15] Berlin, Freiheit, S. 204.
[16] Ebd., S. 214.
[17] Vgl. Arendt, Was ist Politik?, S. 24.

5. Gewinnen und Verlieren

Die Frage, wie Verfassung, Gesetze und Statuten entstehen, berührt die positive Freiheit, verstanden als Selbstbestimmung und Beteiligung an der Entscheidungsfindung.[18] Aus dieser republikanisch inspirierten Perspektive brauchen gerade grundlegende Reformen und ihre tiefen Einschnitte in den Alltag, etwa in der Klimapolitik, Beteiligungsverfahren jenseits der turnusmäßigen Wahlen, um die Legitimität und die Akzeptanz der Maßnahmen zu erhöhen.[19] Zugleich: So notwendig das Erreichen einer tragfähigen Mehrheit für die Umsetzung politischer Maßnahmen ist, so offen sind die Ergebnisse von Beteiligungsverfahren. Deliberation ist mehr als die Summe der Einzelargumente, denn der Austausch bringt ungekannte Wege, neue Formen und innovative Lösungen hervor. Ein überzeugtes Bekenntnis zum Verfahren bei unbestimmtem Ausgang unterscheidet Beteiligung von Scheinpartizipation, deren Organisieren von Mehrheiten für vorabbestimmte Ziele der Demokratie einen Bärendienst erweist.

Partizipative Verfahren sind ein Gewinn für die Politik, aber sie kennen nicht nur Gewinner: Mehrheitsentscheidungen zielen eben nicht darauf, jegliche Unterschiede zwischen politischen Positionen auszuwaschen, um schließlich *den* Königsweg zu benennen. Epistemisch bescheiden stellt die Demokratie Alternativen zur Wahl.[20] Von den Befürworterinnen und Befürwortern der unterlegenen Alternative wird demnach nicht verlangt, ihren Willen an die Mehrheitsposition anzupassen, sondern lediglich die demokratisch legitimierte Entscheidung zu akzeptieren, wobei ihnen offensteht, das Thema erneut aufs politische Tableau zu bringen. Mit Mouffe gesprochen, endet der Konflikt nicht mit der Entscheidung. Tiefen gesellschaftlichen Spaltungen wirkt das nichtmajoritäre politische System mit Verhältniswahlrecht entgegen, wie es in der Bundesrepublik institutionalisiert ist. Anders als in majoritären Systemen und den für sie typischen Ein-

---

[18] Vgl. Berlin, Freiheit, S. 211.
[19] Vgl. Heidenreich, Felix, Nachhaltigkeit und Demokratie. Eine politische Theorie, Berlin 2023.
[20] Vgl. Özmen, Elif, „Wahrheit und Kritik. Über die Tugenden der Demokratie" in: Studia Philosphica 74 (2015), S. 57–73.

Parteien-Regierungen (wie in Großbritannien) sind absolute Mehrheiten selten und Regierungskoalitionen die Regel. Die Parteien haben somit bereits vor der Wahl den Anreiz, die Positionen potenzieller Regierungspartner nach der Wahl mitzudenken. Allzu klare Kanten mindern die Koalitionsfähigkeit. Zwar ist das Bilden einer mehrheitsfähigen Regierung aus zwei, drei oder mehr Parteien mühselig, aber die Positionen der Wahlverliererinnen und -verlierer finden stärkere Berücksichtigung. Gerade in stark zersplitterten Gesellschaften ist das nichtmajoritäre System eine Chance, auch tiefgreifende Konflikte gezähmt auszutragen und (zumindest vorläufige) Kompromisse zu finden.[21]

6. Und deshalb: mehr Politik

Die Bedeutung von turnusmäßigen Wahlen für die Gestaltung von Politik ist unbenommen, und doch geht Beteiligung nicht in ihnen auf: Proteste und Demonstrationen, Runde Tische und Bürgerforen, Referenden und Bürgerräte, das Verfassen offener Briefe und Flugblätter, Fachforen, Konferenzen und Reallabore, selbst das Gespräch über Politik auf dem Wochenmarkt lassen das Entstehen, was Arendt die Welt nennt: Zwischen den Menschen spannt sich ein Raum auf, der ihnen die Freiheit zum Handeln, zum Verändern, zum Neuanfangen schenkt. Die so verstandene Politik versteht alle Menschen als gleich, indem ein jeder und eine jede dazu beiträgt, die Welt zu erweitern. Sie beruht nicht auf Meinungs*gleichheit* – nicht einmal am Ende des Deliberationsprozesses –, sondern Meinungs*freiheit* und damit dem Aushalten von Konflikt. Die Veränderung der eigenen Position in diesem Ringen ist ebenso wenig ein Gesichtsverlust wie die Suche nach Kompromissen.

Anspruch der Politik ist, Regelungen zu treffen, die die Welt – getragen von den Menschen im Jetzt und in der Zukunft – erhält. Eine so verstandene Politik fußt in Pluralität und Willensfreiheit und zielt

---

[21] Schmidt, Manfred G., Demokratietheorien. Eine Einführung, Wiesbaden ⁶2019, S. 319 ff.

auf die Ausgestaltung und Neugestaltung der Welt und ihrer Krisen durch Institutionen, Verfahren und Regelungen, nicht aber durch den Versuch, den Menschen (neu) zu formen. Und wenn sich Politik so auffächert als Welt zwischen den Vielen und sich so kondensiert im Wunder des Neuanfangs, dann braucht es mehr Politik.

Nachhaltigkeit muss durch die Freiheit gehen

PHILIPP KROHN

Während der Corona-Pandemie hatte ich mit meinen Kindern ein Ritual. Am Wochenende fuhren wir mit den Fahrrädern gemeinsam zum Wochenmarkt. Das war unsere Gelegenheit, in einer kontaktarmen Zeit mit Menschen ins Gespräch zu kommen – und nach dem Einkauf eine Bratwurst zu essen. Wir behielten das auch bei, als die Beschränkungen allmählich gelockert wurden.

Inzwischen sind die gemeinsamen Wocheneinkäufe seltener geworden. Aber manchmal kann ich eines meiner drei Kinder noch locken mitzukommen – mit der Aussicht auf die Bratwurst. Ich bin mir sicher, wenn sie erwachsen sind und über ihre Kindheitserinnerungen sprechen werden, dürften die gemeinsamen Marktbesuche zur Sprache kommen.

Ich beginne meine Überlegungen zum Verhältnis von Nachhaltigkeit und Freiheit mit diesem Beispiel, weil es illustriert, dass das, was wir für eine nachhaltigere Welt aufgeben, einen hohen Wert für uns haben kann. Die Wurst und damit das Wochenendritual werden nicht verschwinden müssen. Aber Klimaneutralität werden wir nur erreichen, wenn sich unsere Produktionsprozesse und Gewohnheiten in allen fünf Dimensionen des Lebens mit hohem Treibhausgasausstoß ändern: Mobilität, Wohnen, Stromverbrauch, Konsum und Ernährung.

Die große Herausforderung besteht darin, diese Veränderungen zu erreichen, ohne dass staatliche Behörden die Freiheit beschränken. Das Bundesverfassungsgericht hat im März 2021 dem Gesetzgeber einen klaren Auftrag erteilt: Er muss sich darum kümmern, die Lebensgrundlagen zu schützen, indem er den fortgesetzten menschengemachten Klimawandel eindämmt. Er darf dies aber nur in einem Rahmen tun, der gleichzeitig die individuelle Freiheit aufrechterhält.

Das klingt nach der Quadratur des Kreises. Denn die anthropogenen Treibhausgasemissionen sind in einem Maß gestiegen, dass sie ein gutes Leben auf dem Planeten gefährden, was gerade die Folge eines unbeschränkten Auslebens der individuellen Freiheit ist. Der US-amerikanische Wissenschaftsjournalist Peter Brannen, Autor des inspirierenden Klimabuchs „The Ends of the World", sagte mir in einem Interview, alle Spezies auf Erden seien auf der Suche nach einem freien Energieschatz gewesen. Der Mensch habe ihn gefunden und den über Millionen Jahre verpressten Kohlenstoff innerhalb von nur 300 Jahren verbrannt.

Das ließ seinen Wohlstand in erdgeschichtlich kürzester Zeit regelrecht explodieren. Während Menschen ihrer individuellen Freiheit in Form individueller Mobilität zu Land, Wasser und Luft, fossilen Heizens und Stromverbrauchs, ausgiebigen Konsums und ressourcenintensiver Ernährung nachgingen, überschritten sie planetare Grenzen. Die Biodiversität sank parallel mit dieser Entwicklung in dramatischer Geschwindigkeit. Der Kohlendioxidanteil in der Atmosphäre stieg an und bewirkte eine beängstigende Erderwärmung.

Vor diesem Hintergrund wäre es eine vulgäre Vorstellung der individuellen Freiheit, niemand dürfe den Raubbau infrage stellen, der mit dem exzessiven Gebrauch von Kohle, Strom und Gas in den fünf genannten Dimensionen verbunden ist. Wer freie Fahrt für den Porsche, drei Urlaubsflüge im Jahr und Grillsteaks ohne Beschränkung fordert, muss zumindest eine Antwort darauf finden, wie Klimaneutralität zu erreichen sein soll, wenn der technische Fortschritt sein Versprechen nicht einhält, Sportwagen, Luftverkehr und Fleischkonsum bis Mitte des Jahrhunderts klimaneutral zu machen.

Dennoch ist die Freiheit selbstverständlich berührt, wenn sich Konsummöglichkeiten nicht mehr in dem Rahmen realisieren lassen, wie es Haushalte erwarten, die sich an einen steigenden Wohlstand gewöhnt haben. Um diesen Zielkonflikt etwas genauer zu erfassen, lohnt es sich, einige führende Denker der Freiheit zu konsultieren. Vier Forscher, die sich durch eine spürbare Emphase für die individuelle Freiheit auszeichnen, haben gleichzeitig auch über ihre Grenzen nachgedacht – und das auch im Hinblick auf Grenzen, die ihr durch die Ausbeutung der Natur gesetzt sind. Sie lassen sich also, ohne dass der Begriff jeweils gefallen wäre, als Pioniere einer Beschäftigung mit planetaren Grenzen lesen.

Historisch steht an vorderster Stelle der britische Ökonom, Philosoph, Freiheitskämpfer und Politiker John Stuart Mill. In seinem Essay *On Liberty* hat er 1859 dargelegt, dass das Individuum vor staatlicher Tyrannei geschützt werden müsse. Gleichzeitig benannte er Bedingungen, unter denen der Staat es schützen müsse. Umweltschäden waren eines der Beispiele.

Damit knüpfte Mill an Überlegungen in seinem Hauptwerk *The Principles of Political Economy* von 1848 an, in dem er stärker als seine liberalen Vorbilder Adam Smith oder David Ricardo darauf verwies, dass wirtschaftliche Dynamik mit einer schleichenden Zerstörung der Umwelt einhergehen könne. Ein stationärer Zustand, in dem Bevölkerung und Kapital nicht mehr wüchsen, könne erstrebenswert sein, damit der Mensch seine Umwelt schone.

In seiner Tradition steht der österreichische Ökonom Friedrich August von Hayek. In seinem frühen Werk *Weg zur Knechtschaft* von 1944 hat er systematisch beschrieben, warum der Staat in der Koordinierung wirtschaftlicher Produktion und Innovation privaten Akteuren deutlich unterlegen sei. Wirtschaftliche Freiheit in Form eines ungehinderten Preismechanismus liefere bessere Ergebnisse als staatliche Steuerung.

Glaubten Bürokraten, sie könnten die besten Wege zur Innovation vorzeichnen, gleiche das einer Anmaßung von Wissen. Doch Hayek dachte in vielen seiner Werke auch Umweltschädigungen mit. Seine Ausführungen, wie diese sich durch eine Einpreisung negativer externer Effekte des Wirtschaftens beheben lassen, lesen sich wie frühe Vorüberlegungen zu einem CO_2-Preis.

Freiheit in einem Verständnis, das weit entfernt vom Pochen auf Porsche, Flugzeug und Grillsteak ist, hat der indische Ökonom und Philosoph Amartya Sen, wie Hayek Nobel-Gedächtnispreisträger für Wirtschaftswissenschaften, definiert. Programmatisch nannte er das in einem seiner Bücher im Jahr 1999 „Entwicklung als Freiheit". Gemeint ist, dass Menschen ihre Freiheit dann ausleben können, wenn sie nicht durch Armut, Hunger, politische Willkür oder Identitätskonflikte daran gehindert werden, ihre Fähigkeiten zu entfalten.

In den vergangenen Jahren hat Sen zunehmend darüber nachgedacht, wie diese Vorstellung von Freiheit vor dem Hintergrund der ökologischen Krisen unserer Zeit gelebt werden kann. Die lebensbedrohenden Auswirkungen von Klima- und Biodiversitätskrise müssten dazu führen, dass Menschen eine Nachhaltigkeitspräferenz in ihr Freiheitsverständnis integrierten.

Diese drei Ökonomen lassen sich als Vordenker einer ökoliberalen Schule der Nachhaltigkeit bezeichnen. Fasst man Überlegungen dieser Traditionslinie zusammen, lässt sich mit Mill sagen, dass nichts über die individuelle Freiheit geht. Doch die Individuen sind in eine Mensch-Umwelt-Beziehung einbezogen, die den Rahmen für wirtschaftliche Handlungsoptionen setzt. Lange bevor planetare Grenzen überschritten sind, sollte der Mensch sein Expansionsstreben in ökologische Grenzen einpassen.

Ist dieser Rahmen aber gesetzt, wie in der Europäischen Union durch den 2005 eingeführten Emissionshandel für Industrie und Energieversorger, tut der Staat mit Hayek gut daran, den Koordinierungsmechanismus des Marktes nicht zu stören. Der Vorstellung der individuellen Freiheit laufen umweltschonende Beschränkungen gemäß Sen nicht zuwider, wenn Menschen dem Überleben von Arten und der Eindämmung der Erderwärmung einen Wert beimessen.

Doch wie passt all das nun zu unserer Bratwurst am Wochenende? Ist es eine Anmaßung von Staat und Gesellschaft, wenn der Fleischkonsum meiner Kinder zum Gegenstand des Diskurses wird? Müssen wir unsere Markthändler zu veganen Alternativen drängen, die in der Produktion einen niedrigeren Treibhausgasausstoß verursachen? Oder können wir uns zurücklehnen, weil wir kein Auto haben und uns auch bei Regen ohne fossile Energieträger fortbewegen – und weil wir zwölf Jahre lang in einem Passivhaus ohne CO_2-Ausstoß gelebt haben?

Um diese Fragen zu beantworten, mache ich einen Umweg über die Heidelberger Schule der Ökologischen Ökonomen. Begründet vom Volkswirtschaftsprofessor Malte Faber und dem Philosophen Reiner Manstetten in den 1980er Jahren, hat sie eine fruchtbare Verbindung von Wirtschaftswissenschaft, Philosophie, Biologie, Physik und Politikwissenschaft hergestellt, die sie mit praktischen Fallstudien zu Umweltproblemen verband.

Ausgehend von den Gesetzen der Thermodynamik haben Mitglieder dieser Schule über die Irreversibilität von Umweltschäden geforscht, Umweltprobleme systematisch klassifiziert und mit dem Konzept der Kuppelproduktion ein Instrument entwickelt, wie sich künftige Ökokrisen identifizieren lassen.

Als ihr ehemaliger Student habe ich Faber und Manstetten 2019 ausführlich interviewt. Eine pflanzenbasierte Ernährung sei für die Umwelt viel besser, sagte Manstetten. „Aber eine Macht, die so etwas mit Gewalt durchsetzt, kann man sich nicht vorstellen." In ihrer Forschung haben sie sich differenziert mit der menschlichen Bedürfnisstruktur beschäftigt und kommen zu ähnlichen Ergebnissen wie Amartya Sen.

Die drei Ziele (Tele) der Menschheit seien Eigeninteresse, Gemeinschaftsinteresse und das Interesse am Ganzen. In dieses dritte Telos fließe ein Interesse am Fortbestand der Lebewesen in einer intakten Natur ein. Doch dass es wirksam wird, sei nicht selbstverständlich. „Ökogrenzen werden sich nur durchsetzen, wenn äußerlich gesetzte Einschränkungen als innerlich bejahtes Maß akzeptiert werden", sagte Manstetten in dem Gespräch.

Interessanterweise ergeben sich Freiheitsbeschränkungen aber nicht nur durch die Erinnerung an planetare Belastungsgrenzen. Auch bestehende Infrastrukturen können die menschliche Freiheit beschränken, neue Interessen zu bilden. Der Bestand an Autobahnen etwa verlangt immer wieder neue Investitionen in den Individualverkehr, was davon abhält, ein stabiles, für alle Individuen sicheres und umweltfreundliches kollektives Verkehrsnetz zu errichten.

Ein wesentlicher Aspekt in den Überlegungen der Heidelberger ist der Begriff des rechten Maßes, der einer Aristoteles-Rezeption des Mittelalters entlehnt ist. „Das Maß als Ziel zu haben, aber zu wissen, dass es ein langer Weg dahin ist. Dass das Maßhalten ein gutes Leben sein kann, müssen wir uns erst einmal klarmachen", sagte Faber in unserem Interview. Ein maßvolles Wirtschaften, das im Einklang mit planetaren Grenzen steht, sieht er als Voraussetzung für Nachhaltigkeit. Sie aber dürfe nicht auferlegt werden. „Nachhaltigkeit muss durch die Freiheit gehen", sagte er.

Denkt man das bisher Gesagte zusammen und setzt es in Bezug zur Freude meiner Kinder an der Bratwurst auf dem Wochenmarkt oder der Porschefahrerin an ihrem Sportwagen, ergibt sich folgendes Gesamtbild: Die Voraussetzung dafür, dass ein nachhaltiges Leben erreicht werden kann, ist Respekt vor den ökologischen Grenzen des Planeten. Forscher des Potsdam Instituts für Klimafolgenforschung können diese zuverlässig bestimmen. Soll ein nachhaltiges Leben erreicht werden, muss aber auch die individuelle Freiheit geschützt werden. Beides könnte der Staat in einem Deckel für umweltschädliche Schadstoffausstöße vereinen, unter dem die Menschen frei entscheiden können, wie sie die vereinbarten Grenzen einhalten.

Als wirksamstes Instrument dafür hat sich der Emissionshandel erwiesen. In der EU wird für jedes Jahr ein Maximalausstoß definiert, Emittenten erwerben Handelsrechte, die sie entweder als Zertifikat für den Ausstoß einer Tonne Treibhausgas einsetzen oder an andere Marktteilnehmer verkaufen können. Der Deckel (Cap) der Emissionen wird jedes Jahr verschärft. Bis zum Jahr 2050, dem Endjahr des Pariser Klimavertrags, müsste er der Logik nach auf null fallen. Das erzeugt einen erheblichen Druck auf Unternehmen und ab 2027 auch auf Verkehrsteilnehmer und Hausbewohner.

Innerhalb dieses Rahmens wirtschaften Unternehmen und Haushalte ohne weitere Beschränkungen. Der Staat muss keinem Autohersteller vorschreiben, welche Antriebstechnik er benutzt. Er muss für kein Kohlekraftwerk ein Ausstiegsdatum benennen. Und wenn er die Agrarwirtschaft und Ernährungsindustrie einbezieht, muss er auch meinen Kindern nicht sagen, ob es gut ist, dass sie einmal in der Woche auf dem Markt eine Grillwurst essen.

Landwirte können entweder versuchen, sie mit einem geringeren Treibhausgasausstoß zu produzieren, oder die Wurst wird sukzessive so teuer, dass irgendwann der Vater überlegt, ob ihm der gemeinsame Einkauf noch so viel wert ist. Genauso werden Autofahrer sukzessive auf sparsamere und umweltschonendere Antriebe umsteigen – und wenn diese zu teuer sind, werden Hersteller sich überlegen müssen, ob sie ihre hohen Preise am Verbraucher vorbei weiter aufrechterhalten können.

Definierte das ursprünglich geplante Gebäudeenergiegesetz konkrete Zahlenwerte als Ziele für den Wärmepumpenausbau, setzte rechtzeitig öffentlicher Druck ein. Nun hat sich die Priorität verschoben: Zuerst müssen Kommunen einen Plan vorlegen, ob sie Haushalte mit Fernwärme versorgen können – dann kommen Eigentümer ins Spiel. Die gigantische Fehlallokation des ursprünglichen Gesetzentwurfs zu berechnen, wäre er denn gekommen, hätte wohl jahrelang angehende Ökonomen in Hausarbeiten beschäftigt. Das hätte sie gelehrt, wie ineffizient staatliche Steuerung sein kann, wenn sie nicht ökoliberal ist. Und wie recht Hayek mit seiner Formulierung der Anmaßung von Wissen hatte.

Noch also müssen meine Kinder nicht auf die Bratwurst verzichten. Aber natürlich reicht es nicht, einen gut konstruierten Emissionshandel einzuführen. Denn dieser wird Folgen haben, die nicht alle Individuen rechtzeitig voraussehen können. Hier kommen die Nachhaltigkeitspräferenz und veränderte Konsumnormen ins Spiel.

Die ungebremste materielle und energetische Expansion hat die Menschheit vor eine der größten Herausforderungen ihrer Geschichte gestellt. Wir können dabei zusehen, wie die Erderwärmung in erheblichem Tempo den Planeten verändert. Wenn sich große Platten vom arktischen Eis abtrennen, wird Wirklichkeit, was Wissenschaftler jahrelang in Aussicht stellten. Sind Konsummuster nicht nachhaltig, lässt sich individuell bestimmen, in welchen Ausmaß sie außerhalb des Rahmens sind. War die Rückkehr zu einem rechten Maß lange eine abstrakte Formulierung, kann man die Abweichung heute genau bestimmen.

Verschiedene Konzepte eines ökologischen Fußabdrucks haben sich in Wissenschaft und Praxis durchgesetzt, seit ihn der kanadische Ökologe William Rees und sein Schüler Mathis Wackernagel entwickelt haben. Am einfachsten ist es, sich am Treibhausgasausstoß zu orientieren. In einem freiheitlichen Verständnis von Nachhaltigkeit, in dem der Staat nur einen Emissionsdeckel setzt und ansonsten die Wirtschaft nicht beschränkt, benötigen wir das rechte Maß als eine Größe, um zu bestimmen, wie Menschen innerhalb des nachhaltigen Rahmens konsumieren können.

Ökopioniere können auf dieser Basis Lebensstile erproben, die schon heute nachhaltig sind. Sie können sich in der Nachbarschaft oder der Kommune mit Gleichgesinnten zusammentun, Energiegenossenschaften oder Einkaufsklubs gründen. Im Transition-Netzwerk etwa sammeln sich solche Pioniere, die freiwillig ausloten, wie ein gutes Leben in einer klimaneutralen Welt funktionieren kann. Kommunen sollten handhabbaren und für andere adaptierbaren Ideen bei der Skalierung helfen. Das wird mit bevorzugten Stellplätzen für Carsharing oder Elektroautos in kleinem Umfang schon getan. Die Sicherheit der Fahrradnetze aber ist in Deutschland flächendeckend noch völlig unzureichend, um ähnliche Radfahrerquoten wie in Kopenhagen oder Utrecht zu erreichen.

Doch steckt in solchen Politiken nicht doch eine Bevormundung? Autos werden verdrängt, die freie Entscheidung des Verkehrsmittels wird eingeschränkt, jenseits von Fernwärmenetzen werden Haushalte doch zur Wärmepumpe verdonnert. Es ist aber die freie Entscheidung von Eigentümern, im Angesicht der Klimakrise auch im Jahr 2024 noch eine Gasheizung installieren zu lassen.

Dass die Preise durch die Emissionsdeckelung steigen werden, ist unvermeidlich. Gasversorger werden sich mit Emissionszertifikaten eindecken müssen, deren Knappheit zunimmt. Niemand anderes als der Hauseigentümer wird das bezahlen, der sich nach der heißen Debatte über das Gebäudeenergiegesetz für eine veraltete Technik entschieden hat, deren Preispfad absehbar war.

Auch die Philosophie bietet für dieses Verhalten nur begrenzten Trost. Der US-amerikanische Politphilosoph John Rawls hat sich ein Forscherleben lang mit den Bedingungen eines liberalen Staats beschäftigt. Dabei hat er zeitweise eng mit Amartya Sen zusammengearbeitet. Ein liberales Staatswesen zeichnet sich für ihn dadurch aus, dass sich Individuen gemeinsam auf eine Verfassung der Freiheit einigen können, in der Grundrechte für jeden gewährt sind: faire Chancen, eine vertretbare Einkommensverteilung, transparente politische Verfahren.

Innerhalb einer solchen Ordnung könne es eine Vielfalt vernünftiger, religiöser, philosophischer und moralischer Lehren geben. Freiheit auf Verfassungsebene setzt also Pluralität und faire Verfahrensregeln voraus. Davon trennt Rawls den Streit um politische Lehren, was etwa mit Programmatik übersetzt werden könnte. Wendet man seine Theorie auf den Widerstreit zwischen Nachhaltigkeit und Freiheit an, so lässt sich auf der Ebene der politischen Lehre für uneingeschränkte Konsummöglichkeiten streiten – für den Porsche, das Grillfleisch, die drei privaten Flüge im Jahr. In der politischen Debatte steckt zu viel Schärfe im Ringen um individuelle Freiheit. Das ist wichtig für die Frage, wie das Gebot des Bundesverfassungsgerichts zu verstehen ist, sie dürfe durch notwendigen Klimaschutz nicht verletzt werden.

Differenzieren wir gemäß John Rawls nach Freiheit auf Verfassungsebene und Freiheit als Gegenstand politischer Lehren, ist die Forderung nach ungebremsten Konsumoptionen auf der Ebene der Lehren anzusiedeln. Dass aber ungehemmter Konsum als uneingeschränktes Recht reklamiert wird, laden Befürworter mit dem Freiheitsbegriff auf Verfassungsebene auf. Dadurch werden bestehende Konsumnormen gegenüber einem rechten Maß auf fragwürdige Weise überhöht.

Das heißt nicht, dass der Trade-off von Freiheit und Nachhaltigkeit nicht bestünde. Beschränkungen einer freiheitlichen Entfaltung gemäß Sen und Rawls treten zum Beispiel ein, wenn Klimaschutzmaßnahmen zu Unwuchten in der Einkommens- oder Vermögensverteilung führen. Hier muss der Staat mit Augenmaß steuern.

Dass sich die Ampelkoalition so schwertut, noch in dieser Legislaturperiode ein Klimageld einzuführen, das Einnahmen aus dem Emissionshandel statt ins Staatsbudget den Bürgern pauschal pro Kopf rückvergütet, ist kein gutes Zeichen. Bezieht man aber Nachhaltigkeitspräferenzen, die Rückkehr zum rechten Maß, den Footprint und die Verfassung der Freiheit in Überlegungen ein, gibt es keinen Grund, warum ein gutes Leben in Freiheit nicht in den planetaren Grenzen möglich sein soll.

Klimawandel als Bewährungsprobe der offenen Gesellschaft[1]

RALF FÜCKS

Die liberale Demokratie wird gerade von vielen Seiten herausgefordert. Russlands Krieg gegen die Ukraine ist die Speerspitze des Angriffs autoritärer, gewaltbereiter Mächte auf die freiheitliche Ordnung. Gleichzeitig rütteln populistische Bewegungen und Parteien an den Grundüberzeugungen und Institutionen der offenen Gesellschaft. Der Klimawandel gefährdet die Demokratie auf andere Weise: Wenn die Erderwärmung außer Kontrolle gerät, stolpern wir in eine permanente Notstandssituation. Dann ist es nur noch ein Schritt zu einem Überstaat, der Produktion, Konsum und Alltagsleben bis ins Detail reguliert. Wir müssen die ökologische Transformation auch deshalb vorantreiben, um mit dem Klima auch die liberale Demokratie zu schützen.

Die zukünftige Freiheit hängt entscheidend davon ab, wie wir unsere Freiheit im Hier und Jetzt nutzen. Der demokratische Imperativ, dass die eigene Freiheit nicht zu Lasten der Freiheit anderer ausgelebt werden darf, muss in die Zukunft verlängert werden. So hat es auch das Bundesverfassungsgericht in seinem wegweisenden Urteil festgelegt. Daraus folgt: Unsere heutige Freiheit darf die Freiheitsräume künftiger Generationen nicht konsumieren. Umgekehrt ist das Gebot der Bewahrung der ökologischen Lebensgrundlagen keine Ermächtigung, die Freiheitsrechte der Gegenwart beliebig einzuschränken. Das

---

[1] Der Text ist eine stark erweiterte und aktualisierte Fassung eines Beitrags, den der Autor gemeinsam mit Danyal Bayaz verfasst hat: Bayaz, Danyal/Fücks, Ralf, Freiheit und Klimaschutz miteinander versöhnen, in: Frankfurter Allgemeine Zeitung, 27.5.2023, https://www.faz.net/aktuell/politik/inland/gastbeitrag-freiheit-und-klimaschutz-miteinander-versoehnen-18921280.html (abgerufen am 7.5.2024).

Spannungsfeld zwischen heutiger und künftiger Freiheit kann nicht nach der einen oder anderen Seite aufgelöst werden. Wir müssen Wege finden, beides miteinander zu vereinbaren.

Die Grundideen liberalen Denkens stammen aus einer Zeit, in der individuelle Freiheiten, ein demokratisches Regierungssystem, technischer Fortschritt und wirtschaftliches Wachstum eine ungetrübte Allianz bildeten. Die ökologischen Kosten dieses Erfolgsmodells spielten keine Rolle, obwohl sie schon früh sichtbar waren. Die Epoche der ökologischen Blindheit des Fortschritts ist definitiv vorbei. Wer die liberale Moderne verteidigen will, muss die ökologischen Folgekosten der Freiheit in Rechnung stellen. Im Kern geht es darum, Umweltgüter mit einem adäquaten Preis zu versehen und damit Anreize für ökologische Innovationen und neue Geschäftsmodelle zu schaffen.

Klimaschutz ist nicht gratis. Er erfordert massive Investitionen zur ökologischen Transformation unseres Energiesystems, der Industrie, des Verkehrs und des Gebäudesektors. Einen Vorgeschmack auf die damit einhergehenden Konflikte erleben wir gegenwärtig in der Auseinandersetzung darum, wer die Kosten der ökologischen Transformation trägt und wie sie finanziert werden sollen. Steigende Energiepreise sind eine soziale Frage und zugleich eine Frage wirtschaftlicher Wettbewerbsfähigkeit, zumindest für energieintensive Unternehmen.

Selbst bei einer überfälligen Flexibilisierung der Schuldenbremse kann die öffentliche Hand die Mehrkosten des ökologischen Umbaus nicht komplett auffangen – erst recht nicht angesichts des Rückstaus bei den Verteidigungsausgaben und der Modernisierung der Infrastruktur. Diese Konstellation erfordert ein klares Primat für Investitionen gegenüber konkurrierenden Ansprüchen an die staatlichen Haushalte. Wenn die demokratischen Parteien nicht den Mut haben, das offen auszusprechen, riskieren sie die staatliche Handlungsfähigkeit.

Degrowth oder Green Growth?

Die Klimafrage birgt den Keim eines neuen Kulturkampfs. Er wird forciert durch die Verfechter einer „Wende zum Weniger", die eine drastische Schrumpfung von Produktion und Konsum predigen. Für sie ist das Zeitalter des „immer höher, schneller, weiter" an sein Ende gekommen; die ökologische Rettung liegt in einer Abkehr von der expansiven, extrovertierten Lebensweise der Moderne. Für viele Linke ist die Klimakrise der willkommene Aufhänger für eine Neuauflage des alten Antikapitalismus. Es gibt aber auch die Kulturkämpfer von rechts, die jeden regulatorischen Eingriff in den Markt als Verbotspolitik brandmarken. Für sie ist es schon ein Zugeständnis an den „woken Zeitgeist", wenn erzkapitalistische Investmentgesellschaften wie Blackrock ihr Portfolio am Dreiklang aus Umwelt, Soziales und „Good Governance" ausrichten und sich damit eine nachhaltige Rendite versprechen.

Dass die Wirkung moralischer Appelle und Bußpredigten sehr überschaubar bleibt, liegt nicht in erster Linie an der mangelnden Einsicht oder Bequemlichkeit der breiten Mehrheit. Unser ökologischer Fußabdruck hängt entscheidend von den ökonomischen Bedingungen und gesellschaftlichen Strukturen ab, in denen wir uns bewegen – dem Energiesystem, den industriellen Produktionsprozessen, dem Städtebau, der Verkehrsinfrastruktur etc. Es kommt deshalb darauf an, diese Strukturen zu verändern, statt permanent an das schlechte Gewissen der Einzelnen zu appellieren. Individualethik ist hier nur von sehr begrenzter Reichweite. Es braucht kollektives, sprich *politisches Handeln*, um die Weichen für eine klimaneutrale Wirtschaft und Gesellschaft zu stellen.

Die Verfechter einer Politik der Restriktion berufen sich gern auf die Maxime „Mit dem Klima lässt sich nicht verhandeln". Darin liegt eine antipolitische, in der Konsequenz sogar antidemokratische Berufung auf ökologische Sachzwänge, die über der Politik stehen. In der Konsequenz schrumpft Politik dann auf die Umsetzung von Vorgaben, die aus den Prognosemodellen der Klimaforschung abgeleitet werden. Aber keine Regierung der Welt, auch keine autoritäre, kann Klimaschutz ohne Rücksicht auf ökonomische und soziale Belange durchsetzen. Trotz aller Dringlichkeit entkommt auch die Klimapolitik nicht dem Nachhaltigkeitsdreieck aus ökologischen, wirtschaftlichen und sozialen Zielen. Das Kunststück besteht darin, die Potenziale von Wissenschaft, Marktwirtschaft und Politik so zusammenzubringen, dass daraus eine Dynamik ökologischer Veränderung entsteht.

Zugespitzt formuliert ist es für das Erdklima irrelevant, ob das letzte Kohlekraftwerk in Deutschland im Jahr 2030 oder 2035 abgeschaltet wird. Viel wichtiger ist, dass die Energiewende auch zu einem ökonomischen Erfolgsmodell wird. Nur dann ist sie anschlussfähig für die große Mehrheit der Weltbevölkerung, für die materieller Wohlstand und sozialer Fortschritt nach wie vor Vorrang haben.

Grüne industrielle Revolution

Es gibt gute Gründe für die Kritik einer auf permanentes Wachstum angelegten Wirtschaftsordnung, von der Endlichkeit vieler Ressourcen bis hin zum Psychostress des „Immer mehr und immer schneller". Aber angesichts einer Weltbevölkerung, die bis Mitte des Jahrhunderts von gut 8 Milliarden auf 10 Milliarden wachsen wird, und angesichts des enormen Nachholbedarfs von zwei Dritteln der Menschheit an Konsumgütern und Dienstleistungen ist ökonomisches „Nullwachstum" und erst recht „Degrowth" keine Option. Selbst wenn das Wachstum in Schwellenländern wie China, Indien oder Brasilien durch krisenhafte Verwerfungen gebremst wird, muss man von einer *Verdoppelung der globalen Wirtschaftsleistung* innerhalb der nächsten 25 bis 30 Jahre ausgehen. Nicht *ob* die Weltwirtschaft wachsen wird, sondern *wie* sie das tut, ist die alles entscheidende Frage.

Die Antwort auf die ökologische Krise besteht nicht in einer Stilllegung wirtschaftlicher Dynamik. In einer stagnierenden oder gar schrumpfenden Ökonomie sinkt auch die Innovations- und Investitionsrate. Die Eindämmung des Klimawandels erfordert aber das genaue Gegenteil: eine neue industrielle Revolution, die uns in historisch kurzer Zeit in eine postfossile Zukunft katapultiert.

Im Kern geht es um die Entkopplung von ökonomischer Wertschöpfung und Naturverbrauch. Über zwei Jahrhunderte gingen der kometenhafte Aufstieg der industriellen Moderne, die phänomenale Steigerung des Lebensstandards und die Verdoppelung der Lebenserwartung breiter Bevölkerungsschichten Hand in Hand mit der Vernutzung natürlicher Ressourcen. Diese Gleichung zwischen Wirtschaftswachstum und Umweltzerstörung muss aufgelöst werden. Das ist keine Fata Morgana. Wir wissen längst, wie es geht. Der Weg zur Klimaneutralität führt über eine *Energierevolution* (die Substitution fossiler durch regenerative Energieträger), flankiert von einer *Effizienzrevolution* (aus weniger Ressourcen mehr Wohlstand erzeugen) und dem Übergang zu einer modernen *Kreislaufwirtschaft*, in der jeder Reststoff wieder in die biologische oder industrielle Wertschöpfung eingeht.

All das ist keine Zukunftsmusik. In den fortgeschrittenen Industriegesellschaften hat der Prozess absoluter Entkopplung längst begonnen:

- Die CO_2-Emissionen der EU sanken 2023 auf den niedrigsten Stand seit 60 Jahren, obwohl sich die Wirtschaftsleistung dieser Länder seitdem verdreifacht hat.
- Deutschland (wohlgemerkt eine industrielle Exportnation mit hohem Handelsbilanzüberschuss) verzeichnet einen Rückgang der Treibhausgasemissionen seit 1990 um 40 Prozent. Pro Kopf sanken die Emissionen von 13 auf 7 Tonnen.
- BASF als weltgrößter Chemiekonzern steigerte seinen Umsatz seit 1990 um 90 Prozent, gleichzeitig reduzierte der Konzern seine Emissionen um 50 Prozent.

Auch etliche Schwellenländer sind bereits auf diesem Weg. Für das Weltklima ist das entscheidend, da inzwischen der überwiegende Anteil der Klimagase aus den Ländern des globalen Südens stammt. 1971 waren die heutigen OECD-Staaten noch für 67 Prozent der Emissionen verantwortlich, heute beträgt ihr Anteil noch knapp ein Drittel – in etwa der gleichen Größenordnung mit China. Die großen Wachstumsschübe finden in Asien, Lateinamerika und demnächst Afrika statt. Unsere Aufgabe ist es zu demonstrieren, dass und wie Klimaneutralität, technischer Fortschritt und Wohlstand für alle unter einen

Hut gebracht werden können. Für ein fortschrittsmüdes, zukunftsängstliches und selbstgenügsames Schrumpfgermanien interessiert sich im Rest der Welt kein Mensch.

Wie viel Ordnungsrecht, wie viel Markt?

Wenn der Ruf nach einem Rückbau der Industriegesellschaft mit einem drastischen Schrumpfen von Produktion und Konsum politisch ins Abseits, ökonomisch in eine Abwärtsspirale und ökologisch in die Irre führt, bleibt immer noch eine Vielzahl von Instrumenten als Geburtshelfer einer erfolgreichen Transformation. In aller Kürze kann man diese in drei Gruppen einteilen: Verbote (Ordnungsrecht), Subventionen (Förderprogramme) sowie die Einbeziehung bisher ausgelagerter ökologischer Kosten in die Preisbildung, sei es in Form von Umweltsteuern oder der Bepreisung von CO_2-Emissionen.

Verbote können durchaus Innovationen befördern, wie das Beispiel FCKW zeigt. Allerdings erfolgen Verbote in der Regel erst dann, wenn praktikable Alternativen zu Verfügung stehen. Zudem zeigt die Erfahrung, dass die Steuerung mit Geboten und Verboten häufig ein technokratisches, bürokratisches und ökonomisch lähmendes Unterfangen ist. Eine Top-down-Klimapolitik mit immer neuen detaillierten Vorgaben unterschätzt die Innovations- und Koordinationsleistung von Märkten. Sie setzt ein Wissen über komplexe Wirkungen und Nebenwirkungen voraus, das Politik und Verwaltung überfordert. Ordnungsrechtliche Eingriffe sollten daher die Ausnahme, nicht die Regel sein.

Finanzielle Förderprogramme in Form von Steuererleichterungen, Zuschüssen oder einem staatlich garantierten Return on Investment können erfolgreich zur Transformation beitragen, wenn sie eine Dynamik technischer Innovation und privater Investitionen auslösen. Das Erneuerbare-Energien-Gesetz ist dafür ein Beispiel. Der Fördersumme von rund 300 Milliarden seit seiner Einführung im Jahr 2020 steht nicht nur ein beeindruckender Aufwuchs von Solar- und Windenergie gegenüber, sondern vor allem eine massive Kostendegression für Solarstrom und Windkraft. Erst damit wurde ihr weltweiter Siegeszug möglich. Zwar wurden 2022 lediglich 5 Prozent des weltweiten Stroms mit Photovoltaik erzeugt. Aufgrund rasch sinkender Kosten und steigender Effizienz entfallen jedoch rund 60 Prozent der weltweit neu hinzukommenden Kapazitäten auf Solaranlagen. 2022 wurden 250 Gigawatt (GW) für Solar zugebaut. 2023 waren es rund 415 GW. Die Wachstumsrate erneuerbarer Energien verläuft nicht linear, sondern exponentiell.

Die US-Administration hat mit dem „Inflation Reduction Act" groß angelegte Förderprogramme für umweltfreundliche Technologien aufgelegt, die auch europäische Firmen anziehen. Allerdings hat auch diese Strategie ihre Tücken. Finanzpolitisch ist ein „grünes deficit spending" großen Stils nur durchzuhalten, wenn es zu Wachstumseffekten und Steuer-Mehreinnahmen führt, die eine Refinanzierung ermöglichen. Zudem verzerren Subventionen den Wettbewerb und erzeugen eine Anspruchshaltung, von der kaum wieder loszukommen ist. Was ursprünglich als befristete Förderung gedacht war, wird leicht zur Dauersubvention, die den Strukturwandel blockiert und die öffentlichen Haushalte auf Dauer überlastet.

In Deutschland hat der Bund während der Corona-Pandemie und dann nach dem Beginn des russischen Großangriffs auf die Ukraine jeweils dreistellige Milliardenbeträge in die Hand genommen, um Bürger und Unternehmen zu unterstützen. Darunter fallen Energiepauschalen, in deren Genuss auch die Bezieher hoher Einkommen kamen, oder Tankrabatte, die ökonomisch wie ökologisch kontraproduktiv waren.

Auch bei der ökologischen Transformation richten viele ihren Blick auf den Staat, der den Umbau von Verkehr, Gebäuden, Industrie und Landwirtschaft finanzieren soll. Das wird allerdings auf Dauer jede Regierung finanziell überfordern. Förderprogramme sollten deshalb strikt befristet und zielgerichtet dort eingesetzt werden, wo es um Forschung und Entwicklung, um Pilotprojekte und die Marktfähigkeit innovativer Technologien und Produkte geht. Investitionszuschüsse können auch sinnvoll sein, um die Abhängigkeit von strategischen Gegenspielern (insbesondere China) bei Schlüsseltechnologien wie

Batterien oder Halbleitern abzubauen. Aber auch hier ist Vorsicht geboten: Niemand weiß, welche spezifischen Produkte und Verfahren sich in der Zukunft durchsetzen werden. Was heute Stand der Technik ist, kann morgen schon veraltet sein.

Ökologische Marktwirtschaft

Der wirkungsvollste Hebel einer erfolgreichen Transformation ist der Übergang zu einer *ökologischen Marktwirtschaft*. Hier setzt der Staat den Bürgern wie den Unternehmen einen verbindlichen Ordnungsrahmen mit ambitionierten Klimazielen und gibt ihnen größtmögliche Freiheit, wie diese Vorgabe zu erreichen ist. Statt auf detaillierte Vorschriften, die von Expertenräten und Beamten erdacht werden, setzt diese Option auf die Eigeninitiative und den Erfindungsreichtum von Unternehmen und Bürgern. Das setzt ein doppeltes Grundvertrauen voraus: in die Fähigkeit der Marktwirtschaft, innovative Lösungen zu finden, wie in die Fähigkeit von Bürgerinnen und Bürgern, eigenverantwortlich zu handeln. Auf diesen Prämissen beruht unsere freiheitliche Ordnung. Sie bleiben auch angesichts der Klimakrise gültig.

Der Weg zu Klimaneutralität führt nicht über engmaschige, sektoren- und branchenspezifische Vorgaben, sondern über die Freisetzung einer Dynamik ökologischer Innovationen und Investitionen. Politiker und Beamte sollten sich nicht anmaßen, genau zu wissen, wie eine klimaneutrale Welt aussehen wird, und die Transformation einer hoch komplexen, global vernetzten Industriegesellschaft auf Jahrzehnte hinaus vorausplanen zu können. Weder verfügen sie über das breit gestreute Wissen von Wissenschaft, Wirtschaft und Gesellschaft, noch können sie vorhersehen, welche Innovationssprünge es wann geben wird.

Angesichts der Dimension und Geschwindigkeit des Klimawandels sollten wir den Korridor möglicher Lösungen nicht verengen. Das Kunststück besteht darin, das heute Machbare voranzutreiben und zugleich offen zu bleiben für Innovationen. Das gilt für den Energiesektor ebenso wie für das weite Feld der Biotechnologie. Es bleibt ein

Widerspruch, einerseits den drohenden Weltuntergang zu beschwören und zugleich Entwicklungspfade wie die Kernenergie und die „grüne Gentechnik" kategorisch auszuschließen.

Politik sollte CO_2-Reduktionsziele auf einer mittel- und langfristigen Zeitachse festlegen und sich auf die Sicherung der Infrastruktur für die Energie- und Verkehrswende konzentrieren. Mit welchen Technologien diese Ziele erreicht werden, sollte weitgehend dem Wettbewerb um die besten Lösungen überlassen bleiben. Der wirkungsvollste staatliche Hebel ist die Einbeziehung ökologischer Kosten in die Preisbildung. Marktwirtschaft funktioniert nur, wenn die Preise die ökologische Wahrheit sagen. Ein sektorübergreifender Emissionshandel, der einen sinkenden Deckel auf Treibhausgasemissionen setzt und sie schrittweise verteuert, hat eine weitaus größere Wirkung als immer neue Gebote und Verbote.

Politik muss dann aber auch den Mut haben, auf diesem Pfad zu bleiben. Den Anstieg des CO_2-Preises auszusetzen, wenn die Preise für Öl und Erdgas steigen, ist das falsche Signal. Wir brauchen planbare und verlässliche Rahmenbedingungen, um die Milliarden an privatem Kapital zu mobilisieren, die wir für den Umbau unserer Industriegesellschaft so dringend brauchen. Die nötige konjunktur- und wettbewerbspolitische Flexibilität sollte nicht über den CO_2-Preis, sondern durch anderweitige Kostenentlastungen für Unternehmen und Bürger gewährleistet werden.

Für die privaten Haushalte können die Mehrbelastungen, die durch Umweltsteuern entstehen, in Form eines pauschalen Ökobonus zurückerstattet werden. Ein solcher Pro-Kopf-Betrag hätte obendrein einen sozialen Umverteilungseffekt, weil die Geringverdienenden in der Regel einen geringeren CO_2-Fußabdruck aufweisen als Wohlhabende. Alternativ sollte erwogen werden, die Einnahmen aus dem CO_2-Emissonshandel vorübergehend einzusetzen, um den Ausbau der Energieinfrastruktur (insbesondere der Stromnetze) zu finanzieren.

Aktuell scheitert die unbürokratische Umsetzung des Klimagelds auch an der digitalen Rückständigkeit der Finanzverwaltung. Die Digitalisierung der öffentlichen Verwaltung, des Energiesystems und der Produktionsprozesse ist eine oft unterschätzte Erfolgsbedingung der ökologischen Transformation.

Freiheitliche Klimapolitik setzt darauf, dass wir die ökologische Krise mit den Mitteln der Moderne lösen können: Wissenschaft, Unternehmertum, deliberative Demokratie. Eine ökologische Marktwirtschaft begrenzt Verbote auf ein Minimum, konzentriert Subventionen auf technologische Exzellenz und Anschubfinanzierung, setzt konsequent auf CO_2-Bepreisung und Ressourcensteuern und federt soziale Härten ab. Wenn wir diesen Weg einschlagen, können wir Ökologie und Freiheit unter einen Hut bringen, ohne die Freiheit der Heutigen gegen die Freiheit der Künftigen auszuspielen. Wir können Klimaschutz mit demokratischen Mitteln erreichen. Zugleich machen wir die Demokratie damit zukunftsfähig.

Wider die große Geste, oder: der evolutionäre Modus der Demokratie

ARMIN NASSEHI

Hoher Transformationsdruck, kollektive Herausforderungen, nicht zuletzt für Bürgerinnen und Bürger spürbare Konsequenzen von politischen Entscheidungen – all das erhöht die Legitimationsnotwendigkeit von Entscheidungen und gefährdet Zustimmungsbereitschaft. Für Demokratien ist das besonders prekär, weil ihre entscheidende Währung zwar politische Macht, Durchsetzungsbereitschaft und manchmal auch Zumutungen sind, sie aber vor dem Gerichtshof der Zustimmungsfähigkeit und Loyalität vor dem politischen Publikum stehen. Aber wovon reden wir, wenn wir von Demokratie sprechen? Es gibt mindestens zwei Zugänge, die sich erheblich unterscheiden.

Zwei Zugänge

Man kann tatsächlich auf zweierlei Weise über Demokratie sprechen. Man kann sie einerseits nur von ihrer normativen Seite her beobachten und gerät dann leicht in den Strudel allzu wohlfeiler Selbstbeschreibungen des Demokratischen. Man wird dann die wörtliche Übersetzung als Volksherrschaft auch wörtlich nehmen und die Demokratie mit den im Laufe des Modernisierungsprozesses ebenfalls normativ aufgeladenen Ideen des Individualismus, der Solidarität, der Lösungsorientierung, gar der Menschenwürde in Verbindung bringen. All das ist nicht falsch – und ohne Zweifel gründet die Idee der Demokratie, ihrer rechtsstaatlichen Verfasstheit und nicht zuletzt ihres Verhältnisses zur sozialen Ungleichheit in all diesen Idealen. Aus einer solchen

Perspektive freilich muss die Tatsache Erstaunen verursachen, dass Demokratie und demokratische Verfahren durchaus zu Ergebnissen führen können, die man sich explizit nicht selbst gewünscht hätte – und ist dann den Verächtern der Demokratie näher, als man denkt, jenen Verächtern nämlich, für die Politik sich nur dann als demokratisch erweist, wenn das von ihnen gewünschte Ergebnis herauskommt. Mit der naiven Betonung der Notwendigkeit bestimmter Maßnahmen und dem Schluss auf ihren dadurch „demokratischen" Charakter kommt man freilich nicht weiter.

Oder aber man ist *empirisch* an der Demokratie interessiert, also daran, wie sie konkret funktioniert – und vor allem: wofür. Schon die angeblichen Erfinder der Demokratie, die meist von denen zitiert werden, die kaum auf Texte Bezug nehmen können, haben vor der Demokratie gewarnt. Sowohl bei Platon als auch bei seinem Schüler Aristoteles finden sich Hinweise auf eine *empirische* Schwäche der Demokratie: nämlich dass die Mehrheit nicht unbedingt die kompetentesten Lösungen oder Repräsentanten ins Amt bringt. Kurzfristige individuelle Aspirationen, schnelle Wirkung, Ausbremsen von Gegnern, Bewirtschaftung von Interessen – all das seien eher Wahl- und Entscheidungsgründe als ein vernünftiger Ausgleich im Interesse des Gemeinwohls. Deshalb wurde zur Eindämmung des rein demokratischen Vorgangs verschiedentlich vorgeschlagen, so etwas wie eine kompetente Ebene einzuführen. In moderner Sprache wären das Expertenkulturen und Ministerialbürokratien, die irgendwie etwas mehr Trägheit in das Geschehen einbauen. Aristoteles hat übrigens vorgeschlagen, dass die besten Regierenden wohl die aus der „Mitte" seien – er war noch nicht vertraut mit modernen Parteiensystemen und meinte sicher nicht Akteure aus gemäßigten Mitte-rechts- und Mitte-links-Parteien. Er meinte vielmehr die, die nicht so arm und unterprivilegiert sind, dass sie alles daransetzen aufzusteigen, und die, die nicht so reich und einflussreich sind, dass sie alles daransetzen, ihre Position zu stabilisieren. Die in der Mitte, meinte er, seien wohl am besten geeignet, von unmittelbaren eigenen Interessen abzusehen und das Gemeinwohl im Blick zu haben.

Eine solche Perspektive ist insofern „empirischer" als die erste, als sie die Perspektive darauf eröffnet, dass die Demokratie zum einen eine riskante Form ist, weil man nicht genau bestimmen kann, was als Ergebnis einer Wahl herauskommt und für welche politischen Entscheidungen man Gefolgschaft und Zustimmung erhält. Zum anderen ist sie eine riskante Form, weil schon das Mehrheitsprinzip bei der Bestimmung von Personal und beim Fällen konkreter Entscheidungen stets solche zurücklässt, die explizit *nicht* für die dann getroffene Lösung gestimmt haben. Die entscheidende Frage ist die, ob diese politischen Minderheiten – die bis zu 49,9 Prozent der Wählerinnen und Wähler ausmachen können – loyal zu den kollektiv bindenden Entscheidungen von Parlamenten, Staaten und Regierungen stehen. Loyal bedeutet nicht zustimmend, aber zumindest die grundlegende Legitimation dieser Entscheidungen anerkennend. Was eine vollständige, eine liberale Demokratie von einer unvollständigen, bloß elektoralen Demokratie unterscheidet, ist vor allem das Verhältnis zur unterlegenen Minderheit – und vor allem das Verhältnis der unterlegenen Minderheit zur Mehrheit.

Zwei Spannungen

Daraus ergeben sich zwei Spannungen in allen demokratischen Verfahren:

- die Spannung zwischen Mehrheitsentscheidungen und Sachfragen;
- die Spannung zwischen demokratischer politischer Mehrheit und Minderheit.

Autoritäre politische Systeme gehen mit dieser Spannung anders um als Demokratien: Sie definieren die Lösungskompetenz bzw. die Lösungsformen von Sachfragen ausschließlich zentralistisch und sorgen in elektoralen Systemen dafür, dass nur Angehörige der zentralisierten Macht in Scheinparlamenten sitzen. Und sie lösen die Spannung zwischen Mehrheit und Minderheit dadurch auf, dass Minderheiten gar nicht die Chance bekommen, öffentlich als Minderheiten aufzutreten. Das einzige Mittel, dies zu erreichen, ist früher oder später Repression,

Gewalt und die Unterdrückung von Abweichung. Dafür bedarf es zumeist ideologischer Formen des Nationalismus, des religiösen Fundamentalismus oder einer autoritären politischen Ideologie – oftmals treten diese Formen in Kombination miteinander auf.

Demokratische politische Systeme dagegen müssen sich den beiden Spannungen stellen und für Loyalität und Gefolgschaft sorgen, die mit Ambiguität umgehen und politischen wie sozialmoralischen und interessengeleiteten Pluralismus aushalten kann. Zusätzlich stellt sich die soziale Frage, also die Frage sozialer Ungleichheit und der sozialen Gerechtigkeit, der allgemeinen Wohlfahrt und eines gewissen Wohlstandsniveaus für alle Bevölkerungsteile in Demokratien nicht nur aus normativen Gründen, sondern schlicht auch aus Gründen der Loyalitätsfähigkeit politischer Entscheidungen. Nicht zufällig sind vollständige Demokratien, deren quantitative Ausbreitung auf der Welt im Sinken begriffen ist, immer auch Sozial- und Wohlfahrtsstaaten, allerdings mit sehr unterschiedlichen Wohlfahrtsregimen.

Die beiden angedeuteten Spannungen sind es, ohne deren Berücksichtigung und ohne deren Anerkennung Diskurse über die Demokratie und Fragen notwendiger Transformationen in der Demokratie geradezu unrealistisch werden. Es gehört zu den Selbstmissverständnissen insbesondere eines akademischen Milieus, dass sich das Notwendige durch bessere Argumente und durch Einsicht der zu einem Aggregat aufgerundeten Einzelnen am Ende durchsetzen wird, wenn die Dringlichkeit von Herausforderungen groß genug ist.

Zwei politische Achsen

Die Geschichte westlicher Demokratien war deswegen eine Erfolgsgeschichte, weil sich in der industriegesellschaftlichen Moderne ein zentraler politischer Konflikt etabliert hat, der das politische System stabilisierte. Es waren vor allem zwei Achsen, um die herum fast die gesamte politische Kommunikation geordnet werden konnte: *wirtschaftspolitisch* an der Achse einer eher angebots- und einer eher nachfrageorientierten Politik, die unterschiedliche Intensitäten von Umverteilung, Sozialstaatlichkeit und sozialem Aufstieg erzeugten, *gesellschaftspolitisch* an der Achse einer eher konservativen und einer eher liberal-„progressiven" Orientierung, die unterschiedliche sozialmoralische Milieus ansprachen.

Um diese beiden Achsen haben sich politische Akteure gruppiert, die als Mitte-rechts- und Mitte-links-Akteure so komplementär gebaut waren, dass sie einen Sog erzeugt haben, der wie ein Staubsauger alle anderen möglichen Themen und Konflikte absorbiert hat. Genau genommen konnten (fast) alle politischen Differenzen und sogar Themen als Ableitungen von den verteilungslogischen und zum Teil gesellschaftspolitischen Fragen behandelt werden – was zu einer Routinisierung des Umgangs mit Konflikten führte. Es gibt kaum etwas Integrativeres als einen stabilen Konflikt: Er bringt Ordnung in die Welt – und zwar unter Sachgesichtspunkten ebenso wie unter sozialen Gesichtspunkten. Man wusste, woran man mit sich selbst und den anderen war.

Stresstest für die Demokratie

Selbst wenn diese Beschreibung in ihrer idealtypischen Klarheit eine gewisse Überzeichnung sein sollte, wird doch deutlich, warum gegenwärtige Herausforderungen ein erheblich höheres Stresspotenzial haben. Nicht, dass es zuvor in der Geschichte der Bundesrepublik keine Stressthemen gegeben hat – man denke an die Wiederbewaffnung, an die Generationenkonflikte Ende der 1960er Jahre, an die Ostpolitik und an die Aufarbeitung der NS-Vergangenheit, an die Wiedervereinigung, an Flucht und Migration. Dennoch war es einfacher, diese Streitfragen in den Kanon und die stabilen Konfliktlinien der bestehenden Akteure einzubauen.

Denkt man aber an die zentrale Herausforderung dieser Zeit, nämlich die Klimafrage, entzieht sich diese zum Teil der politischen Konfliktlogik. Klimaschutz hat ohne Zweifel Folgen für Fragen der Verteilungsgerechtigkeit, also für das zentrale Konfliktthema der Industriemoderne. Man wird Klimaschutz nicht ohne Aufmerksamkeit für die soziale Frage betreiben können. Aber das Klimaschutzthema ist nicht als Verteilungsfrage oder gar Umverteilungsfrage zu lösen. Es geht um die Umstellung von Wertschöpfungsketten, um veränderte Alltagspraktiken, um die Veränderungen der energetischen Basis. Diese liegen nicht völlig quer zu den bisherigen Konfliktlinien, aber lassen sich nicht mehr eindeutig durch diese bearbeiten.

Das erzeugt den besonderen Stresstest für die Demokratie der Gegenwart – und der lässt sich weder einfach durch eine Beschwörung des Engagements und der guten wissenschaftlichen Argumente lösen noch durch den Fehlschluss von der Dringlichkeit auf die Möglichkeit oder gar einen Appell an die Tugendhaftigkeit des demokratischen Akteurs. Denn solche Appelle an die Dringlichkeit und die Tugendhaftigkeit missverstehen sich als eine Art Außenbeobachtung des politischen Prozesses, an den dann Appelle gerichtet werden. Sie sind vielmehr selbst Teil einer politischen Dynamik. Und als solche werden sie innerhalb des politischen Systems auch politisch beobachtet und verarbeitet. Der größte Fehler der Appelle an „die Politik" oder „die Demokratie" besteht darin, dass sie so tun, als könnten sie eine Metaperspektive einnehmen, die selbst nicht zur Logik des Politischen gehört – und diese Logik ist ohne Rest eine, die mit den Grundunterscheidungen des Politischen verarbeitet wird. Sie sind Teil jener Auseinandersetzung, die sie anleiten wollen. Sie verstricken sich genau genommen in den Paradoxien einer Selbstanwendung, die sowohl Teil der Lösung und Teil des Problems sind.

Leider läuft der öffentliche Diskurs durch die Engagierten oft exakt auf diesem Niveau. Es sieht so aus, als würden diejenigen, die den besonderen Transformationsdruck etwa im Hinblick auf Klimafragen in der Öffentlichkeit zum Ausdruck bringen wollen, sich eine *Welt als Wille und Einstellung* imaginieren – es werden dann Politiker oder andere öffentlich sichtbare Akteure (Wissenschaftler, Journalisten, Verbandsvertreter etc.) zu zustimmungsfähigen, möglichst zuversichtlichen Sätzen genötigt. Jegliche Beobachtung, die auf die *empirischen* Bedingungen für die praktische demokratische Umsetzung von Zielen, konkreten operativen Schritten und nachhaltigen Praktiken hinweist, wird dann als Form der Abweichung, der Resignation, der Verniedlichung des Problems usw. beobachtet – und daran kann man sehen, dass solche Formen der Kommunikation eben keine politische Metaebene einnehmen, sondern in den Sog der politischen Differenzen geraten – selbst wenn sie sich dem durch Tugendanzeigen entziehen wollen.

Es ist sicher auch eine milieubedingte Begrenzung einer Trägergruppe, deren berufliche Hauptaufgabe darin besteht, die Welt in konsistenzfähigen Sätzen abzubilden – oftmals mit einer diffusen Vermischung von Seins- und Sollenssätzen. Die Erfolgsbedingung liegt in einer Art Orthodoxie – wenn man darunter versteht: die richtige sprachliche Fixierung des Problems. Operativ genügt sich eine solche Perspektive der Engagierten darin, sich auf Appelle an Regierende und an die Tugendhaftigkeit „der Bürger/Bürgerinnen" zu verlassen. Die große Leerstelle einer solchen Perspektive ist eine doppelte: eine intern politische und eine im Hinblick auf die Schnittstelle von politischen Entscheidungen und anderen gesellschaftlichen Feldern.

Politische Kommunikation wird politisch beobachtet. Dies ist ein ebenso selbstverständlicher wie brisanter Satz. Wie das Bekenntnis zur Dringlichkeit von Klimaschutzmaßnahmen noch kein operatives Problem gelöst hat, wird ein solches Bekenntnis dennoch politisch verarbeitet, geradezu verstoffwechselt. Politisches Handeln findet stets vor einem politischen Publikum statt und geschieht im Bestimmungsbereich möglicher Machtchancen und Machtverluste. Das ist schon ein Hinweis darauf, dass politisch nur das möglich ist, was politisch möglich ist – und das bedeutet: wofür man am Ende (wieder-)gewählt werden kann und Machtchancen erhält. Die Währung ist Gefolgschaft, Zustimmung, Loyalität – vor allem derer, die nicht zur eigenen Klientel gehören.

Populismus und Elitenkritik

Gefolgschaft, Zustimmung und Loyalität werden unter Veränderungsdruck nicht nur auf eine besondere Probe gestellt, sondern bieten gerade populistischen politischen Akteuren einen besonders effektiven Hebel an, nämlich eine fast generalisierbare Elitenkritik. Diese richtet sich nicht einfach gegen konkrete politische Maßnahmen, Programme oder Entscheidungslagen, sondern gegen die politischen Eliten überhaupt. Populismus geriert sich gewissermaßen als Opposition gegen das Spiel von Regierung und Opposition. Er tut so, nicht Opposition innerhalb der politischen Verfahren, Institutionen und Konstellationen zu sein, sondern Opposition gegen die Praxis des Politischen selbst. Populismus ist deshalb kaum kompromissfähig und kann fast auf konsistente Programme bzw. Lösungshorizonte verzichten. Er instrumentalisiert gewissermaßen den Transformationsdruck und schließt an eine in Zeiten von Veränderung wahrscheinlicher werdende Skepsis an. Deshalb sind es vor allem kulturkampffähige Themen – Gender, Sexualität, Herkunft, Ethnizität, Pluralismus, Antiszientismus etc. –, die sich für Populisten besonders eignen, wenn man unter politischem Populismus eine Bewegung versteht, die die „eigentlichen" Interessen „des" Volkes den Eliten gegenüberstellt, die sich davon angeblich entfremdet haben.

Das Fatale besteht darin, dass ein effektiver Populismus durchaus an realen subjektiven Empfindungen ansetzt – an der kulturellen Fremdheit eher in urban-akademischen Milieus beheimateter Sprechformen, an der Sorge um Diskontinuität, am Sichtbarwerden von Veränderungen, an der Konfrontation mit Ungewohntem. Man kann all das für irrelevant, für falsch, für moralisch verwerflich halten – aber es sind zunächst politische „Tatsachen", die als solche wirken und von populistischer Politik zum Teil sehr effektiv bewirtschaftet werden. Und gerade dies verstärkt in Transformationszeiten zusätzlich den Druck auf den demokratischen Mechanismus von Konfliktlinien, der um gangbare Wege politischer Alternativen streitet – die man dann mit dem Bemühen nach sprachlichen Bekenntnissen – etwa für Klimaschutz – erst recht nicht erreicht.

Wahrscheinlich kann man dem nur entgehen, wenn politische Akteure diesseits populistischer Formen bei aller wünschenswerten Differenz ihrer Positionen vorführen, dass es jeweils alternative Handlungsmöglichkeiten gibt. Zumindest wenn die These stimmt, dass die integrative Kraft der Demokratie nicht in einer naiv vorgestellten Harmonie oder Konsensvorstellung liegt, sondern in der zivilisierten Bewirtschaftung von *unterschiedlichen* Perspektiven, von *unterschiedlichen* Methoden, von *unterschiedlichen* Interessen und von *unterschiedlichen* Positionen. Das meint nicht Konsens. Es ist die Frage danach, ob politische Semantiken diesseits des Populismus in der Lage sind, der Versuchung zu widerstehen, selbst von den kurzfristigen Effekten populistischer Strategien zu profitieren. Die europäische Erfahrung zeigt zumindest auf der rechten Seite des politischen Spektrums, dass Mitte-rechts-Parteien explizit nicht davon profitieren, wenn sie Rechtsaußen-Formen kopieren. Und eher kulturlinke, akademisch-urbane Milieus profitieren offensichtlich nicht davon, wenn sie die eigenen Soziolekte universalisieren.

Der vorstehende Hinweis mag naiv sein – aber unter logischen Aspekten erscheint er als die einzige Möglichkeit, den Populismus ins Leere laufen zu lassen, denn wenn politische Konkurrenten gemeinsame Regierungen bilden müssen, um populistische Parteien daran zu hindern, in Regierungsverantwortung zu kommen, schadet das der politischen Kultur. Demokratie lebt von der Differenz und vom Konflikt – aber nur in ihrer zivilisierten Form. Die pathologischste Form des Politischen herrscht wohl dann, wenn es bei jeder einzelnen Frage um das Ganze geht. Eine der Ideen der Demokratie besteht darin, dass dies vermieden werden kann – um Kompromisse eingehen zu können, Minderheiten loyal zu halten und Machtwechsel zu ermöglichen, d. h. auch, die Unterscheidung von Regierung und Opposition aufrechtzuerhalten, aber mit wechselndem Personal ausstatten zu können. Gerade in Zeiten, in denen es Herausforderungen gibt, bei denen es zumindest so aussieht, als gehe es stets ums Ganze, ist diese Frage besonders relevant. Nutznießer dessen sind oft diejenigen, die die Mechanismen der Demokratie verhöhnen – und damit übrigens auch diejenigen, deren Verunsicherung und Unzufriedenheit eben nicht beseitigt, sondern bewirtschaftet und instrumentalisiert werden soll.

Transformation oder Evolution?

Die vorstehenden Überlegungen haben konkrete politische und strategische, also inhaltliche Fragen vermieden. Aber wenigstens eine Andeutung sei am Ende gemacht, die allerdings selbst wieder begrifflicher Natur ist. Öfter war hier von Transformationsdruck oder Transformationsnotwendigkeiten die Rede. Der Begriff suggeriert etwas Programmatisches, geradezu eine Art Subjekt-Objekt-Verhältnis – so als könne man einen Gegenstand, die Gesellschaft etwa, durch geeignete Maßnahmen transformieren. Er transportiert mehr Unmittelbarkeit, als faktisch denkbar und möglich ist. In Deutschland ist der Transformationsbegriff spätestens seit seiner Verwendung in einem Bericht des Wissenschaftlichen Beirats der Bundesregierung „Globale Umweltveränderungen" (WBGU) von 2011 geradezu zu einer Programmformel geworden. An dem Begriff lässt sich schön sehen, wie optimistisch Beschreibungen zumeist sind, die dafür sorgen wollen, dass man nun endlich transformieren kann. Und doch verdeckt der Begriff mehr, als er sagen könnte – und zieht Aggressionen auf sich. Er hat manchmal eine geradezu liturgische Funktion, ist eine Beschwörungsformel.

Nur als Andeutung: Etwas programmatisch zu transformieren mutet disruptiver an, als Veränderungen möglich sind. Sieht man sich die entscheidenden Veränderungs- und Wandelprozesse der letzten Jahrzehnte an, so haben diese sich eher evolutionär als disruptiv ereignet: Geschlechterrollen, sozialmoralischer Pluralismus, Anerkennung nichtheterosexueller Sexualität, sozialer Aufstieg, ethnische Vielfalt durch Migration, Bildungsexpansion und Akademisierung von Berufen, um nur einige Veränderungsdimensionen zu nennen. All diese Veränderungen haben sich tatsächlich evolutionär ereignet. Evolutionstheoretisch spricht man von Variation und Selektion – Variationen kommen stets vor. Es werden – in der soziokulturellen Evolution der natürlichen nicht unähnlich – andere Lösungen ausprobiert, Variationen versucht, Abweichungen erwogen, manchmal geplant, manchmal eher blind und zufällig. Und die meisten Abweichungen verschwinden wieder. Der entscheidende Punkt ist der, unter welchen Bedingungen solche Variationen zu Selektionen führen, sich also wiederholen, einen Strukturwert erhalten und durch Restabilisierung dann erwartbar werden. Etwa wundern sich viele derzeit angesichts öffentlicher Problemwahrnehmung der Folgen von Fluchtmigration, wie sehr sich das Land in den letzten zwei Generationen durch Migration verändert hat: merklich und zugleich unmerklich. Evolutionär eben. Man muss genauer hinsehen: Nachhaltige Veränderung muss sich alltäglich bewähren können und ihren Informationswert verlieren, gewissermaßen erwartbar und unsichtbar zugleich werden.

Das sollte man als Modell für „Transformation" im Hinterkopf haben – denn es ist womöglich der für Demokratien mit ihrer Ab-

Wider die große Geste, oder: der evolutionäre Modus der Demokratie

hängigkeit von Zustimmungsfähigkeit angemessene Modus der Veränderung. Bezogen etwa auf Klimaschutz und die Umstellung der energetischen Basis geschieht bereits in dieser Gesellschaft mehr, als man es wahrnehmen kann, wenn man nur an den großen Bekenntnissätzen interessiert ist, die vor allem von denen gefordert werden, die genau solche Umstellung selbst nicht betreiben, sondern sie nur (akademisch und politisch) fordern. Ich habe die Überlegungen mit zwei unterschiedlichen Zugängen zur Demokratie begonnen. Der erste ist nur an Bekenntnissen und ansprechendem Sprechen interessiert – der zweite richtet seinen Blick auf die Prozesse selbst. Und diese sind evolutionär, bestehen aus kleinen Schritten und müssen die Chance haben, sich zu bewähren. Der Modus sind kleinere Einzelschritte als die große Geste des appellativen Satzes. Aus diesem Stoff ist der Modus der Demokratie gemacht.

Kapitel II:
Streiten, sprechen, gemeinsam handeln

Konflikt und Konsens – Was uns trennt und was uns eint

STEFFEN MAU

Die Frage, wie Gesellschaften mit Konflikt umgehen, ist nicht nur ein politisches Thema, sie hat auch eine lange Tradition in der sozialwissenschaftlichen Gesellschaftsanalyse. Dabei gibt es einerseits ein Bekenntnis zur produktiven Funktion von Konflikt, bei der Konflikt als wesentlicher Treiber des sozialen Wandels angesehen wird. Ohne Konflikt gäbe es starre und unveränderliche Verhältnisse, könnten Ungerechtigkeiten nicht adressiert, Hierarchien nicht abgebaut und Marginalisierungen nicht überwunden werden. Für die Arrivierten wäre das eine komfortable Situation, aber nicht für jene, die gesellschaftlich ausgeschlossen oder benachteiligt sind. Das ist sozusagen die positive Seite des Konflikts. Es gibt aber eine andere, die immer dann auftritt, wenn Konflikte eskalieren oder keiner Lösung oder Befriedung zugeführt werden können. Auch solcherart entgleisende Konflikte können gesellschaftlich Fortschritte bringen, aber sie können auch destruktive Kräfte freisetzen, Fronten verhärten, die politische Ordnung destabilisieren, Gewalt hervorbringen etc.

In den gesellschaftlichen Auseinandersetzungen können wir nicht immer von vornherein sagen, welcher Konflikt wozu führt. Leicht ist es noch bei Konflikten, bei denen es um die Richtung der Politik im bestehenden institutionellen Rahmen oder einzelne politische Maßnahmen geht. Anspruchsvoller und kritischer ist es aber bei Konflikten, die auf die Veränderung grundlegender gesellschaftlicher Parameter – beispielsweise der rechtlichen oder politisch-institutionellen Ordnung – zielen. Hier können Konflikte innerhalb eines Systems leicht zu Konflikten um das System werden. Das ist dann der Fall, wenn einzelne Konfliktakteure nicht mehr bereit sind, die Grundlagen der politischen oder verfassungsmäßigen Ordnung anzuerkennen. Wir können derzeit beobachten, dass die Anfechtungen der liberalen Ordnung zugenommen haben und es immer schwieriger wird, Interessen auszugleichen und zu integrieren. Konflikt, so scheint es, eskaliert leicht und ist nicht immer in erträgliche Bahnen zu leiten.

Oft wird diese Beobachtung mit einer gesellschaftlichen Diagnose in einen Zusammenhang gebracht: die der Polarisierung oder gesellschaftlichen Spaltung. Obwohl diese Diagnose an sich nicht neu ist, hat sie doch mit der ersten Wahl Donald Trumps zum amerikanischen Präsidenten 2016 und der Brexit-Abstimmung in Großbritannien als Angstszenario eine steile Karriere gemacht. Vermutet wird hierbei, dass es eine zunehmende gesellschaftliche Spaltung – zum Beispiel zwischen Stadt- und Landbewohnern, zwischen Progressiven und Konservativen, zwischen Liberalen und Autoritären oder zwischen Kosmopoliten und Kommunitaristen – gibt, die zunehmend die Struktur gesellschaftlicher Konflikte bestimmt. Es gäbe demnach eine gesellschaftliche Teilung in Großgruppen, die in eine zunehmende Spannung miteinander geraten würden. Vorangetrieben durch die Globalisierung, die Migration und den Wertewandel sei die Gesellschaft immer größeren Fliehkräften ausgesetzt, die Möglichkeiten, überhaupt zu einem Konsens zu kommen, würden sich dementsprechend verringern. Viele der politischen Konflikte werden vor dem Hintergrund dieser Interpretationsfolie als Konflikte gesellschaftlicher Gruppen verstanden. Die politischen Spannungen, die wir beobachten, würden diese vorpolitisch-gesellschaftliche Spaltung im Grunde nur widerspiegeln.

Aber stimmt die These überhaupt? Gibt es eine politische Spaltung, die dann politisch ihren Ausdruck findet? Oder ist es nicht eher umgekehrt, dass Spaltung erst durch politische Akteure erzeugt, bewirtschaftet und verstärkt wird? In unserer Analyse *Triggerpunkte*[1] konnten Thomas Lux, Linus Westheuser und ich zeigen, dass Deutschland keine grundlegend gespaltene Gesellschaft ist, wie es in den öffentlichen Dis-

---

[1] Mau, Steffen/Lux, Thomas/Westheuser, Linus, Triggerpunkte. Konsens und Konflikt in der Gegenwartsgesellschaft, Berlin 2023.

kursen oft vermittelt wird. Obwohl der Topos der Polarisierung auf den Titelseiten von Tageszeitungen, in Politikerreden und auch in den Köpfen der Menschen tief verankert ist, vermittelt er doch einen falschen Eindruck. Gewiss, in öffentlichen Diskursen und in Fernsehstudios wird intensiv gestritten, aber diese Auseinandersetzungen überpointieren den gesellschaftlichen Dissens. Nur weil sich zwei oder mehrere Kontrahenten über bestimmte Themen in die Haare bekommen, sind wir noch lange keine gespaltene Gesellschaft. Sicherlich, manche Debatte ist härter geworden, und in den sozialen Medien kochen die Emotionen hoch, aber dies repräsentiert nur einen Ausschnitt des gesellschaftlich vorhandenen Meinungsspektrums. Aus der Beobachtung dieser öffentlichen – oft unversöhnlich oder emotionalisiert daherkommenden – Debatten rührt aber der Eindruck der gesellschaftlichen Spaltung. Es gibt also zumindest eine „gefühlte Polarisierung".

Entfernt man sich aber etwas von diesen hitzigen Diskursen einiger weniger und begibt sich auf eine Spurensuche hinter den Kulissen, sieht es etwas anders aus: Hier zeigt sich mehr gesellschaftlicher Konsens, als öffentlich sichtbar wird. Wir haben in unserer Studie *Triggerpunkte* den Blick auf vier große Konfliktarenen gelenkt, in denen es um die Verteilung sozialer Güter wie ökonomischer Ressourcen, Anerkennung, Formen von Mitgliedschaft oder auch die ökologischen Lebensgrundlagen geht. Dies sind Streitgüter, weil sich gesellschaftliche Gruppen und politische Akteure darüber auseinandersetzen, wer was mit welchem Recht und welchen Gründen beanspruchen kann. Im Bereich der ökonomischen Verteilung sehen wir, dass es einen breiten Konsens darüber gibt, dass der Staat soziale Risiken wie Alter, Krankheit und Arbeitslosigkeit auskömmlich absichern soll. Auch gibt es den verbreiteten Wunsch, dass über Steuer- und Umverteilungspolitik die ökonomische Ungleichheit reduziert werden sollte. Dissens herrscht dann eher darüber, welche Maßnahmen geeignet sind, um eine ausgeglichene Einkommens- oder Vermögensverteilung herzustellen, und welchen Gruppen aufgrund welcher Nachteilslagen öffentliche Hilfe zukommen soll. Neben den alten Klassenkonflikt treten Anspruchskonflikte, die nicht mehr zwischen oben und unten stattfinden, sondern oft zwischen Gruppen, die sich in sozialer Nachbarschaft zueinander befinden.

Im Bereich der Migration gibt es auf der Ebene der Bevölkerungsmeinungen mehr Kontroversen, auch wenn festzustellen ist, dass sich die Einstellungen zu Migration in den vergangenen Jahren nicht dramatisch verändert haben. Das ist überraschend, wenn man bedenkt, dass sich die Gesellschaft durch einen steigenden Anteil an Migrantinnen und Migranten stark heterogenisiert hat und wir 2015/16 durch eine heiße Phase des Konflikts um die Migrationspolitik gegangen sind. Die Bundesbürger wurden im Durchschnitt aber weder migrationsskeptischer noch migrationsoffener. Allenfalls im Verlauf des letzten Jahres sind einige Teile der Bevölkerung skeptischer geworden. Die Migrationsfrage hat zudem an gesellschaftlicher Salienz gewonnen und wird wichtiger dafür, wo Menschen ihr Kreuz auf dem Wahlzettel machen. Gesellschaftlich dominiert eine Haltung, die man als bedingte Inklusionsbereitschaft bezeichnen könnte. Weit verbreitet ist heutzutage die Einsicht, dass Deutschland zu einer Einwanderungsgesellschaft geworden ist und dass es kaum möglich sein wird, zu einer ethnisch-nationalen Vergemeinschaftungsform mit entsprechend strengen Ausschlussregeln zurückzukehren. Die Befürwortung von Zuwanderung und die Bejahung mitgliedschaftlicher Anrechte, etwa des Zugangs zu Sozialleistungen für Migrantinnen und Migranten, werden an Bedingungen geknüpft, so die Frage der Notsituationen, der kulturellen und sozialen Nähe und der damit verbundenen Integrationserwartungen oder der Anstrengungen der Zugewanderten: Eine „Willkommenskultur" ist dann auszumachen, wenn die „gefühlte" kulturelle Fremdheit begrenzt bleibt, wenn „echte" humanitäre Migrationsgründe vermutet werden oder wenn Zuwanderung als arbeitsmarktkompatibel oder gar vorteilhaft zur Fachkräfte- und Wohlstandssicherung angesehen wird.

Etwas anders sieht es im Feld der Diversität und neuer Anerkennungspolitiken aus. Hier geht es um Fragen von sexueller Diversität, um vielfältige Lebensweisen sowie um ethnische und rassistische Diskriminierung, also Themen, die oft unter dem Begriff der Identitätspolitik verhandelt werden, aber im Kern Fragen der gruppenbezogenen Benachteiligung und Marginalisierung berühren. Auf der rechtlichen und politischen Ebene gab es in diesem Feld weitreichende Veränderungen in Richtung Nichtdiskriminierung und größerer Anerkennungsbereitschaft, die von einem recht grundsätzlichen Wertewandel begleitet wurden. Diese „stille Revolution" (Ronald Inglehart) hat Pflicht- sowie Konformitätswerte geschwächt und kulturelle Offenheit, Diversität und Selbstentfaltung als wirkmächtige Leitvorstellungen gestärkt. Die gesellschaftspolitische Liberalisierung ist ein Massenphänomen in Stadt und Land, in den oberen und unteren Schichten, in den verschiedenen Generationen. Allerdings hat diese Liberalisierung auch Grenzen. Versteht man Toleranz nicht nur als „Erlaubnistoleranz" (Rainer Forst), die anderen zubilligt, gemäß eigener Vorstellungen zu leben, sondern als Ausdruck gegenseitigen Respekts ungeachtet grundlegender Unterschiede, dann werden Einschränkungen sichtbar: In unserer Studie zeigt sich, dass Vorbehalte gegenüber Diversität vor allem dann artikuliert werden, wenn Anerkennung über ein reines Hinnehmen hinausgehen soll. Am stärksten ist die Gegenwehr, wenn eigene Identitätsansprüche und Verhaltensgewohnheiten irritiert werden, was sich besonders im Konflikt um die „richtige" Sprache zeigt. Ist diese für die einen Trägerin von Diskriminierung, ist sie für andere eine persönliche Kommunikationspraxis, die man sich nicht vorschreiben lassen will. Sprachpolitische Interventionen, selbst wenn sie als gut gemeinte Aufforderungen daherkommen, treffen daher auf recht starke Gegenwehr.

Das vierte Konfliktfeld, dem wir uns in unserer Studie gewidmet haben, ist das des Umgangs mit dem Klimawandel. Anders als in den USA finden wir in Deutschland keine Frontstellung zwischen einer größeren Gruppe von Klimawandelleugnern und -skeptikern einerseits und klimabewussten Bevölkerungsgruppen andererseits. Die große Mehrheit der Bevölkerung (in vielen Studien über 90 Prozent) erkennt das Problem des menschengemachten Klimawandels an und erwartet von der Politik Maßnahmen zu seiner Bewältigung. Viel wichtiger für die Strukturierung dieses Konflikts ist die Frage der Verteilung von Kosten und Lasten der ökologischen Transformation. Es geht also weniger um das Ob, sondern mehr um das Wie der sozialökologischen Transformation. Auch die Veränderungsdynamik spielt für die Interessenstrukturierung eine zentrale Rolle. Einigen Gruppen geht alles viel zu schnell, sie sehen bisherige, vor allem ökonomische Errungenschaften in Gefahr; andere machen Tempo, angesichts der Dramatik der Veränderungen sei weiteres Abwarten nicht mehr hinnehmbar. Der Grundkonflikt verläuft hier zwischen einem klimapolitischen Sofortprogramm, das auch unsere bisherige Lebensweise grundlegend zur Disposition stellt, und den Ängsten, die schneller Wandel und radikale Veränderungen auslösen.

Man sieht an diesen Beispielen schon, dass es oft kein einfaches Pro und Kontra ist, das diese Konfliktarenen strukturiert. Beschäftigt man sich genauer mit den Einstellungen der Bevölkerung, dann nehmen viele eine mittlere Position ein, sind also – bezogen auf die unterschiedlichen Konfliktfelder – weder Marktradikale noch Umverteilungssozialisten, weder Anhänger von *open borders* noch Verfechter der „Festung Deutschland", weder identitätspolitische Aktivisten noch autoritäre Chauvinisten, weder Klimawandelleugner noch Klimaaktivisten. In vielen Feldern vertreten sie Auffassungen, die ausgleichen und vermitteln, die sich weder zu einem Dafür noch zu einem Dagegen durchringen können, die zu einem Ja gleich ein Aber mitformulieren. Positionen werden also an Bedingungen geknüpft.

Vor dem Hintergrund dieser Beschreibung drängt sich die Frage auf, warum die gesellschaftliche Regulierung von Konflikten heute immer weniger gelingt. Warum kochen bestimmte Themen emotional hoch und warum werden so viele Auseinandersetzungen scheinbar unversöhnlich geführt? Eine wesentliche Antwort auf diese Frage liegt darin, dass sich einerseits die Möglichkeiten der Parteien und anderer Konfliktakteure verringert haben, gesellschaftliche Konflikte zu absorbieren und in ihr politisches Programm so zu integrieren, dass die Konflikthaftigkeit eingehegt werden kann. Parteien, aber auch Verbände, Gewerkschaften, Kirchen etc. haben nicht nur Mitglieder verloren, sie haben heute auch weniger Möglichkeiten, innergesellschaftliche Spannungen aufzunehmen und politisch zu bearbeiten. Sie werden auch von vielen Menschen im sozialen Nahumfeld kaum noch als relevante Adressaten für ihre Anliegen wahrgenommen. Daher entstehen auch neue Protestformen auf den Straßen, die weitgehend an den etablierten Kollektivakteuren vorbeilaufen.

Andererseits ist der Aufstieg neuer Konfliktthemen eine große politische Herausforderung für die vorhandenen Institutionen und Arrangements. Es gibt etablierte Konflikte, für die es eingespielte Konfliktlösungsregeln und Kompromissformeln gibt. Daneben sind neue ungeregelte und ungesättigte Konflikte entstanden, für die gesellschaftlich noch keine Handhabe gefunden ist, wie man Interessen ausgleichen oder Kompromisse institutionalisieren könnte. Auch sind die politischen Akteure in diesen Feldern weit weniger etabliert. Diese Konflikte sind ungleich riskanter, selbst wenn bei ihnen der Einsatz – also das, worum es geht – geringer sein kann. Viele dieser Konflikte können lange Zeit unter der Decke gehalten oder wegignoriert werden, sobald sie aber aktiviert und ein Mindestmaß an Mobilisierungsenergie auf sich gezogen haben, wird es schwieriger, sie zu steuern und in bestimmte Bahnen zu lenken.

Unter den Bedingungen einer veränderten Öffentlichkeit und mit der Schwächung der Absorptionsfähigkeit von Parteien für gesellschaftliche Konfliktlagen vergrößern sich die Spielräume für sogenannte Polarisierungsunternehmer die Konflikte für die eigene Profilierung zu nutzen. Gemeint sind damit politische oder politisierte Konfliktakteure, deren wesentliche politische Strategie darin besteht, Gruppen gegeneinander auszuspielen oder die Konfrontativität der Auseinandersetzungen zu erhöhen. Damit verändert sich das Gesamtbild der Konfliktlagerung – die neuen Konflikte werden nicht nur schwieriger, sie werden auch von anderen Akteuren bespielt. Nicht selten führt das dann dazu, dass sich die Kompromissfähigkeit tatsächlich verringert und dass die beteiligten Akteure ein Interesse daran haben, bestimmte Themen auf der Agenda zu halten. Das ist aber dann nicht ursächlich auf eine sozialstrukturelle Lagerbildung zurückzuführen, sondern auf eine Veränderung von Politik und Medien.

In einer solchen Situation wird es für das Publikum – also das Gros der Bevölkerung – schwieriger, sich zu positionieren und einen eigenen Platz im Raum des Politischen zu finden. In einem öffentlichen Diskurs, der von der Gegensätzlichkeit von Positionen lebt, finden ihre Sichtweisen kaum ihren Platz. Sie sind aufgefordert, Partei zu ergreifen, obwohl es ihnen schwerfällt. Man kann die Dualität öffentlicher Positionierungen an vielen anderen Beispielen durchspielen: Für oder gegen die Lieferung bestimmter Waffensysteme an die Ukraine? Für Israel oder Palästina? Für oder gegen die Corona-Maßnahmen? So einfach und mit klaren Alternativen, wie sich diese Fragen im öffentlichen Raum stellen lassen, liegen die Dinge für die meisten Menschen aber nicht. Sie tun sich oft schwer damit, sich für eine Seite zu entscheiden, und finden sich in den polarisierten öffentlichen Debatten oft nicht wieder.

So entsteht im Wechselspiel von öffentlicher Debatte und der beobachtenden oder teilnehmenden Bevölkerung ein Sog dahingehend, sich klarer zu positionieren. Je zugespitzter der Diskurs in Politik und Medien und je weniger Raum für differenzierte Meinungsbildung, desto stärker verfängt dies auch in der Bevölkerung. Die Wahrnehmung einer Polarisierung – also die gefühlte Polarisierung – kann dann in letzter Konsequenz auch zu einer tatsächlichen gesellschaftlichen Spaltung werden. Mit einer „stillen Mitte", die nur wenig in den medialen Diskursen sichtbar wird, und einer Überbetonung besonders starker oder sogar polarer politischer Positionen entsteht der Eindruck, wir lebten tatsächlich in einer polarisierten Gesellschaft. Der Blick hinter die Kulissen zeigt etwas anderes, sodass es darauf ankommen müsste, auch im öffentlichen Diskurs der „stillen Mitte" (mehr) Stimme und Gehör zu verschaffen.

Die Kunst des Miteinander-Redens in Zeiten des Hasses

BERNHARD PÖRKSEN

Es gibt ja ganz unterschiedliche Formen der Erschöpfung und Ermüdung. Die Mattheit am Ende eines langen Tages. Das Gefühl der Zerschlagenheit nach schlechtem Schlaf. Die Kraftlosigkeit nach längerer Krankheit. Und so weiter. Ich will hier und heute den vielen Dimensionen von Ermüdung und Erschöpfung eine weitere hinzufügen. Denn ich selbst leide, wenn ich mich in das Universum der Gegenwartsdebatten hineinbegebe, eigentlich sofort und unmittelbar unter einem Syndrom, das man *rage fatigue* nennen könnte, Empörungserschöpfung, Wutmüdigkeit.[1] Es ist, wenn man so will, die letzte Stufe im Aufregungsspektakel dieser Tage, ein diffuser Entrüstungsekel in Kombination mit einem Gefühl von Sinnlosigkeit, das in die Frage mündet: Wie soll Politik, wie soll die Bekämpfung der Gegenwartskrisen gelingen, wenn schon im Falle von Nonsens, Nichtigkeit und bloß behaupteter Relevanz *so* miteinander geredet und gestritten wird?

---

[1] Dieser Essay basiert auf einem zunächst in der Wochenzeitung Die Zeit abgedruckten Artikel, den ich für die Zwecke dieses Buches überarbeitet, erweitert und mit Belegen und Verweisen versehen habe. Siehe Pörksen, Bernhard, Gut kühlen, in: Zeit Online, 5.2.2020, https://www.zeit.de/2020/07/debattenkultur-internet-twitter-empoerung-deutschland (abgerufen am 7.6.2021). Sowie ebenso und bereits in erweiterter Form: Pörksen, Bernhard, Wutmüdigkeit. Über die Kunst des konstruktiven Streits, in: Frank-Walter Steinmeier (Hrsg.), Zur Zukunft der Demokratie. 36 Perspektiven, München 2022, S. 121–130 und Pörksen, Bernhard, Die Kunst des Miteinander-Redens in Zeiten des Hasses, in: Konrad Paul Liessmann (Hrsg.), Der Hass. Anatomie eines elementaren Gefühls, Wien 2023, S. 220–231. Überdies hätte ich diesen Text nicht schreiben können ohne die Fülle der Anregungen, die ich den Gesprächen mit meinem Kollegen und Freund Friedemann Schulz von Thun verdanke.

Erinnern wir uns nur ein letztes Mal an die weltweite Aufmerksamkeitsekstase im Falle neuer Trump-Tweets; das waren kalkulierte Pöbeleien, die die globale Nachrichtenagenda bestimmten. Bis X, das zu dieser Zeit noch Twitter hieß, Donald Trump von der Plattform verbannte. Und es ruhiger wurde, wesentlich ruhiger. Denken wir an die Wutattacken, denen Politikerinnen und Politiker ausgesetzt waren, die in einem vermeintlich unbeobachteten Moment die Corona-Auflagen verletzten und beispielsweise ihre Maske absetzten, gefilmt und fotografiert von einer digitalen Normpolizei, die mit dem Smartphone bewaffnet umherstreift und Dokumente der Blamage und der Demontage im Zweifel sekundenschnell postet. Entsinnen wir uns der allgemeinen Aufregung über längst vergessene Faschingswitzchen, rekonstruieren wir die Endlosdebatten über das Gendern oder eine angebliche Front von woken Tugendterroristinnen und -terroristen, die das Land mit Sprechverboten überzieht. Wenn man genauer hinschaut, entsteht ein anderes Bild, dann sieht man Nuancen, erkennt Hintergründe, Kontexte. Aber egal. All das hat die Republik in Atem gehalten, ausgelöst und angeheizt von populistischen Zündlern und jenen Boulevardportalen, die ziemlich effektiv Themen setzen, auch und gerade weil sie ihr Publikum vor allem als Klickvieh begreifen. Hauptsache, es knallt! Hauptsache, die Stichflamme der Erregung schießt empor! Aber so richtig!

Das Schema des sinnlosen Kommunikationstaumels ist stets: zuerst der Uraufreger, dann, gepuscht von Empörungsprofis unterschiedlicher Couleur, ein plötzlich aufschäumendes Zusammenspiel sozialer und redaktioneller Medien. Schließlich das immer heftigere Aufeinandereindreschen unterschiedlicher Lager und die Empörung über die Empörung der jeweils anderen Seite. Und zum Schluss das allgemeine Kopfschütteln über den Zustand der Debattenkultur, die Metametaschockiertheit. Das alles ist vielfach beschrieben und bis zum Exzess diagnostiziert worden. Längst bildet die betrübte Metaanalyse ein eigenes publizistisches Genre. Es ist ein Spiel mit klar verteilten Rollen. Manche produzieren die Aufreger, andere verbreiten sie, wieder andere beklagen sie. Und so könnte es weitergehen, immer weiter. Endlos. Bis Wutmüdigkeit und Empörungserschöpfung zur Volkskrankheit der digitalen Zeit geworden sind.

I. Der Untergangsmythos – oder der falsche Fokus auf das hässliche Extrem

Die Götter des Negativismus sind sehr mächtig und werden überall verehrt, auch in der gesellschaftlichen Mitte. Das Zeitalter der Fakten ist vorbei, so heißt es, der Diskurs erloschen, das Rationalitäts- und Realitätsprinzip pulverisiert, die Öffentlichkeit liegt „in Trümmer" (Eva Menasse).[2] Aber stimmt das? Natürlich nicht, zumindest nicht in dieser Grundsätzlichkeit. Es gibt, ohne Frage, ein Übermaß an verbaler Aggression, eine Verpöbelung von Diskurs und Debatte, entsetzliche Formen der Menschenjagd, online wie offline. Es gibt aber auch bedrückende Formen der moralisierenden Empfindlichkeit, hypersensible Versuche der Diskursreinigung und bemüht-betuliche Triggerwarnungen, die sich aus Sicht der empirischen Forschung zunehmend als fraglich erweisen, weil sie vorhandene Ängste bei Traumatisierten womöglich sogar verstärken.[3] Und es gibt (und das ist die gute Nachricht) in Schulen, Universitäten, Unternehmen und Redaktionen längst ein Bemühen um echte Wertschätzung, Respekt, Achtsamkeit und Authentizität, das aufgrund der medialen Fixierung auf das Misslingende und bedrückend Konflikthafte so gut wie gar nicht vorkommt. Das heißt: Wir leben, kommunikationsanalytisch betrachtet, in einer *Gesellschaft der Gleichzeitigkeiten*.[4] Und der Hass ist das hässliche Extrem, das man nicht für das Ganze nehmen sollte. Warum? Weil es gilt, die Pöbler und Hater als die radikale, boshafte Minderheit vorzustellen, die sie sind. Und weil die gesellschaftliche Mitte vor der Frage steht: Bedient sie selbst – in formaler Ähnlichkeit zu den rechtspopulistischen Nar-

---

[2] Siehe Menasse, Eva, Alles geht in Trümmer – und das, was Öffentlichkeit war, wird bald nicht einmal mehr eine Erinnerung gewesen sein, in: NZZ.ch, 27.5.2019, https://www.nzz.ch/feuilleton/eva-menasse-sieht-die-oeffentlichkeit-vor-dem-zerfall-ld.1484079 (abgerufen am 14.10.2019).

[3] Zur möglichen Kontraproduktivität von Triggerwarnungen siehe exemplarisch die folgende Studie: Jones, Payton J./Bellet, Benjamin W./McNally, Richard J., Helping or Harming? The Effect of Trigger Warnings on Individuals with Trauma Histories, in: OSFPreprints, 10.7.2019, https://osf.io/axn6z/ (abgerufen am 18.07.2019).

[4] Zu den Theorien der Gleichzeitigkeit bzw. – im Sinne von Ernst Bloch – der *Ungleichzeitigkeit* siehe auch Bloch, Ernst, Erbschaft dieser Zeit, Frankfurt a. M. 1977, insbesondere S. 104 ff., sowie Bausinger, Hermann, Ungleichzeitigkeiten. Von der Volkskunde zur empirischen Kulturwissenschaft, in: Helmuth Berking/Richard Faber (Hrsg.): Kultursoziologie – Symptom des Zeitgeistes? Würzburg 1987, S. 267–285.

rativen des Niedergangs ("Tugendterror!", "Meinungsdiktatur!") – die Sprache der Eskalation? Produziert sie also – im Bemühen, zu warnen und die eigenen Prophezeiungen und Behauptungen eben gerade *nicht* Wirklichkeit werden zu lassen – womöglich längst selbst Zerrbilder der Kommunikationsrealität, die im Extremfall einen toxischen Pessimismus und die Entmutigung der Engagierten befördern?

2. Der Rezeptmythos – oder die Zukunftstugend der respektvollen Konfrontation

Es existiert, leider oder glücklicherweise, keine Weltformel der Diskursrettung. Menschliche Kommunikation ist auf herrliche und doch beunruhigende Weise unberechenbar, sie programmiert die Überraschung in der Art, wie das Gesagte aufgefasst und das eigentlich Gemeinte missverstanden werden kann. Gewiss, damit das Miteinander-Reden und das Miteinander-Streiten gelingen, braucht es den Abschied von absoluten, dogmatisch verfochtenen Wahrheitsvorstellungen und den großen und kleinen Ideologien des eigenen Alltags – warum sollte man sonst sprechen, Ideen austauschen, im Gespräch nach einer Synthese suchen? Natürlich, wer das Kommunikationsklima verbessern will, der muss das Zögern lernen, die um Genauigkeit ringende Bewertung. Denn die Ad-hoc-Reaktion im Affekt, der kommentierende Sofortismus in einer ohnehin überhitzten Atmosphäre, die symmetrische Eskalation durch immer neue, immer schärfere Stellungnahmen – all das ist tendenziell destruktiv. Selbstverständlich, wer das Individuum in eine Klischee-Schublade sperrt (*weißer alter Mann, hysterische Feministin, frustrierter Ostdeutscher*), der produziert unvermeidlich Kränkungen, weil die pauschale Abwertung und der brutale Reduktionismus unvermeidlich kränkend sind. Aber sonst? Die gesellschaftliche Mitte muss – gerade weil die Gereiztheit so massiv geworden ist – aus der einigermaßen fruchtlosen, von binären Denkmustern regierten Metadebatte ("Mit allen reden!" versus: "Auf keinen Fall!") aussteigen und sich vom Schematismus des Rezept-Denkens verabschieden. Gerade jetzt und gerade heute braucht es die maximale Beweglichkeit in der Wahl der Mittel auf dem Weg zu einer individuell stimmigen

„Mischung aus Offenheit und robuster Zivilität"[5] (Timothy Garton Ash). Nötig sind, um rollen- und situationsgerecht zu reagieren, alle möglichen Register der Kommunikation: ein hellwaches Bewusstsein für die Nuance, Empathie und Verständnis, Toleranz und Streitbarkeit sowie die absolut entschiedene Intoleranz gegenüber einer Intoleranz, die auf die Zersetzung der Demokratie zielt. Und manchmal braucht es auch das Eingeständnis der eigenen Ratlosigkeit, der Trauer und Traurigkeit über das rasche Verlöschen eines Gesprächs im bloßen Gezeter und Geschrei. Und noch etwas. Je unvermittelter und direkter – zumal unter vernetzten Bedingungen – radikal andersartige Perspektiven und Weltbilder aufeinanderprallen, desto wichtiger wird die Zukunftstugend der respektvollen Konfrontation: nicht ausweichen, sich nicht opportunistisch wegducken, aber auch die Ablehnung einer Position nicht zur Attacke auf die Person und den „ganzen" Menschen ausweiten. Nur so gelingt, vielleicht und ohne jede Garantie, der Streit ohne sinnlose Abwertung.

3. Der Dialogmythos – oder die Gefahr der Heuchelei

Wenn Protestierende auf den Straßen wüten, Pegida-Anhänger marschieren, Rechtspopulisten die Parlamente stürmen, dann treten regelhaft Politikerinnen und Politiker der Mitte auf den Plan und fordern, man müsse „die Sorgen und Nöte der Menschen ernst nehmen", „das Gespräch auf Augenhöhe" suchen, „wirklich zuhören" und endlich „miteinander reden."[6] Das Problem: Menschen sind Expertinnen und Experten bei der Entlarvung von Heuchelei. Sie spüren mit sehr feinen Antennen, wenn das Gesprächsangebot nur als pseudotherapeutische Beschwichtigungsfloskel zur Konfliktvermeidung und Trick zur raschen Besänftigung taugen soll. In einem Dialog, der diesen Namen verdient, muss man voraussetzen, dass der andere Recht haben könnte und mit

---

[5] Ash, Timothy Garton, Redefreiheit. Prinzipien für eine vernetzte Welt. München 2016, S. 316.
[6] Siehe hierzu kritisch Goltermann, Svenja/Sarasin, Philipp: #Zuhören. Die politischen Fallstricke einer schönen Idee, in: Geschichte der Gegenwart, (6.1.2019), https://geschichtedergegenwart.ch/zuhoeren-die-politischen-fallstricke-einer-schoenen-idee/ (abgerufen am 19.1.2021).

seiner Position (und als Person ohnehin) Anerkennung und Wertschätzung verdient. Die gleichermaßen einfache und schwierige Schlüsselfrage lautet daher: Will man das wirklich? Ist die Gesprächsanstrengung, die Anerkennung der anderen Position, also ernst gemeint? Bei der Klärung der eigenen Dialog- und Diskursbereitschaft hilft es, *Verstehen*, *Verständnis* und *Einverständnis* zu unterscheiden, wie der Kommunikationspsychologe Friedemann Schulz von Thun vorschlägt.[7] Denn natürlich muss man verstehen, was der andere sagt, eine Äußerung also in ihrem Sinngehalt erst einmal erfassen. Wie ließe sich sonst entscheiden, ob sich das Miteinander-Reden lohnt und wann die konfrontative Abgrenzung gefordert ist? Aber hat man auch Verständnis, kann also Motive, Empfindungen und Empfindlichkeiten zumindest nachvollziehen, auch wenn man sie nicht teilt? Eben das gilt es herauszufinden und erst in der Auseinandersetzung zu eruieren. Und ist, wer dies vermag, deshalb automatisch einverstanden mit dem, was der andere sagt? Keineswegs. Kurz und knapp: Diese kleine Drei-Stufen-Lehre dient einerseits der Selbstklärung und andererseits dazu, den eigenen Standpunkt zu präzisieren und die Gesprächsbereitschaft gegebenenfalls auch öffentlich zu verteidigen. Man kann nun auch, wenn das Bemühen, den anderen auch nur zu verstehen, vorschnell als Einverständnis skandalisiert und als mehr oder minder offensichtliche Sympathiekundgabe für falsche Positionen interpretiert wird, kontern; dies schon allein deshalb, weil man präzisere Kategorien zur Verfügung hat.

4. Der Filterblasenmythos – oder die Technisierung der Angst

Das Filterblasenmodell, 2011 von Eli Pariser in einem Buch in die Welt gesetzt, ist einer der mächtigsten Kommunikationsmythen der Gegenwart.[8] Algorithmen trennen uns, so heißt es. Sie locken uns in einen Tunnel der Selbstbestätigung hinein und bilden ein der reflektierenden

---

[7] Siehe hierzu Pörksen, Bernhard/Schulz von Thun, Friedemann, Die Kunst des Miteinander-Redens. Über den Dialog in Gesellschaft und Politik. München 2020, S. 97 ff.

[8] Siehe Pariser, Eli, Filter Bubble. Wie wir im Internet entmündigt werden. München 2012.

Analyse kaum noch zugängliches Wahrnehmungsgerüst, das Menschen auf perfide Weise voneinander trennt. Denn diese ahnen nicht einmal, dass sie in isolierten Realitätsenklaven vor allem mit ihresgleichen diskutieren. Die Lösung in dieser Logik, die z. B. von X/Twitter und von diversen Diskurs-Initiativen überall auf der Welt auch propagiert wird: die Filterblasen aufsprengen – und zwar mithilfe einer besseren Software, die die Perspektivenvielfalt programmiert. Hier zeigt sich wie unter einem Brennglas, wie entschieden man in die Irre marschieren kann, wenn man das sehr reale soziale Problem einer zunehmenden Segregation von Milieus zuerst mithilfe einer technischen Manipulations- und Determinationsphantasie diagnostiziert, um es dann – eben in dieser Spur der Betrachtung – auch primär technisch zu behandeln und zu heilen.[9] Denn Fakt ist: Menschen suchen sich ihresgleichen, analog und digital. Sie schaffen sich in dem Bedürfnis nach Selbstbestätigung und dem Austausch mit Gleichgesinnten ihre Filterblasen selbst, leben in Echokammern der Marke Eigenbau. Und überdies gilt: Die pauschale Kontakttheorie, die auf der Prämisse basiert, dass die Konfrontation mit anderen Auffassungen die Polarisierung unter allen Umständen dämpft, ist nachweislich falsch.[10] Es nützt nichts, wie Experimente zeigen, Rechten die Tweets von Linken in die Timeline zu spülen und ihnen die Postings von LGBTQ-Aktivistinnen und -Aktivisten vorzusetzen, um auf diese Weise gemäßigtere Positionen algorithmisch zu induzieren. Im Gegenteil. Die Verhärtung der Standpunkte nimmt, wenn man dies tut, eher zu – und zwar in direkter Abhängigkeit vom Ausmaß der ideologischen Vorfixierung der Dis-

---

[9] Zum Problem sozialer Segregation und den vielfältigen Ursachen siehe im Blick auf die USA Boyd, Danah, Why America Is Self-Segregating, in: Medium, 5.1.2017, https://medium.com/datasociety-points/why-america-is-self-segregating-d881a39273ab (abgerufen am 16.4.2024).

[10] Siehe Bail, Christopher A./Argyleb, Lisa P./Brown, Taylor W./Bumpus, John P./Chen, Hao-han/Hunzaker, M. B. Fallin/Leea, Jaemin/Mann, Marcus/Merhout, Friedolin/ Volfovsky, Alexander, Exposure to Opposing Views on Social Media Can Increase Political Polariza-tion, in: PNAS 115, 37 (2018), S. 9216–9221, sowie Klein, Ezra, When Twitter Users Hear Out the Other Side, They Become More Polarized, in: Vox, 18.10.2018, https://www.vox.com/policy-and-politics/2018/10/18/17989856/twitter-polarization-echo-chambers-social-media (abgerufen am 27.1.2020), sowie Bail, Christopher, Twitter's Flawed Solution to Political Polarization, in: NYTimes.com, 8.11.2018, https://www.nytimes.com/2018/09/08/opinion/sunday/twitter-political-polarization.html (abgerufen am 27.1.2020).

kursteilnehmer. Die vermeintliche Lösung der Dauerkonfrontation mit anderen und mit konträren Ansichten ist also der Therapievorschlag, der das Problem verschärft. Ohnehin kann man unter vernetzten Bedingungen der Konfrontation mit anderen Auffassungen nicht mehr wirklich ausweichen, wie Studien in großer Zahl zeigen. Wir leiden also, so meine These, unter dem *Filterclash,* dem permanenten Aufeinanderprallen von Parallelöffentlichkeiten, sind dem Stress der Dauerirritation durch andere Auffassungen ganz unmittelbar und im eigenen Kommunikationskanal ausgesetzt. Und wir können uns zwar abschotten, aber nicht einigeln. Die positive Filtersouveränität ist, wie der Netztheoretiker Michael Seemann vermerkt, möglich, weil wir uns in unsere Wirklichkeitsblase hineingoogeln können. Aber die negative Filtersouveränität – die Ausschaltung und Abdrängung unerwünschter Perspektiven – ist in der digitalen Sphäre nicht machbar.[11]

Das bedeutet in der Konsequenz: Wir sehen unter den aktuellen Medienbedingungen nicht *zu wenig,* sondern *zu viel* Andersartigkeit. Die grundsätzliche Umkehrung der Problembeschreibung, die ich hier vorschlage, ist folgenreich. Denn man erkennt, wenn man nun dieser Spur des Denkens folgt, was ein auf Verstehen und Verständigung setzender Diskurs tatsächlich braucht: Behutsamkeit, Zeit, die richtigen Orte, die ungestörtes Sprechen ermöglichen, geklärte Kontexte und den direkten, gesellschaftlich und institutionell geförderten Kontakt sowie die Gelegenheit zur vertiefenden Kooperation. Kurzum: Ein soziales Jahr und Initiativen wie „Deutschland spricht" sind im Sinne eines tatsächlich effektiven Empathietrainings besser als jede neue Software.

---

[11] Zu der Unterscheidung von positiver und negativer Filtersouveränität siehe Seemann, Michael, Das neue Spiel. Strategien für die Welt nach dem digitalen Kontrollverlust. Freiburg 2014, S. 185 und 194 f. sowie Seemann, Michael, Das Regime der demokratischen Wahrheit IV – It's the Culture, Stupid, in: ctrl-verlust.net, 20.3.2017, http://www.ctrl-verlust.net/breitbart-alt-right-filterbubble/ (abgerufen am 22.5.2017).

5. Der Polarisierungsmythos – oder eine Warnung vor der Verzagtheit

Die Angst vor dem Verlust des gesellschaftlichen Zusammenhalts nimmt in vielen Ländern Europas zu. Aber man kann, ohne ketzerische Absichten, fragen: Ist Polarisierung eigentlich immer schlecht? Und sollte man sich die Gesellschaft tatsächlich als einen einzigen, riesenhaften Stuhlkreis imaginieren, in dem permanent wertschätzende, empathische Ich-Botschaften formuliert werden? Definitiv nicht, denn das wäre gelebte Dissensvermeidung, die Simulation eines Konsensus, der weder existiert noch wünschenswert wäre. Demokratie ist, um eine erhellende Formulierung Adolf Arndts aufzugreifen, die „politische Lebensform der Alternative".[12] Und die Gegenüberstellung und die Konfrontation der Standpunkte ist Ausdruck und sichtbare Form, die Alternativen des Denkens und Handelns im Diskurs bekommen. Darüber hinaus ist Dissens eine wesentliche Phase in der Auseinandersetzung und enthält das Potenzial der Klärung im Konflikt. Insofern lohnt es sich weiter zu fragen: Gibt es zu viel oder zu wenig Polarisierung? Hier wäre meine Antwort: sowohl als auch. Denn entscheidend ist doch, über welche Fragen man in welcher Form disputiert. Bedingt durch die Hass-Seuche und die sich ausbreitende Furcht vor dem Schwinden von Respekt und Rationalität hat sich in der gesellschaftlichen Mitte inzwischen eine Harmonie- und Konsenssehnsucht ausgebreitet, die reale Gegensätze und drängende Zukunftsfragen verdeckt, sie politisch nicht wirklich diskutierbar macht. Was fehlt, sind die *programmatische Polarisierung* unter den gemäßigten Parteien, der harte Streit in der Sache über langfristige Alternativen des Denkens und Handelns und radikal unterschiedliche Zukunftsbilder der ökologischen Modernisierung, der gelingenden Integration und der digitalen Bildung. In dem aktuell erlebbaren Sinnvakuum einer ratlosen Mitte und einer von Krisenfurcht und Deutlichkeitstabus geprägten Atmosphäre kann das Spektakel der *populistischen Polarisierung* und der persönlichen Diffamierung ungehindert wuchern und die Emotion an Stelle der Vision treten, so meine

---

[12] Arndt, Adolf, Die Rolle der Massenmedien in der Demokratie, in: Martin Löffler (Hrsg.): Die Rolle der Massenmedien in der Demokratie, München/Berlin 1966, S. 2.

Befürchtung. Die Wiederkehr großer, elektrisierender, im besten Sinne utopischer Debatten könnte hingegen die untergründig längst spürbare Zukunftsunruhe in konstruktivere Bahnen lenken. Denn derartige Debatten würden doch immerhin eines signalisieren: Es gibt sie, die Anstrengung des Denkens, die sich dem Problemdruck und den globalen Herausforderungen der Gegenwart gewachsen zeigen will.[13]

Nur: Reicht das schon? Es wäre naiv, allein auf den Streit in der Sache und die besänftigende Kraft von programmatischen Narrativen zu setzen. Denn in Zeiten der globalen Vernetzung sind wir unvermeidlich mit einem Maximum an verstörender Unterschiedlichkeit konfrontiert. Und das heißt: Wir driften in ein Jahrhundert der Kommunikationskonflikte, schon allein, weil all die Daten und Dokumente, die guten und bösen Botschaften, einmal digitalisiert, eine neue Leichtigkeit und Beweglichkeit besitzen und im Zweifel alle mitzündeln können, sich also Konflikte nicht mehr in paternalistischer Weise für beendet erklären lassen. In einer solchen Situation verwandelt sich das Miteinanderreden und Miteinanderstreiten in eine anspruchsvolle Kunst, wird es doch zugleich wichtiger und schwieriger. Und es muss überdies im Angesicht von Katastrophen, deren Bewältigung die globale Kooperation verlangt, notwendig effektiver werden, sich von sinnloser Resignation lösen und von den Mythen einer falschen Einfachheit befreien. Ob das gelingt? Demokratinnen und Demokraten sind bis zum absolut endgültigen Beweis des Gegenteils zum Diskursoptimismus verpflichtet, müssen an die Mündigkeit des Gegenübers und die Kraft des besseren Arguments glauben. Das ist das utopische Zentrum ihrer implizit vorausgesetzten Anthropologie. Aber der Einsatz ist hoch. Was auf dem Spiel steht, so viel lässt sich ohne Übertreibung und ohne apokalyptische Dramatisierung sagen, ist die Welt, wie wir sie kennen.

---

[13] Siehe hierzu auch den fulminant formulierten Essay von Bernd Ulrich, der eine vehemente Kritik „gradueller" Politik und des verzagten Sachzwang-Denkens im Angesicht globaler Krisen formuliert: Ulrich, Bernd, Wie radikal ist realistisch?, in: Zeit Online, 13.6.2018, https://www.zeit.de/2018/25/demokratie-deutschland-politische-mitte-radikalitaet-westen (abgerufen am 31.8.2018).

Klimaschutz sozial gerecht gestalten

ANITA ENGELS

1. Die Dringlichkeit des Klimaschutzes

Der von Menschen verursachte Klimawandel bringt eine Dringlichkeit zum gemeinsamen Handeln mit sich. Die physikalischen Zusammenhänge, aus denen die Dringlichkeit abgeleitet wird, sind hinlänglich bekannt und wissenschaftlich breit abgesichert. Sie werden in den Risikoabschätzungen des Weltklimarates (Intergovernmental Panel on Climate Change, IPCC) regelmäßig aktualisiert. In vielen globalen Entscheidungszentralen kann man beobachten, dass als Reaktion auf die Dringlichkeitshinweise immer mehr und immer weitreichendere Klimaziele vereinbart werden – sowohl von Regierungen, die das Pariser Klimaschutzabkommen von 2015 unterzeichnet haben, als auch von großen Unternehmen, die für einen wesentlichen Anteil der Treibhausgasemissionen verantwortlich sind. Im Hamburger Exzellenzcluster „Klima, Klimawandel und Gesellschaft (CLICCS)" beschäftigen wir uns mit der Frage, wie plausibel es ist, dass diese Ziele erreicht werden können, sodass das Pariser Klimaziel insgesamt eingehalten werden kann. Unsere Analysen bringen neben den physikalischen Aspekten zusätzlich auch noch einige gravierende gesellschaftliche Aspekte in den Fokus der Aufmerksamkeit, die die Dringlichkeit des Problems eher noch verschärfen. In einer realistischen Analyse der gesellschaftlichen Voraussetzungen für erfolgreichen Klimaschutz bleibt uns leider nichts anderes übrig, als immer wieder darauf hinzuweisen, dass die Gesellschaft global betrachtet weit davon entfernt ist, den Klimawandel wirklich einzudämmen.[1] Die gesellschaftliche Transformation, die die Voraussetzungen für gelingenden Klimaschutz überhaupt erst schafft, ist bestenfalls in Ansätzen vorhanden. Wichtige Bereiche der Transformation – z. B. Energiewende, Mobilitätswende, Ernährungswende – können in den bestehenden gesellschaftlichen Verhältnissen nicht ausreichend Fahrt aufnehmen. So weit also zur Dringlichkeit des Problems. Was ist nun aber zu tun? Wie kann gemeinsames Handeln befördert werden, damit die gesellschaftliche Transformation beschleunigt bzw. in einigen Bereichen überhaupt erst gestartet werden kann?

2. Die Bedeutsamkeit von sozial gerechtem Klimaschutz

Ein Grund, warum die Transformation nur schwerfällig in Gang kommt, sind die extrem ungleichen Verteilungen der Verursachung von Treibhausgasen und der Betroffenheit von den Folgen des Klimawandels. Die Verteilung der Verursachung kann auf unterschiedliche Weisen abgebildet werden. Eine Möglichkeit ist, die unterschiedlichen Beiträge von Staaten zu vergleichen, insbesondere unter Berücksichtigung der historischen Dimension. Eine andere Möglichkeit besteht in der Betrachtung des zukünftig verfügbaren Budgets an Treibhausgasemissionen, das noch ausgestoßen werden kann, ohne die Pariser Klimaziele zu gefährden. Dieses Budget wird z. B. heruntergebrochen auf einzelne große Unternehmen, die diese Berechnungen dann für ihre unternehmenseigenen Ziele verwenden können.[2] Eine weitere, für viele unmittelbar einleuchtende Betrachtung der Verursachung ist eine Pro-Kopf-Betrachtung, die vor allem den individuellen Konsum und den jeweiligen Anteil an der Nutzung vorhandener Infrastrukturen zusammenführt. Jede dieser Betrachtungen zeigt große Ungleich-

---

[1] Vgl. die Langfassungen dieser Untersuchungen in Detlef Stammer et al. (Hrsg.), Hamburg Climate Futures Outlook 2021. Assessing the plausibility of deep decarbonization by 2050, (CLICCS), Hamburg 2021, sowie Anita Engels et al. (Hrsg.), Hamburg Climate Futures Outlook 2023. The plausibility of a 1.5°C limit to global warming – Social drivers and physical processes, CLICCS, Hamburg 2023. DOI: 10.25592/uhhfdm.11230. Kurzfassungen der Analysen in Deutsch und Englisch sind nachzulesen unter https://www.cliccs.uni-hamburg.de/de/research/climate-futures-outlook.html.

[2] Das sind die sogenannten Science Based Targets.

heiten auf. Manche (Staaten, Unternehmen, Individuen) sind deutlich stärker verantwortlich für den fortgesetzten Ausstoß von Treibhausgasen als andere.

Ungleichheit lässt sich auch im Hinblick auf die bereits sichtbaren und die zukünftigen Folgen des Klimawandels festhalten. Zwar kann davon ausgegangen werden, dass keine Weltregion verschont bleiben wird von negativen bis sehr zerstörerischen Klimawandelfolgen, aber die Möglichkeiten, mit diesen Folgen vorbeugend und nachsorgend umzugehen, sind extrem ungleich verteilt. Auch wenn das nur eine sehr stark vereinfachte Faustformel darstellt: Prinzipiell kann davon ausgegangen werden, dass es einen negativen Zusammenhang zwischen dem Anteil an der Verursachung des Klimawandels und der Betroffenheit durch negative Folgen des Klimawandels geben wird. Die Länder des Globalen Südens werden stärker betroffen sein, und auch im Globalen Norden werden ärmere Bevölkerungsschichten wesentlich stärker unter den Folgen leiden müssen als sehr wohlhabende Schichten, obwohl Letztgenannte mit ihrem Lebensstil wesentlich stärker zum Problem beigetragen haben.

Aus dieser Betrachtung folgt, dass es eine große Ungerechtigkeit gibt im Hinblick auf die Verursachung des Klimaproblems und die Betroffenheit durch seine Folgen. Eine sozial gerechte Ausgestaltung der Klimaschutzpolitik setzt daran an und kann dadurch zu verbesserten gesellschaftlichen Bedingungen für die dringend erforderliche Transformation beitragen. Knapp zusammengefasst lautet die These: Wenn das Verursacherprinzip durchgesetzt wird, kann der Klimaschutz an der Quelle ansetzen und zu einem schnelleren Ausstieg aus der fossilen Welt führen. Wenn die besonders stark Betroffenen geschützt werden, können die Folgen des Klimawandels dramatisch abgemildert werden. Wenn beides glaubhaft in Angriff genommen wird, kann Klimaschutz als Gemeinschaftsaufgabe begriffen und auf eine breite gesellschaftliche Basis gestellt werden.

3. Wie kann Klimaschutz sozial gerecht gestaltet werden?

Gegenwärtig findet ein intensiver gesellschaftlicher Aushandlungsprozess um die konkrete Ausgestaltung des Klimaschutzes in Deutschland statt. Diese Aushandlung findet im Bereich der Politik statt, wird über Klimaklagen ins Rechtssystem getragen und erfährt großen Widerhall in öffentlichen Diskussionen. In der politischen Debatte lässt sich eine gewisse Akzeptanzfixiertheit beobachten. Transformation wird hier häufig vor allem technologisch gedacht, während die gesellschaftliche Dimension der Transformation mit der Frage adressiert wird, wie die Akzeptanz in der Bevölkerung für die technologischen Veränderungen und für die Kosten des Klimaschutzes erhöht werden kann. Dieses Verständnis von gesellschaftlichen Prozessen greift jedoch viel zu kurz. Es ist nicht nur eine Akzeptanz im Sinne einer passiven Hinnahme von Maßnahmen und Belastungen erforderlich, sondern eine viel weiter gehende aktive Trägerschaft für Klimaschutz in ganz vielen unterschiedlichen Bereichen der Gesellschaft. Es geht nicht nur um Stillhalten und Ertragen, sondern um das aktive Mitmachen.[3]

Ein sehr wichtiger Schritt auf dem Weg zu dieser aktiven Trägerschaft besteht darin, die Klimaschutzpolitik sozial gerecht auszugestalten. Was das konkret bedeuten kann, wird im Folgenden als Dreischritt skizziert: Sozialverträglichkeit – soziale Gerechtigkeit – sozial gerechte Klimaschutzpolitik.

Sozialverträglichkeit

Viele Beiträge zu politischen Debatten zum Thema Klimagerechtigkeit knüpfen zunächst an den Gedanken der Sozialverträglichkeit an. Da der Klimaschutz in bestimmten Bereichen Kosten verursachen wird, soll sichergestellt sein, dass niemand dadurch finanziell überfordert

---

[3] Vgl. Aykut, Stefan C. u. a., Energiewende ohne gesellschaftlichen Wandel? Der blinde Fleck in der aktuellen Debatte zur „Sektorkopplung", in: Energiewirtschaftliche Tagesfragen Nr. 3 (2019), S. 20–24, sowie Pohlmann, Angela u. a., It's not enough to be right! The climate crisis, power and the climate movement, in: GAIA 30 (2021), S. 231–236.

wird. Dabei handelt es sich eigentlich nur um eine Mindestanforderung an Klimaschutzmaßnahmen, damit die Transformation eher befördert als verhindert werden kann. Es geht darum, die Kosten des Klimaschutzes so zu verteilen, dass übermäßige Belastungen der Haushalte am unteren Einkommens- und Vermögensende abgefedert und ausgeglichen werden, um soziale Härtefälle zu vermeiden. Das von der Ampelkoalition beschlossene Klimageld ist ein mögliches Instrument, um dieses Ziel zu verfolgen – dabei geht es um eine Pro-Kopf-Auszahlung, die für die unteren Einkommensschichten eine relativ größere Entlastung bedeutet. An den fortgesetzten politischen Auseinandersetzungen darum zeigt sich jedoch die mangelnde Glaubwürdigkeit und Ernsthaftigkeit, mit der dieser Ansatz verfolgt wird. Es gibt noch keinen Mechanismus für die Auszahlung, das ist also ein verwaltungstechnisches Problem. Haushaltsmittel dafür sind gerade nicht in Sicht, und sollten diese beiden Probleme doch noch in der laufenden Legislaturperiode gelöst werden sollen, wäre die entlastende Wirkung angesichts der Inflationsrate wohl eher gering. Hier zeichnet sich daher ein konkretes politisches Problem ab, da eine Mindestanforderung für Klimaschutzmaßnahmen bereits nicht erfüllt wird.

Soziale Gerechtigkeit

Soziale Gerechtigkeit ist aber mehr als „nur" die Mindestanforderung der Sozialverträglichkeit. Sie bedeutet eine faire Gesamtverteilung von Kosten, Nutzen und Verantwortung. Soziale Gerechtigkeit entscheidet sich dabei nicht allein am unteren Einkommens- und Vermögensende, sondern es geht auch um die Betrachtung der sehr hohen Einkommen und vor allem Vermögen sowie um die Betrachtung der großen Mittelschicht, die einen besonders wichtigen Beitrag zum Klimaschutz leisten kann.

Eine Pro-Kopf-Betrachtung des Treibhausgasausstoßes zeigt für Deutschland zunächst einmal eine moderat positive Entwicklung. Die Pro-Kopf-Emissionen haben sich in Deutschland in den letzten Jahrzehnten deutlich verringert. Sie liegen gerade bei ungefähr 10 Tonnen Treibhausgasemissionen pro Kopf pro Jahr. Das ist noch weit von der erforderlichen Reduzierung entfernt, aber der Trend stimmt – die Entwicklung geht in die richtige Richtung, nämlich insgesamt nach unten. Aber diese Pro-Kopf-Durchschnittsbetrachtung verdeckt massive soziale Ungerechtigkeiten. Es gibt eine enorme Spreizung bei den Pro-Kopf-Emissionen, also eine extreme Ungleichheit in der Verursachung der Emissionen. Am unteren Einkommensende werden 3–5 Tonnen pro Kopf pro Jahr verursacht. „Erreicht" wird dieser im Sinne des Klimaschutzes niedrige Wert durch Mangel. Personen in diesem unteren Spektrum weisen ein sehr niedriges Konsumniveau auf, sie besitzen kein Auto und wohnen auf engem Raum. All das senkt ihren persönlichen Verbrauch. Ganz am oberen Ende liegt die Verursachung geschätzt bei etwa 11 000 Tonnen pro Kopf pro Jahr. „Erreicht" wird das durch Konsum, Wohnflächen, Mobilität und Investitionen. Zum ungleichen Verbrauch kommt der ungleiche Anteil am bisherigen Klimaschutzerfolg: Die Emissionssenkung, die in Deutschland erreicht wurde, wurde vor allem in den unteren zwei Dritteln der Einkommensskala erzielt. Das obere Drittel hat zu den Einsparungen, also zu der gerade skizzierten Erfolgsstory, unterdurchschnittlich beigetragen. Ganz am oberen Ende, bei den Superreichen, sind die Pro-Kopf-Emissionen sogar gestiegen.

Diese fehlende soziale Gerechtigkeit bei den Emissionen und den Emissionseinsparungen stellt ein doppeltes Problem dar: Erstens wird ein großes Einsparpotenzial nicht angerührt. Man schätzt, dass in Deutschland die einkommensstärksten 10 Prozent etwa so viel wie die unteren 40 Prozent zusammen verbrauchen. Zweitens, und das ist noch viel gravierender: Die offensichtliche Ungerechtigkeit und die mangelnde Fairness der Verteilung untergraben die Motivation und die Bereitschaft insgesamt, sich auf Klimaschutzmaßnahmen einzulassen.

Die Frage ist also, wie eine faire Verteilung von Kosten, Nutzen und Verantwortung auch am oberen Ende der Einkommens- und Vermögensskala erreicht werden kann.

Sozial gerechte Klimaschutzpolitik

Die Frage, wie eine sozial gerechte Klimaschutzpolitik ganz konkret ausgestaltet werden könnte, wird nun an drei Beispielbereichen diskutiert: Mobilität, Beschäftigung und Soziale Arbeit.

Mobilität: Dieser Bereich hat in den letzten Jahren eine massive Förderung der Elektromobilität erlebt sowie den Start des Deutschlandtickets. Beide Maßnahmen zeigen bereits große Wirkung. Das Deutschlandticket wurde über 11 Millionen Mal verkauft. Geschätzte 8 Prozent Neukund*innen konnten dadurch erschlossen werden. Profitiert haben davon aber bisher vor allem die mittleren Einkommen, da es für kinderreiche Haushalte im unteren Einkommenssegment kaum zu finanzieren ist. Auch ein Auto mit Elektroantrieb ist für Haushalte im unteren Einkommens- und Vermögenssegment nach wie vor unrealistisch. Gleichzeitig steigt die Anzahl der Flüge von Privatjets. Hier gibt es einen sehr hohen Anteil von Kurzstreckenflügen innerhalb Deutschlands. Viele dieser Flüge sind zudem Leerflüge. Hier handelt es sich um eine Form von Mobilität, die überproportional viel emittiert und für die es keinerlei regulative Begrenzung gibt. Wenn man wirklich eine sozial gerechte Mobilitätswende erreichen will, muss man auf beide Enden und ins Mittelfeld schauen – überall muss es Anreize geben, umzusteigen.

Konkret hieße das: Das Deutschlandticket müsste eigentlich noch günstiger werden, zumindest für einkommensschwache Haushalte. Die andauernde Diskussion um eine Erhöhung des Preises ist kontraproduktiv. Und anders herum: Die High-End-Mobilität mit Privatjets müsste auf den Prüfstand gestellt werden. Alle Koalitionsparteien haben sich zwar festgelegt, dass es hier keine Verbote geben darf, egal wie klimaschädlich diese Mobilität ist. Strengere Regeln zumindest zur Eindämmung von Ultrakurzflügen wären aber durchaus möglich.

Beschäftigung: Sozial gerechter Klimaschutz besteht vor allem darin, viele neue Jobs in klimafreundlichen Branchen zu schaffen, also sichere Beschäftigungsverhältnisse in Zukunftsbranchen bereitzustellen. Es gibt dazu immer wieder Ansätze der Industriepolitik, in denen einzelne zukunftsweisende Branchen staatlich gefördert werden. Außerdem gibt es verschiedene Förderprogramme, die sich an mittelständische Unternehmen wenden und hier insbesondere am Energieverbrauch ansetzen. Das ist gerade für Deutschland ganz zentral, weil mittelständische Unternehmen eine so tragende Rolle spielen. Auch sie müssen in die Lage versetzt werden, eine aktive Trägerschaft für den Klimaschutz zu übernehmen. Ein Bereich, der typischerweise nicht so in den Fokus gerät, sind die knapp 300 000 Betriebe im Klein- und Kleinstgewerbe, also Friseursalons, Kosmetikstudios, Gebäudereinigung, Imbissstuben, Kioske. Mehrere 100 000 Einkommen sind mit diesen Gewerben verknüpft. Es geht also darum, Wege zu entwickeln, wie man all diese Kleinstbetriebe nicht nur davor bewahrt, finanziell immer stärker belastet zu werden, sondern wie man mit ihnen zusammen neue klimafreundliche Geschäftsmodelle entwickelt, die sie einfach umsetzen können und die sie zu aktiven Trägern des Klimaschutzes machen. Das ist nicht nur im Hinblick auf Emissionseinsparungen wichtig, sondern auch in motivationaler Hinsicht. Diese Klein- und Kleinstbetriebe sind sehr wirksame Multiplikatoren, die der sich ausbreitenden Negativstimmung in der Bevölkerung leicht etwas entgegensetzen könnten, wenn Klimaschutz sich für sie auszahlte.

Letzter Punkt: die **Soziale Arbeit**. Sozialarbeit wird in Deutschland typischerweise von sozialen Einrichtungen, also den Sozialträgern ausgeführt. Die Sozialträger haben den direktesten Zugang zu einkommensschwachen Haushalten und können hier gelingende Interventionen im Sinne des Klimaschutzes und der Klimaanpassung herbeiführen. Allerdings sind sie normalerweise in ihren Leistungsvereinbarungen daran gehindert. Es wäre also sinnvoll zu prüfen, Klimaschutz- und Klimaanpassungsmaßnahmen in die Leistungsvereinbarungen von Sozialträgern mit aufzunehmen und diese dann auch zuwendungsrechtlich zu befähigen, Maßnahmen umzusetzen. Insgesamt müsste es darum gehen, die Ziele der Sozialpolitik stärker mit den Zielen der Klimaschutzpolitik zu verbinden. Im Moment sieht man allerdings zwei Entwicklungen: Erstens führt eine gewisse Silobildung in der Politik dazu, dass diese Politikbereiche typischerweise getrennt voneinander verhandelt werden. Zweitens geraten Sozialausgaben gerade an allen Ecken und Enden unter Druck. Die Diskussion über Kürzungen im Sozialbereich stellt nicht nur ein Gerechtigkeitsproblem dar, sondern sie beißt sich letztlich auch mit klimapolitischen Ambitionen, wenn es um die gesellschaftlichen Voraussetzungen von tiefgreifenden Transformationsprozessen geht. Eine breit verankerte aktive Trägerschaft für den Klimaschutz erfordert auch, dass Sozialpolitik und Soziale Arbeit befähigt werden, die Grundlagen für die Trägerschaft zu schaffen.

Klimaschutz stellt somit nicht nur eine ökologische, sondern auch eine tiefgreifend gesellschaftliche Herausforderung dar. Die sozialen Ungerechtigkeiten in der Verursachung und den Folgen des Klimawandels erfordern eine Politik, die die soziale Gerechtigkeit in den Mittelpunkt stellt. Ein integrierter Ansatz, der Klimaschutz und Sozialpolitik verbindet, ist essenziell, um eine breite gesellschaftliche Basis für den Klimaschutz zu gewinnen. Nur durch eine faire Verteilung von Kosten, Nutzen und Verantwortung kann die Transformation erfolgreich gemeistert werden. Wenn dies gelingt, wird nicht nur passive Akzeptanz, sondern eine aktive Trägerschaft für ambitionierte Klimapolitik erreicht.

Neurowissenschaften und Klimapolitik – Warum wir dringend eine neue Reifeprüfung brauchen

MAREN URNER

Die Fakten sind alle bekannt: Wir haben sechs von neun planetaren Grenzen überschritten,[4] allein die Kosten einer dieser Grenzüberschreitungen, der menschengemachten Klimakrise, sind dramatisch, und jedes Nichthandeln wird sie weiter erhöhen.[5] Das gilt für alle Bereiche des menschlichen Zusammenlebens inklusive jedes wirtschaftlichen Handelns. Um die Kosten möglichst gering zu halten und die eigene Lebensgrundlage nicht weiter nachhaltig zu zerstören, sind entsprechend zahlreiche Veränderungen der Gestaltung unseres Zusammenlebens notwendig. Auf den Punkt gebracht, bedeutet das: Eine konstruktive(re) Klimapolitik ist notwendig. Nur so kann das klar definierte globale Ziel, auf „Netto-Null" Treibhausgasemissionen zu kommen, erreicht werden. Aktuell ist weltweit noch immer ein anderer Trend zu beobachten. So erreichten die CO_2-Emissionen durch die Verbrennung von Energieträgern und industrielle Prozesse 2023 einen neuen Rekordwert von 37,4 Gigatonnen (Gt) (2022: 36,8 Gt).[6] Mit Blick auf die Faktenlage und unser Handeln könnte der Widerspruch also kaum größer sein: Wir wissen das eine und tun genau das

---

[4] Richardson, Katherine/Steffen, Will/Lucht, Wolfgang u. a., Earth beyond six of nine planetary boundaries, in: Sci. Adv. 9, 37 (2023), DOI:10.1126/sciadv.adh2458.

[5] Kotz, Maximilian/Levermann, Anders/Wenz, Leonie, The economic commitment of climate change, in: Nature 628 (2024), S. 551–557.

[6] International Energy Agency, CO2 Emissions in 2023. A new record high, but is there light at the end of the tunnel?, 2024, https://iea.blob.core.windows.net/assets/33e2badc-b839-4c18-84ce-f6387b3c008f/CO2Emissionsin2023.pdf (abgerufen am 30.4.2024).

Gegenteil, handeln also hochgradig „irrational". Wie kann das sein? Beziehungsweise konstruktiv und lösungsorientiert gefragt: Wie kommen wir dahin, diesen Widerspruch, dieses irrationale Handeln zu überwinden?

Meine Antwort als Neurowissenschaftlerin lautet: Indem wir angelehnt an zahlreiche Forschungserkenntnisse aus den Neurowissenschaften, der Psychologie und anderen Humanwissenschaften eine neue Reifeprüfung etablieren, die uns zu konstruktiver Klimapolitik befähigt. Nachfolgend skizziere ich die drei Schritte dieser Reifeprüfung jeweils kurz an aktuellen und notwendigen Zuständen in der Klimapolitik. Zentraler Ausgangspunkt ist die Erkenntnis, dass jedes Handeln politisch ist, da es immer in Zusammenhängen mit gesellschaftlichen Strukturen steht, deren Aushandlung nichts anderes als politische Prozesse sind. Gleichzeitig ist jedes Handeln – und damit auch jede Politik – immer emotional bestimmt, da wir nur aufgrund von Emotionen, die wiederum unsere Vorlieben, Werte und Überzeugungen definieren, entscheidungsfähig sind. Das heißt: Ohne emotionale Gewichtung von verschiedenen Optionen sind wir entscheidungsunfähig. Das zeigen mitunter Studienergebnisse von Patient:innen mit Schädigungen in dem Hirnbereich, in dem emotionale und faktenbasierte Verarbeitung zusammenkommen.[7] Aus neurowissenschaftlicher Sicht ist dies eine Binsenweisheit, gesellschaftspolitisch aber alles andere als Konsens. Stärker noch gelten Emotionen häufig als „schwach", „weiblich" und „pathetisch". Für eine konstruktive Klimapolitik müssen wir diese falsche Überzeugung und damit verbundene Vorstellungen und Geschichten endlich hinter uns lassen. Dabei soll das von mir entwickelte Konzept des „dynamischen Denkens" helfen.[8] Dessen drei Zutaten sind die methodische Basis, um die drei Reifestufen der vorgeschlagenen Reifeprüfung zu erlangen.

---

[7] Damasio, Antonio R., Descartes' Irrtum. Fühlen, Denken und das menschliche Gehirn, Berlin 2015.
[8] Urner, Maren, Raus aus der ewigen Dauerkrise. Mit dem Denken von morgen die Probleme von heute lösen, München 2021.

1. Emotionale Reife

Tempolimit, Heizungsgesetz, Windräder, Veggie-Wurst. Die Liste der Vorschläge an klimapolitischen Maßnahmen in den grundlegenden menschlichen Lebensbereichen Ernährung, Wohnung, Mobilität und Arbeit – jeweils inklusive Energieversorgung – ließe sich fast beliebig fortsetzen. Was alle gemeinsam haben ist die Art und Weise, in der sie diskutiert werden: Es geht um das „Wogegen" und damit um das, was nicht gewollt ist. Häufig verbunden mit verschiedenen Ängsten wie Verlustängsten und Ängsten vor dem Unbekannten. Was die „Wogegen"-Diskussionen ebenfalls verbindet, ist ihr zeitlicher Fokus auf die Vergangenheit und Gegenwart; die Zukunft spielt – wenn überhaupt – eine untergeordnete Rolle, weil sie beispielsweise als eine Zeit antizipiert wird, die defizitär im Vergleich zum bisherigen Leben ist. Dieses statische Denken, das Diskussionen in der Klimapolitik im angstgetriebenen Hier und Jetzt verharren lässt, ist neurowissenschaftlich leicht zu erklären.

Es ist bedingt durch unseren evolutionsbiologisch getriebenen Fokus auf Negatives, der einen wichtigen Überlebensmechanismus darstellt. In aller Kürze: Unser Gehirn reagiert schneller, besser und intensiver auf Negatives als auf Positives und Neutrales, da jede negative Information eine potenzielle Gefahr bedeuten kann, die im Zweifel unser Leben bedroht. Dieser sogenannte „negativity bias" sorgt im Mittel auch für eine höhere Aufmerksamkeit bei klimapolitischen Diskussionen, die sich um Verbote, Verluste und damit verbundene Ängste drehen. Gleichzeitig sorgt er dafür, dass kaum kognitiv-emotionale Ressourcen verfügbar sind, um die relevanten Zukunftsaufgaben zu adressieren, die für eine langfristige – also konstruktive – Klimapolitik notwendig sind. Denn beim „Wogegen", getrieben vom negativity bias" und damit verbundenen Ängsten, geht es vor allem um das direkte Überleben, bei dem der menschliche Organismus drei Reaktionsmuster kennt: Flüchten, Kämpfen oder Erstarren. Ebendiese Verhaltensweisen beobachten wir vielerorts bei Themen der Klimapolitik, wenn Menschen sich abwenden und gar eskapisitisch reagieren (Flüchten), sich anschreien, aggressiv protestieren oder gar Politiker:innen angreifen (Kämpfen) oder sich in hilflosen Plattitüden über „die da oben" sowie dem damit verbundenen Gefühl der Hilflosigkeit verlieren (Erstarren).

Um diesem Teufelskreis des statischen, angstgetriebenen „Wogegen"-Modus der Klimapolitik zu entkommen, benötigen wir den ersten Schritt der Reifeprüfung: die emotionale Reife. Gemeint ist damit die Fähigkeit, die zugrundeliegenden Ängste und Sorgen, die konstruktive Klimapolitik verhindern, zu erkennen, zu adressieren und im dritten Schritt zu beseitigen. Für diesen Dreiklang benötigen wir die erste Zutat des angesprochenen dynamischen Denkens, die gleichzeitig das Gegenmittel zum verhindernden „Wogegen" darstellt und den Fokus zeitlich nach vorn, also auf die Zukunft richtet. Die erste Zutat lautet entsprechend: „Wofür statt Wogegen".

Fragen wir nach dem „Wofür", nutzen wir die einzigartige menschliche Fähigkeit: unsere Vorstellungskraft. Gleichzeitig erfordert das „Wofür" die Definition und das damit verbundene Aushandeln neuer und gemeinsamer Ziele. Unser Gehirn ist nur dann in der Lage, in den Vorstellungsmodus zu gehen, wenn das Grundbedürfnis nach Sicherheit gestillt ist. Dieses Sicherheitsbedürfnis herzustellen, erfordert Räume im physischen und übergeordneten Sinn, in denen sich Menschen wohlfühlen, ein Grundvertrauen vorhanden ist und die Überzeugung gerechtfertigt ist, gehört zu werden. In solchen Räumen kann konstruktive Klimapolitik gelebt werden und die Aufmerksamkeit auf das „Wofür" gerichtet werden. *Für* lebenswerte Städte, *für* eine zukunftsfähige Energieversorgung, *für* gesundes und leckeres Essen, *für* verlässliche und stressfreie Mobilität, *für* gute soziale Strukturen – auch diese Liste ließe sich fast beliebig fortsetzen und zeigt exemplarisch, wie grundlegend sich ein vermeintlich kleiner Wechsel in der Denkausrichtung auf die daraus resultierenden Möglichkeiten für eine konstruktive Klimapolitik auswirkt.

2. Kommunikative Reife

Einfamilienhaus, 40-Stunden-Woche, Urlaubsreisen, Autoparkplätze, Kleid und Anzug, die Milch – oder doch der Haferdrink – im Kaffee. Was wir für normal und damit richtig halten, bestimmt nicht nur unseren Alltag, sondern beschränkt auch den Rahmen für politische Diskurse. Vor allem bestimmt es auch, welche Wörter wir nutzen und kennen. Nicht nur bei primär sprachlichen Fragen wie dem Gendern, sondern in allen Zusammenhängen, die wir für normal oder – am anderen Ende des Spektrums – für unmöglich halten. Darüber hinaus bestimmt das, was wir als normal, angemessen und richtig akzeptieren, entsprechend auch, welches Verhalten wir fördern und welches hemmen. Anders formuliert: Es bestimmt unser Verständnis von Erfolg und die überall präsenten Belohnungsstrukturen, die unser gesellschaftliches Leben ausmachen. Um es zu konkretisieren: Es geht um die Fragen, was als Statussymbol gilt, wem wir applaudieren und wen wir ausbuhen oder gar verachten und wann es jemand „geschafft hat".

Hierbei gibt es aktuell mindestens zwei Probleme: Erstens reden wir nicht (ausreichend) ehrlich über die zugrundeliegenden Geschichten, die wir uns tagtäglich und vor allem auch im Rahmen der häufig nicht konstruktiven Klimapolitik am Küchentisch, im Plenarsaal und im Unternehmensmeeting darüber erzählen, was als „normal" und was als „erfolgreich" gilt. Zweitens liegen diesen häufig unausgesprochenen Vorstellungen von Normalität und Erfolg menschliche Verhaltensweisen zugrunde, die unsere bisherige „Normalität" gefährden, sprich unsere Lebensgrundlage zerstören. In Verbindung mit der fehlenden emotionalen Reife, angesichts überschrittener planetarer Grenzen endlich den Klimanotfall anzuerkennen und in den dringend notwendigen „Wofür"-Modus für eine konstruktive Klimapolitik zu wechseln, lässt uns die kommunikative Unreife weiter an einer Normalität festhalten, die längst keine mehr ist, und eine Realitätsgeschichte erzählen, die faktisch nicht (mehr) den tatsächlichen Begebenheiten entspricht. Wir betreiben entsprechend aktiv eine Normalitätssimulation gepaart mit einer ausgeprägten Realitätsverweigerung.

Um diesen zweiten Teufelskreis zu durchbrechen und auch hier wieder das statische Denken zu überwinden, das uns an längst veralteten Vorstellungen vom „normalen", „erfolgreichen" Leben festhalten lässt, benötigen wir eine weitere Zutat des dynamischen Denkens. Sie ist die Grundlage für den in diesem Abschnitt adressierten zweiten Schritt der Reifeprüfung, die kommunikative Reife, und lautet: „neue Geschichten erzählen". Kommunikative Reife verlangt Ehrlichkeit, die wiederum dabei hilft, die gelebte Normalitätssimulation und Realitätsverweigerung zu überwinden.

Bezogen auf eine konstruktive(re) Klimapolitik bedeutet das, entsprechend ehrlich die jeweils impliziten Vorstellungen von Normalität und Erfolg zu adressieren, sowie zweitens ehrlich und verständlich den Klimanotfall in seinem Ausmaß zu adressieren. So belaufen sich die Kosten der Folgen des menschengemachten Klimanotfalls bereits jetzt jede Stunde auf mindestens 16,3 Millionen US-Dollar.[9] Doch Letzteres darf nicht dabei enden, das Anthropozän und die damit verbundenen Kosten, die ohnehin auf uns zukommen, zu beschreiben, sondern muss – unter Einsatz emotionaler Reife stets nach dem „Wofür" fragend – den Fokus auf einen lösungsorientierten Dialog und zukunftsfähige Politik legen. All das ist nicht die Aufgabe einer bestimmten Partei – und kann es nicht sein –, sondern betrifft die Arbeit sämtlicher demokratischer Parteien. Auch und vor allem derjenigen, die als „konservativ" gelten. Gerade ihnen kommt eine herausragende Verantwortung zu. Denn um wahre konservative Politik gestalten zu können, müssen sie emotional und kommunikativ reif viele Veränderungen stimulieren. Nur so können sie mit dafür sorgen, dass unsere Lebensgrundlage(n) und zumindest ein Teil der damit verbundenen „Normalität" aufrechterhalten werden können. Anders formuliert: Wirklich konservative Politik benötigt Veränderung; echter Konservatismus ist entsprechend das Gegenteil von Konservieren.

3. Soziale Reife

Natur oder Mensch. Umwelt oder Wirtschaft. Klimaschutz oder Sparsamkeit. Ein drittes und letztes Mal ließe sich die kleine Liste fast beliebig fortsetzen. Dieses Mal umfasst sie Gegenüberstellungen, die nicht nur in der Klimapolitik die Debatten und Entscheidungen beeinflussen. Was alle drei Wortpaare gemeinsam haben ist die Überzeugung, dass im Fokus der Überlegungen ein Abwägen zwischen unterschied-

---

[9] Bennett, Paige, Climate change is costing the world $16 million per hour: study, in: World Economic Forum, 12.10.2023, https://www.weforum.org/agenda/2023/10/climate-loss-and-damage-cost-16-million-per-hour/ (abgerufen am 30.4.2024).

lichen Interessen stehe. Grob aufgeteilt steht auf der einen Seite dabei alles, was gemeinhin als Natur und Umwelt bezeichnet wird, auf der anderen Seite alles, was irgendetwas mit Wirtschaft zu tun hat.

In fachlichen Debatten wird diese Dichotomie meist zwischen Ökonomie und Ökologie getroffen. Klimapolitische Diskurse verlaufen entsprechend „normalerweise" entlang dieser Trennung und fokussieren sich auf ein Abwägen zwischen Umwelt- und Wirtschaftsinteressen. Die Trennung spiegelt sich auch in der Parteienlandschaft wider, in der Parteien nach ihrem Fokus auf „Umwelt-" oder „Wirtschafts-Themen" unterschieden werden. Das führt dazu, dass klimapolitische Fragen zuallererst – nicht nur in Deutschland – der Partei zugeordnet werden, die die Farbe Grün oder das Wort „öko(logisch)" im Namen trägt. Vielleicht werden bei Veranstaltungen neben den zahlreichen Wirtschaftsvertreter:innen ein paar Naturschützer:innen geladen, die sich für Arten-, Luft-, Meeres- oder Klimaschutz einsetzen. Was wir dann beobachten können, ist das Gegenteil von konstruktiver Klimapolitik und konstruktiven Klimadiskussionen. Denn auch die Dichotomie zwischen Ökonomie und Ökologie haben wir unserem statischen Denken zu verdanken, das uns auf der Suche nach klaren Kategorien und Gruppen Sicherheit geben soll. Dabei wird uns – aufbauend auf den Erkenntnissen aus den Abschnitten zu emotionaler und kommunikativer Reife – schnell klar: Die Dichotomie ist falsch. Wir können und sollten nicht zwischen den beiden Ös, geschweige denn zwischen Mensch und Natur, trennen. Denn klar ist nicht nur, dass die Klimakrise sich nicht für Grenzen, Kontinente oder sonstige menschengemachte Ein- und Aufteilungen interessiert, sondern auch, dass jedes menschliche Handeln und Wirtschaften unabdingbar mit der „Umwelt" verbunden ist und von bestimmten äußeren Faktoren abhängt. Die offensichtlichsten und basalsten Beispiele sind die Notwendigkeit, atmen, trinken und essen zu können. Es ist entsprechend absurd und selbstzerstörerisch, die vermeintliche Dichotomie weiter zu bedienen und aufrechterhalten zu wollen.

Um das nicht länger zu tun und den letzten Schritt der Reifeprüfung absolvieren zu können, die soziale Reife, benötigen wir die dritte und letzte Zutat des dynamischen Denkens: „Gruppen neu denken". Gemeint ist damit, in sämtlichen klimapolitischen Debatten – beziehungsweise sämtlichen politischen Debatten, die zukunftsfähig sein sollen – sich zu Beginn auf einen kleinsten gemeinsamen Nenner zu berufen. Das widerspricht dem Impuls, der für die genannte(n) Dichotomien verantwortlich ist, vor allem auf das Trennende zu schauen. Auf neurowissenschaftlich-psychologischer Ebene sorgt das Gefühl der Gruppenzugehörigkeit unter anderem dafür, dass wir dem Gegenüber, der Partei oder dem Staat, dem wir uns zugehörig fühlen, mehr vertrauen, von dort gesendeten Informationen länger zuhören und auch bereit sind, mehr zu investieren. All dem zugrunde liegt unsere Biologie als soziale Wesen, die vor allem durch Kooperation überleben und erfolgreich sind. Nicht zuletzt aktiviert kooperatives Verhalten unser körpereigenes Belohnungssystem im Gehirn.

Wie sieht gelebte soziale Reife in der politischen Praxis aus? Anknüpfend an die neuen Geschichten von Normalität und Erfolg, kann sie beispielsweise für eine Stadt bedeuten, zu fragen, wer sich eine gute Infrastruktur wünscht, eine sichere Umgebung und eine lebenswerte Innenstadt. Auf Landes- und Bundesebene ist die gemeinsame Gruppe ebenso vielfältig adressierbar und sollte vor allem dafür begeistert werden, konstruktive Klimapolitik mitgestalten zu wollen. Nicht, weil es ein lobenswertes oder gar selbstloses Unterfangen ist, sich für die „Natur" und „Umwelt" einzusetzen, sondern weil es um nichts Geringeres geht, als den aktuellen selbstzerstörerischen Kurs zu verlassen und zu beginnen, das eigene Leben und Überleben zukunftsorientiert mitzugestalten.

Transformation braucht Emotion

JOHANNES HILLJE

Der Umgang mit Emotionen ist in der deutschen „Transformationspolitik" von mindestens zwei Missverständen geprägt: Erstens wird Emotionalisierung häufig mit Entsachlichung gleichgesetzt, nicht selten auch mit Irrationalität. Die Kognitions- und Neurowissenschaften können allerdings heutzutage hinlänglich belegen, dass politische Einstellungen von Menschen niemals allein rational, sondern immer auch emotional begründet sind. Diese beiden Arten des menschlichen Denkens schließen sich keinesfalls gegenseitig aus, sondern interagieren auf sinnvolle Weise miteinander.[1] Zweitens wird oftmals verkannt, dass zahlreiche Aspekte des ökologischen Wandels per se emotional sind (z. B. Mobilität, Ernährung, Kleidung), weil sie persönliche Vorlieben, Gewohnheiten, Lebensstile und damit auch Identitäten von Menschen betreffen, wenn nicht sogar konstituieren. Wenn Transformationspolitik so tut, als würden Menschen in ihren alltäglichen Routinen nichts von den Veränderungen spüren, als wäre das alles nur eine Sache der Industrie und Infrastruktur, hinterlässt sie eine Vakanz in der emotionalen Ausgestaltung der spürbaren Veränderungen.

Im öffentlichen Diskurs werden Emotionen, neben Themen, Deutungen, Werten oder Identitäten, stets mitverhandelt – auch durch jene, die besonders emotionsaversiv auftreten. Ein Blick zurück in das Jahr 2022: Die Inflation in Deutschland erreichte mit 6,9 Prozent den höchsten Wert seit der Wiedervereinigung. 2023 lag sie auf dem zweithöchsten Stand. Auslöser der Preissprünge war Putins Überfall auf

---

[1] Damasio, António, Descartes' Error: Emotion, Reason and the Human Brain, New York 1994.

die gesamte Ukraine, Ursache der Verwundbarkeit Deutschlands war insbesondere die Energieabhängigkeit von Russland. Ein paar Monate nach Putins Invasion der Ukraine ergab die jährliche repräsentative Studie *Die Ängste der Deutschen* herausgegeben von der R+V Versicherung, dass der Verlust von eigenem Wohlstand den Deutschen am meisten Angst bereitet.[2] Ganz oben standen die steigenden Lebenshaltungskosten. Dieser Befund bestätigte sich im Folgejahr. Der Vorteil an dieser Erhebung ist, dass die Ängste der Menschen zu unterschiedlichen Themen einzeln abgefragt werden und somit nicht in Konkurrenz zueinander stehen. Es wird also keine Angsthierachie von den Befragten erzwungen, und trotzdem ergeben die Antworten aller Befragten eine Rangfolge der gesellschaftlichen Ängste. Auch die Sorge vor dem Klimawandel hat 2022 deutlich zugenommen, konnte aber nicht mit dem akuteren Bedrohungsgefühl der steigenden Kosten mithalten.

Verlustängste im „material turn"

Mit dieser emotionalen Übertrumpfung durch ein kurzfristig noch mehr Verunsicherung schürendes Thema hat die vergleichsweise langsam-langfristig voranschreitende Klimakrise schon immer zu tun gehabt. Im Frühjahr 2023 zeigte sich allerdings in der öffentlichen Debatte um das Heizungsgesetz der Bundesregierung, dass „Klimakrise" und „Kostenkrise" nicht einfach nur als Konkurrenten bei der politischen Prioritätensetzung wahrgenommen werden, sondern die Klimapolitik mehrheitlich als Verschärfer der Kostenbelastung eingestuft wurde.[3] Emotional regierte die Verlustaversion, ein psychologisches Phänomen, das enorm einflussreich auf Verhalten und Einstellungen von Menschen ist.[4] Hochgepeitscht durch eine mediale Kampagne der *Bild*-Zeitung wurden Verlustängste von Eigentum, Wohlstand und

---

[2] R+V Versicherung, Die Ängste der Deutschen, in: ruv.de, 2023, www.die-aengste-der-deutschen.de (abgerufen am 14.5.2024).
[3] Infratest dimap, ARD-DeutschlandTREND Juni 2023, in: infratest-dimap.de, 2023, www.infratest-dimap.de (abgerufen am 14.5.2024).
[4] Kahneman, Daniel/Tversky, Amos, Prospect Theory: An Analysis of Decision under Risk, in: Econometrica 47 (1979), S. 263–291.

Wärme in den eigenen vier Wänden verstärkt.[5] Einige Jahre zuvor hofften viele progressive Politikerinnen und Politiker, insbesondere dank Fridays For Future und Klimaurteil des Bundesverfassungsgerichts, auf einen „ecological turn" in der Einstellungsbildung von Wählerinnen und Wähler. Kurz darauf wendete sich die Stimmung allerdings schon wieder zugunsten kurzfristig orientierter und kulturell verankerter materieller Bedürfnisse. Eine auf lange Sicht höchst irrationale Reaktion in der aufgeheizten Heizungsdebatte war der Verkaufsanstieg fossiler Wärmesysteme. Man muss dem Heizungsgesetz gewiss konzeptionelle Fehler, wie beispielsweise die späte Klarheit über die Förderung (bei früher Klarheit über die Forderung) und die späte Thematisierung der (wärmebezogenen) Infrastruktur (bei früher Thematisierung der Anforderungen an Individuen) ankreiden. Und das kommunikative Hinterherlaufen der emotionalen Setzungen der *Bild*-Zeitung war selbstredend auch ein Problem. Allerdings übersteigt das in dieser Debatte offengelegte strukturelle Problem für eingriffsintensive Klimaschutzmaßnahmen bei weitem die Details des Gebäudeenergiegesetzes: Es gibt in der Gesellschaft noch immer keine ausreichend etablierte Grundüberzeugung, die persönliche (Kosten-)Anstrengungen für den Klimaschutz emotional absichert. Anders gesagt: Die „Win-win-win"-Gleichung grün-progressiver Kräfte, nach der ihre Politik (z. B. der Green New Deal) nicht nur gut für das Klima, sondern gleichzeitig auch für den Wohlstand und die soziale Gerechtigkeit sei, leidet weiterhin an mangelnder gesamtgesellschaftlicher Bindungskraft. Emotional wetterfest gemacht werden muss die Klimapolitik insbesondere dann, wenn sie in scheinbarer Konkurrenz zu kurzfristigen materiellen Verlustängsten steht. Dann können ökonomische Ängste die ökologischen Sorgen sofort ausstechen und der Zusammenhang zwischen beiden Komplexen wird schnell in ein falsches „Entweder-oder" gewendet.

---

[5] Jost, Pablo/Mack, Matthias/Hillje, Johannes, Aufgeheizte Debatte. Eine Analyse der Berichterstattung über das Heizungsgesetz – und was wir politisch daraus lernen können, in: Das Progressive Zentrum, 18.4.2024, https://www.progressives-zentrum.org/publication/heizungsgesetz-2024-aufgeheizte-debatte (abgerufen am 14.5.2024).

Emotionale Sinnstiftung

Wie also kann Transformationspolitik auch emotional überzeugen? Eine emotionale Sinnstiftung für persönliche und gemeinschaftliche Verhaltensweisen leisten Narrative. Der Begriff des Narrativs ist in den vergangenen Jahren vielfach überstrapaziert, in seiner Bedeutung teilweise entleert worden. Für die Politik können Narrative in ihrem eigentlich kommunikationswissenschaftlichen Sinne tatsächlich eine große Wirkung entfalten. Allerdings muss dafür verstanden werden, was überhaupt ein Narrativ ist: Ein Narrativ ist nicht bloß eine Geschichte oder Story, sondern vielmehr die Storyline, also der dramaturgische Handlungsbogen bestehend aus Anfang, Mitte, Ende.[6] Diese Drei-Akt-Struktur haben die allermeisten Menschen seit Kinderjahren erlernt durch das Hören, Sehen und Lesen von Geschichten. Das bedeutet: Unser Gehirn ist auf diese Erzählstruktur trainiert und kann Informationen in dieser Anordnung besonders gut verarbeiten und abspeichern. Politische Narrative machen sich diese kognitive Funktion zu eigen und übersetzen die Anfang-Mitte-Ende-Struktur in die politischen Kategorien von *Herausforderung*, *Handlung* und *Versprechen*.

Ein Beispiel für ein fest etabliertes Narrativ in unserer Gesellschaft ist jenes der „Leistungsgesellschaft", das Menschen durch sein Aufstiegsversprechen überzeugt. In aller Kürze könnte man die Herausforderung dieses Narrativs mit dem Umstand beschreiben, dass manche Menschen in Armut leben und nicht am Wohlstand teilhaben. Die Handlung würde beispielsweise staatliche Maßnahmen benennen, die allen Menschen Bildungs- und Aufstiegschancen ermöglichen. Das Versprechen dieses Narrativs ist, dass es jede und jeder schaffen kann, mit eigener Leistung zu Wohlstand zu kommen. Freilich stellen sich die Aufstiegschancen in der Realität deutlich weniger egalitär dar und hängen nicht nur von der individuellen Leistung, sondern auch von der sozialen Herkunft eines Menschen ab. Dennoch, und das ist eine entscheidende Wirkung dieses Narrativs, investieren viele Menschen

---

[6] Müller, Michael, Politisches Storytelling. Wie Politik aus Geschichten gemacht wird, Köln 2020.

zunächst erhebliche Ressourcen in ihre eigene Ausbildung, weil sie sich im Sinne der Aufstiegserzählung zu einem späteren Zeitpunkt einen persönlichen Nutzen davon versprechen. Bildung lohnt sich – eine solche Aussage würden viele intuitiv, das heißt mittels ihres emotionalen Denkens, unterschreiben. Heute investieren, morgen profitieren – diesem Glaubenssatz folgen Menschen nicht nur in der Bildung, sondern etwa auch mit Blick auf ihre Gesundheit oder (unter leicht anderen Bedingungen) bei Versicherungen. In der Klimapolitik ist ein solcher Glaubenssatz bisher nicht etabliert. Es fehlt ein gesellschaftlich verankertes Narrativ, das die klimaneutrale Transformation mit einem Gewinn-Versprechen und somit einer positiven Emotion verknüpft. Erschwerend kommt hinzu, dass die Kommunikation von Klimapolitik sich häufig zu einseitig auf die Handlung konzentriert und das Versprechen, also den Nutzen der ganzen Anstrengung, weitaus weniger betont.

Identität und Normalität

Ängste und dementsprechend auch Hoffnungen sind in der Gesellschaft zwischen unterschiedlichen Milieus logischerweise nicht gleichmäßig ausgeformt und ausgeprägt. Rechtspopulistische Kräfte, die strategisch mit Angst agieren, sprechen häufig eine verunsicherte Mittelschicht an. In einem relevanten Teil der politikwissenschaftlichen Literatur wird angenommen, dass heutzutage Parteien wie die AfD tatsächliche und gefühlte Verlierer kultureller und wirtschaftlicher Modernisierungsprozesse für sich gewinnen können.[7] Während beispielsweise viele international wettbewerbsfähige Unternehmen und ihre Belegschaft von der Globalisierung durch Wachstumschancen profitiert haben, ist sie über andere Betriebe ungeschützt hereingebrochen. Dabei sind reale Verluste entstanden. Die gefühlten Verlierer haben zwar keinen persönlichen sozialen Abstieg erlitten, erleben aber in

---

[7] Siehe Zusammenfassung des Forschungsstands in: Hillje, Johannes, Das Wir der AfD. Kommunikation und kollektive Identität im Rechtspopulismus, Frankfurt a. M./New York 2022.

ihrem unmittelbaren Umfeld eine gestiegene Arbeitslosigkeit, einen anwachsenden Niedriglohnsektor oder eine hohe Abwanderung junger Menschen. Es entsteht das Gefühl, dass auch der eigene Lebensstandard bald nicht mehr zu halten sei, aber man selbst dagegen kaum etwas machen könne. Die rasanten Veränderungen um einen herum bestimmen die eigene Zukunft. Das Thema der Migration wird hierbei auch zur kulturellen Auflading von ökonomischen Ängsten genutzt.[8] Kontrollverlust und Machtlosigkeit über das eigene Schicksal sind bedrohliche Gefühle, die einen Bedarf nach rechtspopulistischen Versprechen wie „Take back control" oder „Deutschland, aber normal" erzeugen können.

Im Angesicht der Klimamodernisierung setzen AfD und andere Rechtsaußen-Parteien auf eine Aktualisierung dieser Ängste. Neben Migration haben sie längst auch die Transformation zur existenziellen Bedrohung erhoben. Sie hoffen auf die nächste „Verlierer"-Kohorte, denen die Eliten angeblich das „normale Leben" wegnehmen wollen. Diese Normalität machen diese Kräfte immer wieder an alltäglichen Dingen wie Mobilität, Ernährung, Kleidung oder Freizeitgestaltung fest. Der Soziologe Andreas Reckwitz schreibt: „Der Abschied von Automobil, Fernurlaub und fleischlicher Ernährung fällt auch deshalb schwer, weil sie für den Lebensstil der traditionellen Mittelklasse identitätsstiftend wirken."[9] Während bei der Migration Angst vor „Umvolkung" geschürt wird, wird bei der Transformation Angst vor „Umerziehung" gemacht. Beides wird als ein Angriff auf die Identität von Menschen konstruiert. Für die neue Angsterzählung radikal-populistischer Kräfte erweitert sich der Resonanzraum, wenn der Eindruck entsteht, die klimaneutrale Wirtschaft und Gesellschaft sei ein Projekt der Eliten, bei dem die „normalen Leute" nicht mitgedacht werden. Gegen solche Gefühle helfen nicht einfach nur „bessere Erklärungen". Es geht vielmehr um Identifikationsfläche und Kontrollgefühl einer verunsicherten Mittelschicht. Im Englischen gibt es den treffenden Be-

---

[8] Manow, Philip, Die Politische Ökonomie des Populismus, Berlin 2018.
[9] Reckwitz, Andreas, Alles wird besser, alles wird mehr? Das war einmal, in: Der Spiegel, 16.9.2022, https://www.spiegel.de/politik/zeitenwende-eine-zukunft-ohne-fortschritt-ein-debattenbeitrag-a-2d99303b-9a4e-4e7c-86cb-fc1fb1458e79?sara_ref=re-xx-cp-sh (abgerufen am 14.5.2024).

griff „agency", den man als Mischung aus Handlungs- und Kontrollfähigkeit übersetzen könnte. Beim Gedanken an die Zukunft empfinden noch zu viele das Gegenteil.

Hoffnung durch Handlungsfähigkeit

Wie eine neue, identitätsstiftende Mittelschichtserzählung zur Transformation aussehen könnte, kann man bei Joe Biden erfahren. Der 46. Präsident der Vereinigten Staaten hat nicht nur ein umfassendes Investitionsprogramm für klimaneutrale Technologien und Infrastruktur auf den Weg gebracht, er setzt dabei auch die Arbeiterinnen und Arbeiter ans Steuer der Veränderung. Als er seinen „American Jobs Plan" der Öffentlichkeit vorstellte, wandte sich Biden direkt an jene, die sich „von einer sich schnell verändernden Wirtschaft vergessen fühlen".[10] „Can I fit in?" – „passe ich rein" in diese neue Arbeitswelt, sei die große Sorge vieler Menschen, sagte Biden. Dann versicherte er: „Knapp 90 Prozent der neu geschaffenen Jobs erfordern keinen College-Abschluss." Sein Transformationsplan sei eine „Blaupause für Blaumänner". Nicht Wall Street, sondern die Mittelschicht hätte Amerika aufgebaut, nun werde sie es ein weiteres Mal wuppen. Doch Biden weist nicht nur den Arbeiterinnen und Arbeitern eine aktive Rolle zu, er spricht auch weitere Gruppen direkt an. Bemerkenswert ist folgende Passage aus einer anderen Rede Bidens:[11]

„Wenn wir an erneuerbare Energien denken, sehen wir amerikanische Firmen und Arbeiter, die die Vorherrschaft auf dem Weltmarkt erringen. Wir sehen Landwirte, die die amerikanische Landwirtschaft zur weltweit ersten mit Netto-Null-Emissionen machen und dabei

---

[10] Biden, Joe, Remarks by President Biden in Address to a Joint Session of Congress on 28 April 2021, in: whitehouse.gov, 29.4.2021, https://www.whitehouse.gov/briefing-room/speeches-remarks/2021/04/29/remarks-by-president-biden-in-address-to-a-joint-session-of-congress (abgerufen am 14.5.2024).

[11] Biden, Joe, Remarks by President Biden Before Signing Executive Actions on Tackling Climate Change, Creating Jobs, and Restoring Scientific Integrity in: whitehouse.gov, 27.1.2021, https://www.whitehouse.gov/briefing-room/speeches-remarks/2021/01/27/remarks-by-president-biden-before-signing-executive-actions-on-tackling-climate-change-creating-jobs-and-restoring-scientific-integrity (abgerufen am 14.5.2024).

neue Einkommensquellen erschließen. Wir sehen, wie Bauarbeiter neue Gebäude bauen und 500 000 neue Ladestationen für Elektrofahrzeuge im ganzen Land installieren, während sie gleichzeitig unser Straßennetz modernisieren. Wir sehen amerikanische Verbraucher, die durch Rabatte und Anreize auf Elektrofahrzeuge umsteigen. Und wir sehen die Bewohner unserer Städte, die sauberere Luft atmen, und weniger Kinder, die an Asthma leiden und daran sterben."

Die Emotionalität in Bidens Reden basiert auf der Aktivierung von Werten wie Freiheit, Wohlstand, Gesundheit oder Patriotismus. Werte gehören zum emotionalen Denken von Menschen, sie anzusprechen kann Transformationskommunikation besonders wirkungsvoll machen.[12] Zudem setzt Biden in seinen Reden den häufig eher diffusen Abstiegsängsten konkrete positive Zukunftsbilder entgegen, die viele Menschen direkt auf ihr Leben beziehen können. Und noch wichtiger: Es sind erstrebenswerte Zukunftsbilder, für deren Erreichung jeder Einzelne eine aktive Rolle spielt. Aus Sorge vor Veränderung soll Stolz auf Erneuerung werden. Dieser Stolz wird in den USA traditionell mit einer üppigen Portion Patriotismus genährt. Wäre so etwas, zumindest in leichterer Dosierung, auch in Deutschland denkbar?

Modernisierung aus Tradition

Auch in Deutschland geht es bei der Transformation darum, unterschiedliche gesellschaftliche Kräfte und Milieus hinter dem gemeinsamen Ziel des klimasozialen Wohlstands zu vereinen. Wenn Bundeskanzler Olaf Scholz von den Chancen der Klimaneutralität spricht, nimmt er gerne den Begriff vom „Wirtschaftswunder" in den Mund, der untrennbar mit Ludwig Erhard verbunden ist. Ob es so weit tatsächlich kommt, daran zweifeln einige Ökonomen. Den heutigen Wohlstand und die natürlichen Lebensgrundlagen gleichzeitig zu bewahren, wäre womöglich schon ambitioniert genug. Von Ludwig Erhard ließe sich stattdessen etwas anderes lernen: Zu den zentralen

---

[12] Lakoff, George, Why it Matters How We Frame the Environment, in: Environmental Communication 4 (2010), S. 70–81.

Gründungsideen der sozialen Marktwirtschaft gehört die „Soziale Irenik".[13] Nach der Befreiung von den Nazis war Deutschland zu Beginn von Erhards Ära alles andere als ein geeintes Land. Katholizismus und Protestantismus, Sozialismus und Liberalismus standen sich teils unversöhnlich gegenüber. Für den Ökonomen Alfred Müller-Armack, Erhards späteren Staatssekretär, war die soziale Marktwirtschaft eine „die Weltanschauungen verbindende Sozialidee". Diese irenische Verständigung der Gesellschaft ist als Gründungsidee der sozialen Marktwirtschaft in Vergessenheit geraten, doch sie könnte kaum aktueller sein. Wenn radikale Kräfte die politischen Emotionen im Land bestimmen, Demokratieunzufriedenheit Höchstwerte erreicht, Gewalt gegen Vertreter demokratischer Parteien verübt wird, Galgen-Symbole auf Demonstrationen gezeigt werden, dann scheint der Bedarf nach einem versöhnenden Projekt heute wieder groß zu sein.

Dieses gemeinsame Projekt muss emotional-kulturell aufgeladen werden, und dabei können Identität und Tradition eine wichtige Rolle spielen. Wenn es so etwas wie einen breit anschlussfähigen Patriotismus in Deutschland gibt, dann häufig in Bezug auf Erfolge und Errungenschaften der Industrie. Nicht wenige Deutsche fühlen sich geschmeichelt, wenn sie im Ausland auf deutsche Ingenieurskunst angesprochen werden. „Made in Germany" mag manchen im Ausland als ein Qualitätssiegel gelten, im Inland war es für viele eine politisch vertretbare Quelle für nationalen Stolz und Identität. Hierauf ließe sich heute in aktualisierter Form aufbauen: „Made in Germany 2.0", Produkte, die mit sauberen „Heimatenergien" klimaneutral produziert und erfolgreich in die Welt exportiert werden. Gewissermaßen: Modernisierung aus Tradition. Und dabei sind die Facharbeiterin, der Handwerker, der Ingenieur und die Programmiererin die Aktivposten. Der Schutz von abstiegsbedrohten Gruppen im Strukturwandel ist wichtig. Hoffnung schafft allerdings erst die gemeinsame Strukturgestaltung. Und mit Hoffnung lassen sich Menschen für Veränderungen gewinnen.

---

[13] Müller-Armack, Alfred, Religion und Wirtschaft. Geistesgeschichtliche Hintergründe unserer europäischen Lebensform, Bern ³1981.

Kapitel III:
Dialog und Engagement machen den Unterschied

Politik des Gehörtwerdens – Eine baden-württembergische Erfolgsgeschichte

BARBARA BOSCH

Der Auslöser für neue Formen der politischen Bürgerbeteiligung in Baden-Württemberg lässt sich datieren: Es war der Konflikt um das Bahnprojekt Stuttgart 21. Er führte zu Massenprotesten und reichte weit über die Stadt in Region und Land hinaus. Die Reaktion des Staates auf die andauernden Proteste fand einen unrühmlichen Höhepunkt am 30.9.2010, dem sogenannten Schwarzen Donnerstag, mit vielen zum Teil schwer Verletzten. Winfried Kretschmann, Spitzenkandidat der Grünen im Landtagswahlkampf, leitete daraus sein Versprechen ab, als Ministerpräsident einen neuen Regierungsstil, eine andere Politikkultur einzuführen. Seine Überlegungen orientierten sich stark am Freiheitsbegriff von Hannah Ahrendt. Sie definiere Freiheit als Möglichkeit, sich an gesellschaftlichen Prozessen zu beteiligen, eine eigene politische Stimme zu haben, von anderen gehört, wahrgenommen und erinnert zu werden. Die Landtagswahl im März 2011 führte zum Regierungswechsel mit einer Koalition aus Grünen und SPD und Ministerpräsident Kretschmann an der Spitze. Mit der „Politik des Gehörtwerdens", wie Winfried Kretschmann es für seine Regierungsarbeit formulierte, begann er, dieses Versprechen umzusetzen.

Die baden-württembergische Landesverfassung kennt als einzige in Deutschland einen ehrenamtlichen Staatsrat als Mitglied der Landesregierung. Ministerpräsident Kretschmann ernannte 2011 Gisela Erler zur Staatsrätin mit dem Auftrag, diese Politik des Gehörtwerdens umzusetzen. Damit wurde die Frage, wie das Verhältnis von Politik und Volk auf eine andere Basis gestellt werden kann, auf höchster Regierungsebene verortet, im Ministerrang mit Sitz und Stimme im

Kabinett. Im Juli 2021 wurde dann ich vom Ministerpräsidenten als Nachfolgerin ernannt und durch den Landtag mit großer Zustimmung bestätigt.

Inzwischen zeichnen sich gesellschaftliche Veränderungen ab, die auch die Rahmenbedingungen für die in Baden-Württemberg zunehmend praktizierte neue Beteiligungskultur verändert haben. Wahrnehmbar ist, dass wir in einer Zeit zunehmender diffuser Politikunwilligkeit leben. Politische Institutionen werden von Teilen der Bevölkerung unter Generalverdacht gestellt. Der politische Diskurs, existenzielle Voraussetzung und konstitutives Element von Demokratie, scheint zunehmend einem unversöhnlichen Kulturkampf zu weichen. Die Verschärfung dieser Konflikte muss im Zusammenhang mit der Entwicklung des Internets gesehen werden. Es hat die Art und Weise, wie über Problemlagen kommuniziert wird, nachdrücklich verändert. Insbesondere die sozialen Medien fragmentieren und polarisieren den öffentlichen Raum und führen zu Qualitätsverlusten in der Kommunikation. Die hieraus entstehenden Gefährdungen für die Demokratie werden aktuell vielfach diskutiert.

Im Folgenden soll aufgezeigt werden, wie die begonnene, beharrlich entwickelte und intensiv geförderte Beteiligungskultur in Baden-Württemberg einen Beitrag leisten kann, unsere Demokratie zu stärken und populistische und extremistische Haltungen wahrnehmbar dorthin zu verweisen, wo sie hingehören: an den Rand.

Dazu sollen zunächst die wichtigsten Stationen und Erfolge der baden-württembergischen Beteiligungsgeschichte seit 2011 rekapituliert werden. Es gibt sie nämlich, entgegen den oft gehörten Vorwürfen und Zweifeln.

Der Ausgang der Volksabstimmung über das Projekt Stuttgart 21 war ein schwieriger Start in die Beteiligungsarbeit meiner Vorgängerin Gisela Erler. Ministerpräsident Kretschmann akzeptierte trotz seiner anderslautenden Haltung unumwunden das Ergebnis und machte damit deutlich, was unverzichtbar für das Gelingen von Bürgerbeteiligung werden sollte: Respekt vor der Meinung Andersdenkender.

Die neue Stabsstelle Bürgerbeteiligung im Staatsministerium entfaltete eine intensive Tätigkeit im ganzen Land. Auf der Grundlage eines partizipativ erarbeiteten Planungsleitfadens gab sich die Landesregierung eine verbindliche Richtlinie für die Bürgerbeteiligung bei Landesvorhaben.

Der Anfang wurde mit dem Bürgerdialog über ein Pumpspeicherwerk und dem Filderdialog zum Bauvorhaben Stuttgart 21 (bereits mit Zufallsbürgern) gemacht, Demokratiekonferenzen werden seither durchgeführt (die erste bewusst in der direktdemokratischen Schweiz, im Kanton Aargau), die „Allianz für Beteiligung" wurde gegründet und nahm ihre Arbeit zur Unterstützung der Zivilgesellschaft an der Basis auf, ein für alle zugängliches Beteiligungsportal – das erste in Deutschland – wurde eingerichtet, ein Handbuch für Ehrenamtliche in der Flüchtlingshilfe erstellt, die Standortsuche für das Gefängnis in Rottweil erfolgreich begleitet. Eine Reform der Gemeindeordnung 2015 folgte, es wurden ein wissenschaftlicher Beirat für Bürgerbeteiligung einberufen, weitere Beteiligungsverfahren für die Einrichtung eines Nationalparks im Schwarzwald und der Strategiedialog zur Automobilwirtschaft initiiert und durchgeführt. Ein „Großer Ratschlag Neues Schloss" lud Kulturschaffende ein, sich an Ideen zur Nutzung dieses Baus in Stuttgart zu beteiligen, woraus die bisher noch nicht verwirklichte Idee des „Bürgerschlosses" entstand.

Es wurden Zufallsbürger zur Diskussion über den Weg des Landes in eine klimafreundliche Zukunft eingeladen, die dann einer Umweltbepreisung unter bestimmten Voraussetzungen zustimmten. Ein Bürgerforum zur Sanierung des Stuttgarter Opernhauses befriedete durch seine Vorschläge einen langjährigen Streit und schuf die Voraussetzung für einen Grundsatzbeschluss.

Die Problematik der Corona-Pandemie wurde in einem trinationalen Bürgerdialog zusammen mit Frankreich und der Schweiz behandelt, das Bürgerforum Corona folgte im selben Jahr.

2021 verabschiedete der Landtag von Baden-Württemberg das „Gesetz über die Dialogische Bürgerbeteiligung". Damit wurden die formalen Voraussetzungen für diese neue Form der Bürgerbeteiligung geschaffen, insbesondere auch hinsichtlich des Datenschutzes. Ein entscheidender Schritt für die Festigung und Fortsetzung der Bürgerbeteiligungspolitik! Baden-Württemberg hat diesen Schritt als erstes (und bislang noch einziges) Bundesland vollzogen.

Zusammen mit dem Haus der Geschichte haben wir 2022 einen Band über die Geschichte der so oft mutig erkämpften Partizipation im Südwesten ediert. Er trägt den Titel *Des Volkes Stimme* – und würdigt damit den historischen Bogen in der Landesgeschichte des Südwestens der letzten 200 Jahre bis zur „Politik des Gehörtwerdens".

Wir organisierten Debatten über grenznahe Angelegenheiten innerhalb der Donauraum-Strategie, trugen mit mehreren Formaten zur Konferenz zur Zukunft Europas bei und kümmerten uns im Rahmen der letzten Demokratiekonferenz zum Thema medialer Politikvermittlung darum, welchen Beitrag direktdemokratische und deliberative Verfahren leisten können, um Debatten zielführend und zivilisiert zu gestalten.

Die Zahl der von der Stabsstelle begleiteten Verfahren in der Dialogischen Bürgerbeteiligung summierte sich schnell auf mehrere Dutzend. Komplettiert wurden dann unsere Instrumente durch die ausgegründete, unabhängige Servicestelle für Bürgerbeteiligung, die ihre Arbeit Ende 2023 aufnahm. Sie wirkt quasi im Maschinenraum der deliberativen Demokratie und steht den Behörden im Land, einschließlich der Kommunen, mit ihrer Expertise beratend und aktiv zur Seite, indem sie Beteiligungsprozesse initiiert, organisiert und begleitet. Denn für eine gelingende Bürgerbeteiligung sind bestimmte Voraussetzungen unabdingbar. So müssen die Formate transparent und frei von politischen Einflüssen bleiben, um von der Bürgerschaft akzeptiert und von der Politik ernst genommen zu werden.

Als erstes großes Vorhaben organisierte die Servicestelle das landesweite Bürgerforum zur Dauer des allgemeinbildenden Gymnasiums – G8/G9. Der Volksantrag einer Initiative hatte die Debatte ausgelöst. Nach einem mehrstufigen Meinungsbildungsprozess bereicherte das Forum diese durch differenzierte Empfehlungen und wurde eine wichtige Entscheidungshilfe für Landesregierung und Landtag. Aber auch kommunale Kontroversen wurden bereits aktiv begleitet, wie die emotional hoch besetzte Frage der Schließung und Neueröffnung eines Klinikstandortes.

Baden-Württemberg ist, das bestätigen uns immer wieder auch die anderen Bundesländer, zum Vorreiter in der Bürgerbeteiligung geworden. Auch auf der Bundesebene schlägt das durch: Erfreulicherweise wurde der im Südwesten geprägte Begriff der Dialogischen Bürgerbeteiligung in den Koalitionsvertrag der derzeitigen Bundesregierung übernommen, in Gesprächen konnten wir unsere Erfahrungen einbringen. Die Bundestagspräsidentin Bärbel Bas berief daraufhin den Bürgerrat „Ernährung im Wandel" ein, welcher nach eingehender Beratung konkrete Empfehlungen vorlegte.

Bürgerbeteiligung ist grundsätzlich kein neuer Ansatz, sie wird seit vielen Jahren sowohl als Teil der formal vorgeschriebenen Planungsverfahren als auch informell praktiziert. Was ist nun das Neue an der Dialogischen Bürgerbeteiligung? Und worin unterscheidet sie sich von direktdemokratischen Verfahren?

Volksantrag und Volksentscheid bzw. Bürgerbegehren und Bürgerentscheid auf der kommunalen Ebene sind in der Landesverfassung und der Gemeindeordnung verankert. Sie sind in der Regel ein Mittel des Protests. Sie werden durch die Dialogische Bürgerbeteiligung nicht ersetzt, sondern qualitativ erweitert: Sie bietet eine eigene Form der inhaltlichen Befassung an. Der Brexit hat beispielhaft vor Augen geführt, dass im Vorfeld solcher Abstimmungen die zugespitzte Konfrontation der Gegenpositionen im Vordergrund steht, die Komplexität eines Themas nicht angemessen behandelt wird und der Agitation insbesondere in den sozialen Medien, mit Falschinformationen und Verschwörungserzählungen, kein Einhalt geboten werden kann. Die öffentliche Diskussion wird oftmals von lautstarken und kampagnenfähigen Lobbygruppen und Interessenvertretern dominiert. Für gewählte Volksvertreter ist oft nicht mehr wahrnehmbar, ob es eine anderslautende schweigende Mehrheit gibt. Politische Entscheidungen werden vor diesem Hintergrund besonders bei kontroversen Themen erschwert.

Dem setzen wir das Konzept der Dialogischen Bürgerbeteiligung mit Bürgerforen, so heißen Bürgerräte in Baden-Württemberg zur Vermeidung von Verwechslungen mit historischen und aktuellen Räten, entgegen. In einem ersten Schritt werden die Beteiligten und Betroffenen (Stakeholder) gehört und aufgrund ihrer Einlassungen eine Themenlandkarte erstellt. Diese kann dann im Beteiligungsportal Baden-Württemberg von allen Bürgern und Bürgerinnen des Landes nicht nur eingesehen, sondern auch kommentiert und ergänzt werden. Dann beschäftigt sich das Bürgerforum damit, das sich aus zufällig ausgelosten Teilnehmenden zusammensetzt. Diese ermitteln wir zunächst repräsentativ über die Einwohnermeldeämter und bitten im Anschreiben bei einer Bereitschaft zur Mitwirkung darum, uns weitere Informationen zum Beispiel zum Bildungsabschluss oder zu einem möglichen Migrationshintergrund zu geben. Aus dieser Gesamtheit werden Gruppen gebildet und dann die Teilnehmenden gelost. Dadurch gelingt es uns, die verschiedenen Milieus der Gesellschaft abzubilden, was kein anderes bekanntes Format leistet. Das Bürgerforum erhält alle Informationen, von Befürwortern und Gegnern, von Gutachtern und Fachleuten, und erarbeitet dann unter professioneller Moderation seine Empfehlungen an die Politik. Diese ist anschließend aufgefordert, sich öffentlich mit diesen Empfehlungen zu befassen und ihre Haltung im Einzelnen zu begründen.[1]

Unsere Erfahrungen zeigen deutlich, wo die Vorteile dieses Vorgehens liegen. Bereits mit der Ankündigung, ein Bürgerforum durchführen zu wollen, versachlicht sich in der Regel die öffentliche Debatte, nimmt die Schärfe der Auseinandersetzung ab. Mögliche Blockaden in einer Debatte können aufgelöst werden. Die Teilnehmenden des Bürgerforums sind bislang immer in der Lage gewesen, sich auch komplexe Sachverhalte zu erschließen und unabhängig und sehr kritisch zu hinterfragen. Sie bringen als Angehörige verschiedener Bevölkerungsgruppen ihre Ansichten ein, verstehen sich jedoch durch ihre Berufung sehr schnell dem übergeordneten Auftrag verpflichtet. Sie wägen Zielkonflikte sorgfältig ab und lassen sich dabei nicht von interessengeleiteten Positionen einspannen. Ihre Empfehlungen laufen niemals nur, wie bei einem Bürgerentscheid, auf ein Ja oder Nein hinaus. Sie sind differenziert und ein Beitrag zur qualitativen Verbesserung des Vorhabens. Die einzelnen Verfahrensschritte werden transparent öffentlich dargestellt. Das steigert die Akzeptanz in der Bevölkerung. Abweichende politische Entscheidungen über die Empfehlungen werden mehrheitlich akzeptiert, wenn die Erörterung öffentlich und begründet stattfindet. Auch das zeigt die Evaluation der Bürgerforen: Selbstwirksamkeit wird erlebt, das Vertrauen in Demokratie und seine

---

[1] Weitere Details zum Verfahren siehe beteiligungsportal.baden-wuerttemberg.de.

Institutionen wird gestärkt – wenn dieser Form der Beteiligung von der Politik mit Respekt begegnet, sie ernst genommen wird. Dazu gehört, dass die Empfehlungen nicht unbehandelt in der Schublade verschwinden und über das Ergebnis informiert wird. Die Politik wiederum erfährt, wo der große schweigende, nicht organisierte Teil der Bevölkerung steht. Bürgerforen dienen der Politik als Entscheidungsvorbereitung.

Ja, es gibt natürlich auch Kritiker dieser Form der Bürgerbeteiligung.

Richtig ist, dass Bürgerforen nicht bei jeder Diskussion zum Einsatz kommen müssen. Das Thema muss dafür kontrovers und streitig sein, der Aufwand muss im Verhältnis stehen. Viele andere geeignete Formen der Bürgerbeteiligung behalten weiterhin ihre Berechtigung und treten teilweise ergänzend hinzu; auch hier berät unsere Servicestelle.

Oftmals wird die Sorge artikuliert, dass Probleme vorbei an den zuständigen Gremien, ohne die gewählten Repräsentanten auf Landes-, regionaler oder kommunaler Ebene, vorentschieden werden könnten. Dass Diskussionen entpolitisiert und die legitimen Entscheidungsträger entmachtet würden. Es wird befürchtet, dass Projekte durch Beteiligungsprozesse zeitlich verzögert und dadurch verhindert werden könnten. Oder dass die Auswahl der Teilnehmerinnen und Teilnehmer nicht aussagekräftig und der Prozess nicht transparent verlaufe. Prinzipielles Unverständnis und gängige Vorurteile gegen die deliberative Beteiligung kulminieren gern in den Hinweisen, dass die Bürger – anders als die Mandatsträger – zu wenig von der Materie verstünden oder dass es sich beim Bürgerforum nur um eine unbedeutende kleine Gruppe handle.

Die Befürchtung, dass Bürgerbeteiligung automatisch zu einer erheblichen Verzögerung führt oder politischen Schaden verursacht, falls doch anders entschieden wird, lässt sich durch die Ergebnisse der Evaluation unserer Verfahren widerlegen. Außerdem: In den politischen Gremien werden ohne Bedenken aus der Vielzahl der jeweiligen Fachgutachter einzelne Gutachter beauftragt, werden Verbände und Interessengruppen gehört. Warum nicht auch einer vielfältig zusammengesetzten Gruppe aus der Bürgerschaft das Wort erteilen? Zumal sich diese intensiv mit der Materie beschäftigt hat, anders als die Mehrheit der Stimmberechtigten bei einem Volks- oder Bürgerentscheid.

Einer solchen Kritik kann jedoch auch grundsätzlich begegnet werden. Zu erinnern ist an die Wirkmächtigkeit des freien Wortes, des Dialogs, der Deliberation, des Zuhörens. Ich beziehe mich dabei gerne auf eine Denkschule, die bei Sokrates und Plato beginnt und in die Gegenwart bis zu John Rawls und Jürgen Habermas reicht.

Ich bin mir deshalb sicher, dass die deliberative Form der Beteiligung, das abwägende Beratschlagen, das Vorbringen von Bedenken, die genaue Betrachtung von Pro und Contra für die Bürger und den Staat ein unschätzbarer Vorteil sind. Bürgerforen sind Lernorte. Und der Satz des römischen Rechts ist zeitlos: „Es ist längere Zeit zu bedenken, was ein für alle Mal festzusetzen ist."

Und so vermag ein gut geführter Dialog im Rahmen einer deliberativen Bürgerbeteiligung durchaus ein probates Gegenmittel zu sein in einer Welt, in der Algorithmen eine „false balance", ein durch Fakes komplett verzerrtes oder gar falsches Meinungsbild zeichnen und damit Orientierungslosigkeit und Unsicherheit verbreiten.

Für bedenkenswert, für manche vermutlich geradezu kühn, halte ich die Überlegung von Felix Heidenreich. Er schlägt eine Erweiterung der praktizierten Partizipationsbemühungen durch einen Perspektivwechsel vor: „Könnte die Rede vom Anspruch *auf* Beteiligung nicht auch anders gelesen werden, als ein Anspruch *der* Demokratie, ein Anspruch, den nicht die Bürger gegenüber „der Politik" formulieren, sondern den die Demokratie an die Bürger stellt?"[2]

Zur Pflege des Gemeinwohls sind alle aufgerufen, die Zivilgesellschaft ebenso wie die Politik. Heidenreich beschreibt Demokratie als ein „Resonanzverhältnis" zwischen Bürgerinnen und Bürgern und den politischen Verantwortungsträgern, „in dem keineswegs nur die eine Seite auf die andere zu hören hat". Auch wenn die Demokratie eine Zumutung bedeutet, müssen wir mehr denn je alles tun, sie als unsere Staatsform zu bewahren und zu sichern. Wir sollten vor allem selbstbewusst die Chancen sehen und zuversichtlich die Potenziale

---

[2] Heidenreich, Felix, Demokratie als Zumutung. Für eine andere Bürgerlichkeit, Stuttgart 2022, S. 21.

Politik des Gehörtwerdens – Eine baden-württembergische Erfolgsgeschichte

einer von der Bürgerschaft im Dialog getragenen Gesellschaft wahrnehmen. Dafür sprechen unsere konkreten Erfahrungen bei der Ausübung der deliberativen Demokratie.

Dialogische Bürgerbeteiligung in Baden-Württemberg ist erfolgreich, weil

- wir der Bürgerschaft grundsätzlich zutrauen, sich gut vorbereitet auch mit komplexen Fragestellungen beschäftigen und anschließend abgewogene Entscheidungen treffen zu können,
- Bürgerforen im Auftrag der politischen Entscheidungsträger und nur bei einem konkreten und strittigen Thema durchgeführt werden,
- die Niederlegung in einem Gesetz Verfahrenssicherheit und -verlässlichkeit und damit Vertrauen schafft,
- alle Beteiligten die Gewissheit haben, dass in jedem Verfahren alle Fakten auf den Tisch kommen,
- die Kommunikation zwischen allen Teilnehmenden von Beginn an offen angelegt ist und nicht interessengeleitet und taktisch sein darf,
- es die Pflicht und im Interesse der Behörden ist, die Bürgerschaft frühzeitig und verbindlich einzubeziehen,
- wir möglichst vielen Menschen durch richtig geführte Verfahren Lust auf demokratische Teilhabe machen und Angst vor Veränderungen nehmen können und
- wir durch unsere Beteiligungsverfahren das Grundvertrauen in die demokratische Politik stärken und populistischen Narrativen und extremistischen Gefährdungen den Boden entziehen können.

Wir sind in Baden-Württemberg zum Vorreiter einer strukturierten, dialogorientierten Politik geworden. Und dennoch bleiben wir selbst Lernende, wollen weiterentwickeln. Die Landesregierung hat beschlossen, Bürgerforen bei wichtigen Gesetzesvorhaben durchführen zu wollen. Und den Auftrag aus dem Koalitionsvertrag, durch Volksantrag ein Bürgerforum herbeiführen zu können sowie in der Gemeindeordnung den Rahmen für Bürgerentscheide zu verbessern, gilt es noch umzusetzen.

Die Politik des Gehörtwerdens hat Wurzeln geschlagen. Sie ist aus Baden-Württemberg nicht mehr wegzudenken.

Den Bürger nicht als Problem, sondern als Teil der Lösung betrachten

BENNO STIEBER

Das Gelände sieht aus wie eine Mondlandschaft. Die Abrissarbeiten sind schon weit vorangeschritten, Planierraupen begradigen Flächen, Lastwagen transportieren Bauschutt ab. Michael Schnepf fährt über die Landstraße, durchs Wohngebiet, den Fluss Murg entlang, einmal rund um das Areal, das jetzt mit Zustimmung der Bischweierer Bürgerinnen und Bürger zum Logistikcenter wird.

Jahrzehntelang residierte auf dem 20 Hektar großen Areal ein Spanplattenwerk. Je nach Wetter und Wind wehte der Sägemehlnebel in die Wohngebiete des kleinen Städtchens, machte das Atmen schwer und hinterließ seine Spuren auf Fenstern und Häusern. Auch Verkehr und Lautstärke nervten viele in Bischweier. „So lange ich denken kann, war das hier ein Ärgernis für die Bevölkerung" erinnert sich Michael Schnepf, während er das Gelände umrundet.

Nachdem die Betriebsgenehmigung für den Holzbetrieb 2020 endete, wollte die Gemeinde keine neuen Konflikte mit der Bevölkerung riskieren. Der langjährige Bürgermeister Robert Wein hatte frühzeitig angekündigt, die Bürgerinnen und Bürger bei der Entscheidung, wie das Gelände künftig genutzt wird, einzubeziehen. Jetzt stieß er ein Bürgerforum an. Und so wurde Michael Schnepf, bis zu seinem Ruhestand Kfz-Mechaniker in der Entwicklungsabteilung von Mercedes Benz, zum „Zufallsbürger".

Bürgerräte[1] sind nach dem ersten Jahrzehnt ihrer Erprobung dabei, sich als neues Element der repräsentativen Demokratie zu etablieren. Ein Vorbild ist das österreichische Bundesland Vorarlberg, wo kom-

---

[1] Diese werden in Baden-Württemberg Bürgerforum genannt.

munale Bürgerräte sogar fest in der Landesverfassung verankert sind. In Irland wurde mithilfe der sogenannten Citizen Assembly in zwei hochumstrittenen Punkten die Verfassung modernisiert. Irische Bürger verständigten sich auf eine Liberalisierung des Abtreibungsrechts und die Einführung der „Ehe für alle". Frankreich experimentierte mit Bürgerforen, um die Gelbwestenbewegung zu befrieden, und auch auf internationaler Ebene werden Beteiligungsformate immer beliebter.[2]

In Deutschland hat sich Baden-Württemberg seit dem Amtsantritt von Winfried Kretschmann zum Vorreiter bei der Beteiligung von zufällig ausgewählten Bürgerinnen und Bürgern in politischen Entscheidungsprozessen entwickelt.[3] Auch weil sich gezeigt hatte, dass althergebrachte Verwaltungsabläufe dringend ergänzt werden müssen. Die schweren Auseinandersetzungen um das Bahnhofsprojekt Stuttgart 21 hatten eine gespaltene Gesellschaft und mit dem Polizeieinsatz vom „Schwarzen Donnerstag" im Stuttgarter Schlossgarten sogar dauerhaft versehrte Bürgerinnen und Bürger hinterlassen. Um den Konflikt zu befrieden und auch den Dissens über das Projekt innerhalb der Koalition aufzulösen, hatte sich das grün-rote Kabinett zu einer Volksabstimmung entschlossen.

Doch dies war nur der Anfang. Kretschmann nutzte eine Besonderheit der baden-württembergischen Landesverfassung, die dem Ministerpräsidenten die Möglichkeit gibt, einen ehrenamtlichen Staatsrat mit Stimmrecht im Kabinett zu ernennen, der ein spezielles Thema voranbringen soll. Von diesem Instrument machten fast alle seine Vorgänger Gebrauch. Der grüne Ministerpräsident ernannte Gisela Erler zur Staatsrätin für Zivilgesellschaft und Bürgerbeteiligung, eine alte Weggefährtin aus Gründerzeiten der Grünen Partei. Erler sollte Möglichkeiten ausloten, Bürgerinnen und Bürger bei strittigen Vorhaben früher einzubeziehen und auch eine vermutete schweigende Mehrheit zu beteiligen: Verfahren also, die weniger polarisieren als die bereits in Baden-Württemberg existierenden Bürgerbegehren und Volksbegehren.

---

[2] Vgl. Erler, Gisela, Demokratie in stürmischen Zeiten, Freiburg 2024.
[3] Ebd.

Erler, bis 2021 im Amt, fand den Weg für eine verbindliche Bürgerbeteiligung in der Verwaltung mithilfe einer – wer hätte es gedacht – Verwaltungsvorschrift: „Verwaltungsvorschrift zur Intensivierung der Öffentlichkeitsbeteiligung in Planungs- und Zulassungsverfahren", wie sie in ihrem Buch *Demokratie in stürmischen Zeiten* beschreibt. Damit wurden kommunale und Landesbehörden dazu verpflichtet, Bürgerinnen und Bürger früher an strittigen Bauvorhaben zu beteiligen. Echte Diskussionen also, nicht nur die formale Möglichkeit, Einspruch zu erheben. Bei der Bauwirtschaft stieß sie damit auf offene Ohren; ein wichtiger Rückhalt, um dies auch gegenüber den Behörden durchzusetzen, wie sie sich erinnert.

Einen weiteren wichtigen Schritt ging das Land im Februar 2021. Da verabschiedete der Landtag von Baden-Württemberg das „Gesetz über die Dialogische Bürgerbeteiligung". Seither dürfen Kommunen die Meldedaten der Bürgerinnen und Bürger nutzen, um Menschen zufällig auszuwählen und einzuladen.[4] Bis dahin gab es dagegen datenschutzrechtliche Bedenken.

Zurück nach Bischweier. Die Gemeindeverwaltung hatte nur sehr begrenzten Einfluss darauf, was mit dem ehemaligen Spanplatten-Areal passiert. Das Gelände war auch nach der Schließung weiter in Privatbesitz, die Gemeinde konnte nur über Bebauungspläne und den Dialog mit dem neuen Hausherrn Einfluss darauf ausüben, was dort künftig geschieht. Als klar war, dass dieser neue Hausherr ein Dienstleister sein würde, der für die Mercedes Benz AG ein Logistikzentrum plante, lud die Gemeinde zum ersten Bürgerrat in der Geschichte des Orts. Aus dem Melderegister wurden Bürgerinnen und Bürger aus allen Altersgruppen, sozialen Schichten und unterschiedlichsten Bildungsabschlüssen angeschrieben. Auch Michael Schnepf erhielt Post. Er füllte den umfangreichen Fragebogen aus, schickte ihn zurück, landete im Lostopf und wurde gezogen.

Ein Logistikcenter hätte sich in Bischweier eigentlich kaum jemand gewünscht. „Wahrscheinlich hätten wir alle am liebsten jemanden gefunden, der für eine blühende Wiese auf dem Gelände ordentlich

---

[4] Land Baden-Württemberg, Gesetz über die dialogische Bürgerbeteiligung (Dialogische-Bürgerbeteiligungs-Gesetz – DBG) vom 4. Februar 2021, https://www.landesrecht-bw.de/perma?j=DialogB%C3%BCrgBetG_BW_!_1 (abgerufen am 16.5.2024).

Gewerbesteuer zahlt", sagt Michael Schnepf lakonisch. Ein solcher Gönner fand sich natürlich nicht, bei einem Industriegelände, das so verkehrsgünstig an der A5 liegt.

An vier Abenden diskutierten Schnepf und 33 andere zufällig ausgewählte Bischweierer im Bürgerforum. Nicht ob, sondern unter welchen Bedingungen das Logistikcenter in das Leben der 6000-Einwohner-Gemeinde nördlich von Baden-Baden integriert werden kann. Es wurden alternative Streckenführungen für die LKW diskutiert und ob die Liefercontainer in Hallen be- und entladen werden können, um die Lärmbelästigung zu drosseln. „Es ging eigentlich darum", sagt Schnepf, „wie man die Schmerzen für alle Seiten möglichst geringhalten kann". Bei den Vertretern der Betreibergesellschaft des Logistikcenters hätte es zuerst „Störgefühle" gegen das Bürgerforum gegeben, berichtet Schnepf. Später hieß es aber auch von dieser Seite, der Dialog mit den zufällig gelosten Bürgerinnen und Bürgern sei viel konstruktiver gewesen als in konventionellen Bürgerversammlungen üblich, wo oft nur laute Minderheiten zu Wort kommen.

Der Bürgerrat konnte entscheidende Impulse für den sogenannten vorhabenbezogenen Bebauungsplan erarbeiten. Man präsentierte seine Ergebnisse dem Gemeinderat. Michael Schnepf hat diesen Part übernommen. Einer der großen Erfolge: Der Bauherr hatte sich im Dialog mit dem Bürgerforum bereiterklärt, eine Straßenverlegung zu finanzieren, die die Belastung für die Anwohner stark mindert. Die Sitzung war öffentlich und wurde für die Bischweierer sogar ins Internet gestreamt. Die gewählten Volksvertreter hatten sich bis dahin bedeckt gehalten, wie sie das Logistikcenter gestalten wollten. Es zeigte sich: Der Gemeinderat hatte ganz ähnliche Vorstellungen, wie sie die 34 Zufallsbürger ausgearbeitet hatten.

Wozu dann all die Mühe, wenn das gewählte Gremium zum gleichen Ergebnis kommt wie die Zufallsbürger? Michael Schnepf glaubt fest an den befriedenden Effekt seiner Arbeit: „Das Gelände war so umstritten, da war es gut, dass der Normalbürger oder halt der Zufallsbürger mitmachen konnte."

Absolution durch Konsultation der Bürger. Die Gemeinde hat damit zumindest fürs Erste einen langjährigen Konflikt befriedet. Bischweier ist nur einer von inzwischen vielen Beteiligungsdialogen im Land.

Begonnen hatte es 2012 mit dem Filder-Dialog S21. Bürgerinnen und Bürger sollten den Bau des Fernbahnhofs am Stuttgarter Flughafen als Ergänzung zu Stuttgart 21 debattieren. Es war das erste Bürgerforum mit zufällig gelosten Teilnehmerinnen und Teilnehmern. Dabei wurde auch deutlich, dass ein Forum ernst genommen werden sollte. Die Bahn war damals nicht bereit, die Vorschläge der Bürgerinnen und Bürger ernsthaft zu erwägen. Doch die Vorschläge kamen Jahre später wieder auf den Tisch. Eine späte Genugtuung für das Bürgerforum.

Im Winter 2017 sollte ein Bürgerforum im Auftrag des Landtags von Baden-Württemberg eine Empfehlung zur Altersvorsorge der Landtagsabgeordneten erarbeiten. Ein umstrittenes Thema, bei dem es nicht so aussehen sollte, dass sich die Abgeordneten eine Regelung auf Kosten des Steuerzahlers geben.

Der Bürgerrat nutzte die Gelegenheit und wagte in seiner Empfehlung eine Vision: Einstimmig plädierten die gelosten Bürgerinnen und Bürger aus dem ganzen Land für eine einheitliche Bürgerrentenversicherung, in die ausnahmslos alle, Beamte, Angestellte, Selbstständige und eben auch Parlamentarier einzahlen.

Eine Rentenreform ist nichts, was der Landtag von Baden-Württemberg beschließen könnte. Dessen war sich das Gremium bewusst. Es wollte aber diese Diskussion anstoßen. Zur Lösung der eigentlichen Frage machte es noch zwei weitere Lösungsvorschläge. Einer davon wurde vom Landtag mit großer Mehrheit angenommen.

Auch der lang schwelende Unmut vieler Eltern über das seinerzeit um ein Jahr verkürzte Gymnasium wurde 2024 durch ein Bürgerforum und einen zuvor angestoßenen Volksantrag letztlich beendet. Zufallsbürger mit unterschiedlichstem Bildungshintergrund empfahlen die Rückkehr zum neunjährigen Gymnasium. Die Landesregierung beschloss dies, wenn auch widerstrebend, für das Schuljahr 2025/26.

Lohnt der ganze Aufwand denn, wenn am Ende nur Empfehlungen stehen, die gewählte Gremien nicht einmal befolgen müssen? Unbedingt, sagt Stefan Falk, Zufallsbürger aus Elzach bei Freiburg. Falk ist gelernter Handwerker und Systemadministrator, er wurde in den ersten gemeindeübergreifenden Klimabürgerrat berufen, der sich mit Maßnahmen zu mehr und effizienterem Klimaschutz in der Region Freiburg beschäftigt hat. Besonders die Rückkopplung der Zufallsbürger mit der Öffentlichkeit, etwa wenn sie auf Marktplätzen an Samstagen ihre Diskussionsergebnisse präsentierten. Das fand er wichtig. Man könnte sagen, die Politik kehrt wieder dahin zurück, wo sie vor mehr als 2000 Jahren mal gestartet ist: auf das Forum, den Marktplatz. Dort haben Stefan Falk und die anderen Räte mit anderen Bürgerinnen und Bürgern die Themen und Lösungsansätze diskutiert, die sie zuvor schon im Bürgerrat gedreht und gewendet haben. So habe man die Ideen aus dem Bürgerrat auch jenen präsentieren und mit ihnen diskutieren können, die nicht ausgelost worden waren.

Der Klima-Bürger:innenrat Region Freiburg ist gleich in mehrfacher Hinsicht etwas Besonderes. Im Sommer 2022 versammelten sich Bürgerinnen und Bürger aus 19 Städten und Gemeinden rund um Freiburg, um über regionale Klimakonzepte zu sprechen. Die Erkenntnis dahinter ist, wenn man etwa über Windräder oder Photovoltaikanlagen spricht, machen Planung und Auswirkungen solcher Vorhaben nicht an der Ortsgrenze halt. Zusammenarbeit oder gar ein umfassendes Klimakonzept für die Region ist notwendig.

Es war gewissermaßen einer der ersten Bürgerräte von unten. Den angestoßen hatte ein Kreis aus der Bevölkerung, darunter die Autorin Gabriele Michel. In Christian Ante, dem Bürgermeister der kleinen Gemeinde Merzhausen, fand sie einen Verbündeten, der 18 Kollegen umliegender Gemeinden für die Idee begeistern konnte. Am Schluss sind 48 Empfehlungen entstanden, die die Klimaräte in den Gemeinden vorstellten und die von diesen in einer gemeinsamen Strategiesitzung beraten wurden und nun umgesetzt werden sollen.

„Demokratie heißt, sich in seine eigenen Angelegenheiten einzumischen", hat der Schriftsteller Max Frisch einmal formuliert.[5] In Deutschland, das anders als die basisdemokratische Schweiz bis Mitte des 20. Jahrhunderts ein Obrigkeitsstaat war, hat sich diese Erkennt-

---

[5] Wolfgang Thierse, zur Eröffnungsveranstaltung der „Politiktage" der „Bundesinitiative Beteiligungsbewegung" am 14.3.2002 in Berlin, https://webarchiv.bundestag.de/archive/2007/0206/parlament/praesidium/reden/2002/005.html (abgerufen am 16.5.2024).

nis noch nicht überall durchgesetzt. Das Demokratieverständnis geht eher davon aus, dass man seinen Einfluss im Fünfjahresrhythmus an Volksvertreter delegiert.

Gerade in den Verwaltungen und Rathäusern gab es anfangs viel Ablehnung für vermeintliche „Pseudo-" oder „Nebengremien". Dem baden-württembergischen Ministerpräsidenten schlug in den ersten Regierungsjahren das Unverständnis von Bürgermeistern ganz unverblümt entgegen: „Das mit der Bürgerbeteiligung hätte es nicht gebraucht!" Kretschmanns Antwort war ähnlich deutlich: „Das haben wir ja auch nicht für die Bürgermeister, sondern für die Bürger gemacht."

Die jahrelange Erfahrung zeigt, man kann den Menschen etwas zumuten. Etwa sich in die Komplexität von politischen Fragen einzuarbeiten oder zu akzeptieren, dass ihre Vorschläge nachher nicht eins zu eins umgesetzt werden. Sie bekommen dafür Einblicke in politische Entscheidungsprozesse, können sich einbringen. Aber der Staat markiert auch einen gewissen Anspruch an seine Bürger: „Kümmert euch, eure Meinung ist uns wichtig."

Damit können, so sieht es der Stuttgarter Politikwissenschaftler Felix Heidenreich, auch Gräben zwischen den Bürgern und den Politikern ein ganzes Stück zugeschüttet werden,[6] ohne dass damit die demokratisch legitimierten Parlamente geschwächt würden oder gar eine Räterepublik durch die Hintertür eingeführt würde. Der Soziologe Steffen Mau empfiehlt in seinem Neuen Buch *Ungleich vereint* Beteiligungsmodelle als langfristiges Mittel, um die Entfremdung von Politik und Parlamenten in Ostdeutschland zu bekämpfen.

„Ich fand, es ist eine Ehre, teilzunehmen", sagt Andreas Grimmeiß. Auch der Weilheimer war von der Stadt angeschrieben worden, an einem Bürgerforum teilzunehmen. Es ging um den Bau des Industriegebiets Rosenloh, ein Areal von 25 Hektar und eine Entscheidung, die mindestens landesweite Bedeutung hat. Denn dort sollen nicht nur örtliche Betriebe angesiedelt werden. Auf 15 Hektar soll eine Brennstoffzellenfabrik für den Lastverkehr entstehen. Also klimaneutrale

---

[6] Felix Heidenreich auf dem Podium „Gemeinsam Handeln", in: Staatsministerium Baden-Württemberg, 21.10.2023, https://stm.baden-wuerttemberg.de/de/themen/tagung-gemeinsam-handeln/livestream-tagung (16.5.2024).

Zukunftstechnik für Trucks von Daimler und Volvo, die diese Fabrik in einem Joint Venture betreiben wollen. Auch die Landesregierung hatte an der Ansiedlung der Fabrik großes Interesse.

Der Druck war also recht groß, schließlich ging es um Arbeitsplätze und die Zukunftshoffnungen einer mächtigen Branche. Beeinflusst fühlte sich Andreas Grimmeiß dennoch nicht. „Klar, die Stadt war Auftraggeber des Bürgerforums", sagte er, „aber es ist ja auch eine Frage der inneren Haltung, ob man sich beeinflussen lässt". Das Weilheimer Bürgerforum nahm seine Aufgabe durchaus selbstbewusst wahr: Ein Experte für Verkehrskonzepte wurde zu Nacharbeiten verdonnert. Der Mann hatte das Gremium wohl nicht recht ernst genommen und nur sehr allgemeine Antworten gegeben. Beim zweiten Termin war das Gremium mit seinen Auskünften zufrieden.

Aus der Stadtverwaltung Weilheim hört man, dass bei der Kommunalwahl nun auch einige der Bürgerräte für den Gemeinderat kandidieren. Das bestätigt eine der Hoffnungen der Bürgerbeteiligung: dass man die Bürgerinnen und Bürger über Beteiligungsformate auch für die repräsentative Demokratie gewinnen kann. Grimmeiß hätte eigentlich auch Interesse, aber als Unternehmer zu wenig Zeit. Aber das Forum, sagt er, sei eine gute Gelegenheit gewesen, sich immerhin einmal punktuell in die Politik seiner Stadt einzumischen.

Bürger wollen gefragt werden. Das bestätigen auch wissenschaftliche Untersuchungen der Universität Hohenheim. Bürgerinnen und Bürger finden Beteiligungsformate auf kommunaler, Landes- und Bundesebene in überwältigender Mehrheit wichtig (91 Prozent). 40 Prozent der Menschen in Baden-Württemberg hätten persönliches Interesse daran, an einem Beteiligungsformat teilzunehmen. Und von denen, die teilgenommen haben, ist mit dem Verfahren fast die Hälfte (49 Prozent) zufrieden oder sehr zufrieden. Bei Menschen bis 29 Jahren sind es sogar 61 Prozent. Spricht man mit Bürgerinnen und Bürgern aus den Verfahren, loben sie fast ausnahmslos die unparteiische Information und die professionelle Moderation. Die Qualität dafür sichert in Baden-Württemberg eine Servicestelle Dialogische Bürgerbeteiligung, die dem Staatsministerium zugeordnet ist.

Beteiligung heiße, den Bürger nicht als Teil des Problems, sondern als Teil der Lösung zu betrachten, sagt Winfried Kretschmann. Und der erste grüne Ministerpräsident geht bei Missachtung des Bürgerwillens auch mit den eigenen Leuten in der Bundesregierung hart ins Gericht.

Dabei könnten positive Erfahrungen von Bürgerinnen und Bürgern, die an politischen Entscheidungsprozessen beteiligt gewesen sind, sich als eines der wenigen greifbaren Gegenmittel gegen Populismus, faktenfreie Debatten und Sehnsucht nach autoritären Regierungsformen erweisen. Wolfgang Schäuble, der als Bundestagspräsident die ersten Bürgerforen auf Bundesebene eingesetzt hat, hatte genau diese Hoffnung. „Bürgerräte können das Vertrauen in die Politik stärken und der repräsentativen Demokratie neue Impulse geben", sagte er. Sie seien gerade dann nützlich, wenn sie sich mit heiklen, moralisch aufgeladenen Fragen beschäftigen.[7] Das klingt, als stünde die Bürgerbeteiligung erst noch vor ihrer eigentlichen Bewährungsprobe.

---

[7] Schäuble sieht in Bürgerrat neue Impulse für die repräsentative Demokratie, in: Deutscher Bundestag, 13.1.2021, https://www.bundestag.de/dokumente/textarchiv/2021/kw02-buergerrat-816534 (abgerufen am 16.5.2024).

Mit Bürgerenergie gegen die Klimakrise

LAURA ZÖCKLER

Die schlechte Nachricht ist: Wir stehen vor einer globalen Krise, deren Auswirkungen wir bereits jetzt spüren. Und die das Leben von Millionen Menschen gefährden wird. Die gute Nachricht ist: Wir haben bereits einen großen Teil der Lösung.

Schauen wir uns die aktuelle Kommunikation rund um die Klimakrise an, gewinnen wir einen anderen Eindruck: Über Lösungen wird selten gesprochen. Klimaschutz scheint mit Verzicht und Freiheitsverlust assoziiert. Nachhaltigkeit gilt als spaßbefreit. Und je nach Kontext wird abgewiegelt oder abgewunken: Entweder heißt es, dass die Auswirkungen der Klimakrise schon nicht so schlimm würden beziehungsweise uns im globalen Norden gar nicht so sehr betreffen würden. Oder es wird suggeriert, dass wir ohnehin nichts mehr tun könnten. Einem solchen Fatalismus begegnet man mindestens genauso häufig wie dem systematischen Infragestellen jeder entwickelten Lösung.

Hinter solchen Argumentationen stecken häufig etablierte Organisationen, die ein klares Interesse daran haben, dass alles beim Alten bleibt. Nicht selten führen weltweit agierende Konzerne reichweitenstarke Kampagnen durch, um nicht auf ihre Profite verzichten zu müssen. Eines der berühmtesten Beispiele ist die BP-Kampagne um den CO_2-Fußabdruck. Hier wurde uns, den Endverbraucher:innen, unter Einsatz erheblicher finanzieller Ressourcen glaubhaft vermittelt, unser individueller Konsum sei schuld an der Klimakrise – nicht etwa Big Oil.[1] Derart

---

[1] Vgl. Fieber, Tanja/Konitzer, Franziska, Wie der CO_2-Fußabdruck die Klima-Realität verschleiert, in: ARDalpha, 27.10.2021, https://www.ardalpha.de/wissen/umwelt/nachhaltigkeit/co2-fussabdruck-carbon-footprint-shell-exxon-bp-taeuschung-klima-100.html (abgerufen am 16.4.2024).

medial wirksame Vereinzelung macht hilf- und machtlos. Die uns übertragene Aufgabe scheint unlösbar, die häufigste Reaktion ist: aufgeben. Oder gar nicht erst anfangen.

Das Interesse aller Organisationen ist der Erhalt des Systems, in dem sie sich erfolgreich behaupten. Potenziell tödlich wird es da, wo dieses System das menschliche Leben auf dem Planeten verunmöglicht. „Dass die etablierten Energiekonzerne mit allen Mitteln an ihren Systemen festhalten wollen, kann nicht überraschen. Es entspricht ihren Prämissen, auf eine Verlangsamung des Energiewechsels zu drängen und Sachzwänge anzuführen, obwohl es in Wahrheit um Systemerhaltung geht."[2] Hier braucht es Menschen, die verstehen, dass die problemzentrierte Kommunikation rund um die Klimakrise unvollständig ist, dass sie möglicherweise eine eigene Agenda verfolgt und dass wir alles andere als machtlos sind. Die Fridays for Future-Bewegung hat das verstanden und fordert seit beinahe sechs Jahren weltweit einen „System Change" – eine Transformation hin zu einem System, das den Erhalt des Weltklimas nicht als optional ansieht, sondern als das, was es ist: die Grundbedingung dafür, dass wir weiterleben können.

Effektiver Klimaschutz heißt 100 Prozent erneuerbare Energien

Ich habe versprochen, dass die Lösung bereits da ist. Kommen wir also zur Lösung. Der einzig plausible Weg zu effektivem Klimaschutz heißt 100 Prozent erneuerbare Energien – so schnell wie menschenmöglich.[3] Wollen wir den Klimawandel verlangsamen, müssen wir den Ausstoß von Treibhausgasen drastisch reduzieren. Das geht nur mit erneuerbaren Energien. Bei diesem Vorhaben gibt es drei zentrale Herausforderungen. 1. Die Technik: Es braucht extrem leistungsfähige erneuerbare-Energien-Anlagen, eine schnelle Produktion und einen dezentralen Ausbau. 2. Das Geld: Der Umstieg auf 100 Prozent Erneuerbare sowie der Rückbau von Kohle- oder Atomkraftwerken sind kostspielig. 3. Die

---

[2] Scheer, Hermann, Der energethische Imperativ, München 2012, S. 129.
[3] Vgl. ebd., S. 31 f.

Menschen: Unwissen, Misstrauen und ein durchaus verständlicher Mangel an Veränderungsbereitschaft verhindern das Vorankommen.

Jetzt die Überraschung: Zwei der drei zentralen Herausforderungen können wir als bereits gelöst betrachten. Alle Technologien für den Umstieg auf eine erneuerbare Energieversorgung sind bereits da. Die Produktion zieht weltweit immer mehr an. Der Ausbau geht im Mittel deutlich voran. Im vergangenen Jahr betrug der Anteil an erneuerbaren Energien am deutschen Strommix 56 Prozent.[4] Eine Zahl, die noch vor wenigen Jahren von führenden Politiker:innen als vollkommen utopisch eingeschätzt wurde. Im windigen Dezember 2023 hatten wir an einigen Tagen Spitzenwerte von 107 Prozent.[5] Es geht also.

Auch das Geld ist wider Erwarten kein Problem. Fast 20 Milliarden Euro wurden in Deutschland im Jahr 2022 in die Errichtung von Erneuerbare-Energien-Anlagen investiert.[6] Darunter sind nicht nur Investitionen von Großunternehmen, sondern auch die Gelder von Privatanleger:innen, die direkt oder indirekt in den Ausbau von erneuerbaren Energien investieren. Trotz gegenteiliger Narrative können also zwei der drei Herausforderungen als grundsätzlich gelöst angesehen werden. Es bleiben: die Menschen.

Komplexe globale Probleme erfordern eine Vielzahl an unterschiedlichen lokalen Lösungen. Für jede Lösung, die in den Alltag oder die Lebenswelt von Menschen eingreift, brauchen wir gute Erklärungen. Vergessen wir, die Menschen zu informieren und mitzunehmen, erzeugen wir Widerstand, der dringend benötigte Innovationen effektiv verhindern kann. Der gescheiterte Bau von Windprojekten ist

---

[4] Vgl. Fraunhofer Energy Charts, Annual renewable share of public net electricity generation and load in Germany, 17.4.2024, https://energy-charts.info/charts/renewable_share/chart.htm?l=en&c=DE&interval=year (abgerufen am 17.4.2024).

[5] Vgl. Fraunhofer Energy Charts, Täglicher Anteil Erneuerbarer Energien an der öffentlichen Nettostromerzeugung und Last in Deutschland im Dezember 2023, 17.4.2024, https://energy-charts.info/charts/renewable_share/chart.htm?l=de&c=DE&interval=day&year=2023&day=m12, (abgerufen am 17.4.2024). Die Zahlen umfassen auch Stromexport und -speicherung, weswegen Werte über 100 möglich sind.

[6] Vgl. Agentur für Erneuerbare Energien, Wirtschaftliche Impulse aus dem Betrieb von Erneuerbare-Energien-Anlagen, in: unendlich-viel-energie.de, o. D., https://www.unendlich-viel-energie.de/mediathek/grafiken/umsaetze-investitionen-erneuerbare-energien-anlagen (abgerufen am 19.4.2024).

nur ein prominentes Beispiel von vielen. Wären jahrelange Gerichtsverfahren durch gut organisierte Beteiligungsprozesse zu verhindern gewesen? Meiner Einschätzung nach ja.

Ich bin überzeugt, dass wir die Energiewende schaffen werden, wenn wir die Menschen mitnehmen. Oder anders: Eine gerechte, schnelle und von allen mitgetragene Energiewende wird es ohne die Einbindung der Menschen nicht geben. Kommunen, die Erneuerbare-Energien-Anlagen errichten wollen, wissen längst, dass es ohne die Bürger:innen nicht funktioniert. Schon Information auf Augenhöhe und einfache Möglichkeiten der Teilhabe erhöhen die Akzeptanz für erneuerbare Energien und Infrastrukturprojekte deutlich. Die Faktoren „regionale Wertschöpfung" und „finanzielle Beteiligungsmöglichkeiten" haben für die lokale Akzeptanz von Erneuerbare-Energien-Projekten eine besonders große Bedeutung.[7]

Bürgerbeteiligung erhöht Akzeptanz

Noch erfolgreicher werden Energiewende-Projekte, wenn sie von Bürger:innen selbst initiiert und umgesetzt werden. Denn dann werden nicht nur Bedenken ausgeräumt und Interessen berücksichtigt, sondern auch vorhandenes Wissen miteinbezogen. Es gilt die Regel: Je größer der Grad der Beteiligung, desto höher die Akzeptanz. „Bei Bürgerenergie-Projekten werden die Menschen nicht nur informiert oder konsultiert – wie oft bei anderen kommunalen Infrastruktur-Projekten der Fall –, sondern sie können die Initiative ergreifen und eigenverantwortlich mitentscheiden", fasst das Bündnis Bürgerenergie zusammen.[8]

---

[7] Agentur für Erneuerbare Energien (Hrsg.), Renews Spezial Nr. 92. Die Energiewende in Kommunen: Zusammenhänge von regionaler Wertschöpfung, lokaler Akzeptanz und finanzieller Beteiligung, https://www.unendlich-viel-energie.de/media/file/5141.AEE_Renews_Spezial_92_ReWA.pdf, Berlin 2023, S. 35.

[8] Bündnis Bürgerenergie e.V., Das bringt Bürgerenergie. 10 gute Gründe für eine breite Akteursvielfalt, https://www.buendnis-buergerenergie.de/fileadmin/user_upload/downloads/Studien/Broschuere_Nutzeffekte_von_Buergerenergie_17092015.pdf, Berlin 2015, S. 13.

Hier liegt der Unterschied zwischen der Einladung zur Beteiligung von oben, auch „invited spaces" genannt, und einer von unten organisierten Beteiligung, die neue Räume bürgerschaftlichen Engagements und zivilgesellschaftlicher Selbsttätigkeit, sogenannte invented spaces,[9] erschließt. Sowohl invited als auch invented spaces machen die Bürger:innen von passiven Betroffenen zu Akteur:innen, weil Menschen inhaltlich und finanziell beteiligt werden. Sie haben die Möglichkeit, einen praktischen Beitrag zur Lösung beizusteuern. Trotzdem sind invited spaces in ihrer Wirkung eingeschränkt: Top-down-Projekte werden „auf Dauer nur eine begrenzte Resonanz entfalten. Es wird darauf ankommen, Bürgerinitiativen, Genossenschaften, Bürgerstiftungen, Protestgruppen und andere zivilgesellschaftliche Akteure für einen Beteiligungsprozess zu gewinnen, der durch bürgerschaftliches Engagement ‚bottom up'-Initiativen und Debatten entstehen lässt und befeuert."[10] Das bedeutet: Es braucht mehr „invented spaces" und damit noch viel mehr von einer Bewegung, die in Deutschland in den letzten Jahren immer mehr an Bedeutung gewonnen hat.

877 Energiegenossenschaften in Deutschland

Klimaschutz von und für Menschen – das ist der Leitgedanke der Bürgerenergie-Bewegung. Zu ihr zählen laut der Bundesgeschäftsstelle für Energiegenossenschaften 877 eingetragene Genossenschaften deutschlandweit. Bereits über 125 davon sind bei den Bürgerwerken Mitglied.[11] Und die Genossenschaften sind nur ein Teil: Verbände,

---

[9] Paust, Andreas, Grundlagen der Bürgerbeteiligung, Materialsammlung für die Allianz Vielfältige Demokratie, https://www.bertelsmann-stiftung.de/fileadmin/files/Projekte/Vielfaeltige_Demokratie_gestalten/Materialsammlung_Buergerbeteiligung.pdf, Gütersloh 2016, S. 9.

[10] Roth, Roland: Bürgerhaushalte international – Was können wir aus den weltweiten Erfahrungen mit Bürgerhaushalten lernen?, http://www.netzwerk-buergerbeteiligung.de/fileadmin/Inhalte/PDF-Dokumente/newsletter_beitraege/nbb_beitrag_roth_141105.pdf, Bonn 2014, S. 7.

[11] Bei den Bürgerwerken haben sich mehr als 50 000 Menschen in über 125 lokalen Energiegenossenschaften aus ganz Deutschland zusammengetan, um die Energiewende voranzubringen (Stand: April 2024). Als unabhängiger Ökostrom-Anbieter versorgen sie bundesweit Menschen mit 100 Prozent erneuerbarem Bürgerstrom aus Sonne, Wind

Initiativen, Kommunen und Privatpersonen sind oft schon seit Jahrzehnten aktiv in der Umsetzung der Transformation auf lokaler und regionaler Ebene. Die Bewegung wird also immer größer.

Der Kern der Bewegung ist die Überzeugung, dass die Energiewende gelingt, wenn alle Menschen teilhaben können. Die Aktiven in den Bürger-Energiegenossenschaften haben nicht darauf gewartet, bis sich die Umstände oder die politischen Rahmenbedingungen ändern. Sie haben gehandelt, gegründet, vorangetrieben. Durch die Etablierung verschiedener „invented spaces" nahm die Energiewende Fahrt auf – undenkbar ohne das Engagement tausender Bürger:innen. Damit bildet die Bürgerenergie-Bewegung den entscheidenden Pfeiler für eine erfolgreiche Energiewende in Deutschland. Aus offenem Dialog wurde Interesse, aus Interesse Beteiligung: Privatpersonen gehört in Deutschland ein großer Teil der installierten Leistung zur erneuerbaren Stromerzeugung. Damit lagen sie als Gemeinschaft 2019 weit vor Energieversorgern, Projektierern, Gewerbebetrieben, Fonds und Banken.[12] Die Bürgerenergie ist also keine theoretische Überlegung, sondern eine praktische Bewegung und ein Erfolgsmodell. Ihr Vorbild macht Schule, wie die vielen Neugründungen von Bürger-Energiegenossenschaften zeigen.[13]

Wenn mehr Menschen mitbestimmen, investieren dank niedrigschwelliger Investitionsmöglichkeiten auch mehr von ihnen. „Geld und Einfluss im Energiesektor werden also auf deutlich mehr Menschen verteilt als zuvor."[14] Auch die Erträge werden in aller Regel vor

---

und Wasser und mit nachhaltigem BürgerÖkogas. Ihr Ziel: eine erneuerbare, regionale und selbstbestimmte Energiezukunft in Bürgerhand.

[12] Vgl. Agentur für Erneuerbare Energien, Eigentümerstruktur der Erneuerbaren Energien, in: unendlich-viel-energie.de, o. D., https://www.unendlich-viel-energie.de/mediathek/grafiken/eigentuemerstruktur-erneuerbare-energien (abgerufen am 17.4.2024). Aktuellere Zahlen gibt es dazu leider nicht. Seit dem Solarboom in den vergangenen Jahren haben die Investitionen großer Energieversorger deutlich zugenommen, was das Verhältnis zu den privaten Investments geändert haben könnte. Wie dieser Beitrag zeigt, ist aber die Investitionssumme selbst nicht das Entscheidende. Sie dient uns hier nur als weiterer Hinweis, wie viel der bisherigen Energiewende direkt von Bürger:innen getragen wurde.

[13] Vgl. Deutscher Genossenschafts- und Raiffeisenverband (DGRV), DGRV-Jahresumfrage Energiegenossenschaften 2023, in: dgrv.de, 17.7.2023, https://www.dgrv.de/news/energiegenossenschaften-2023/ (abgerufen am 31.3.2024).

[14] Bündnis Bürgerenergie e.V., Das bringt Bürgerenergie, S. 17.

Ort reinvestiert, was die regionale Wertschöpfung stärkt. Gewinne bleiben damit in der Gemeinschaft. Ganz anders sieht es aus, wenn Projekte von überregionalen oder sogar internationalen Investor:innen umgesetzt werden, die keinerlei Verbindung zu der Region haben und auch das vorhandene Wissen der Anwohnenden nicht nutzen.

Demokratisierung der Energiewende als Beitrag zum Gemeinwohl

Wer entscheidet, welche Erneuerbare-Energien-Anlagen gebaut werden und warum? Wer bestimmt, wo sie stehen sollen, und wer profitiert letztlich von diesen Anlagen? Allzu oft ist die Antwort: Es entscheiden die Akteur:innen mit dem meisten Geld. Die Interessen, die sie dabei vertreten, sind in aller Regel nicht gemeinwohl-, sondern profitorientiert.

Bürger-Energiegenossenschaften, die auf demokratische Strukturen und dezentralisierte Akteursvielfalt setzen, lösen dieses Problem. Die Menschen mit kleiner Beteiligung haben genauso viel Gewicht bei den Entscheidungen der Genossenschaft wie größere Investor:innen. Und auch der Aufsichtsrat, der wiederum den Vorstand der Genossenschaft bestellt und kontrolliert, wird in der Generalversammlung von den Mitgliedern gewählt – dabei haben alle eine Stimme, unabhängig von der Höhe ihrer finanziellen Beteiligung.[15] Die Bürgerenergie-Bewegung ermöglicht so vielen Einzelnen, vor Ort aktiv an Entscheidungen teilzuhaben. Ein reines Verfolgen finanzieller Interessen durch Großkonzerne oder Unternehmen wird verhindert, die Gemeinwohlorientierung ist durch die Mitwirkung vieler gewährleistet. Durch die Dezentralisierung entsteht Schritt für Schritt eine ausgewogenere Akteurslandschaft im Energiesektor als „Alternative zur zentralisierten Monostruktur der gegenwärtigen Energieversorgung".[16]

---

[15] Vgl. Genoverband e.V., Genossenschaft als Rechtsform, in: genoverband.de, o. D., https://www.genoverband.de/genossenschaft-gruenden/genossenschaft-als-rechtsform/ (abgerufen am 29.3.2024).
[16] Scheer, Der energethische Imperativ, S. 129.

Aktiver Beitrag zur Energiewende

Der Einstieg in ein Engagement für die Bürgerenergie-Bewegung ist niedrigschwellig. Oft braucht eine Bürger-Energiegenossenschaft etwas Knowhow oder Unterstützung bei einem Projekt. Viele, die sich zunächst projektbezogen einbringen, werden später Mitglieder oder dauerhafte Unterstützer:innen. Denn das Engagement der Bürger:innen treibt nicht nur die Energiewende voran. Die Effekte liegen auch auf einer anderen Ebene: Mit aktivem Einbringen wird das Gefühl von Hilflosigkeit gegenüber der Klimakrise schwächer. Mitunter reicht dafür schon der eigene Strombezug bei der Energiegenossenschaft vor Ort. Für viele ist das allerdings nur ein Anfang. Der eigene Beitrag zur Lösung der Klimakrise beflügelt. Energiewende ist kein abstrakter Begriff mehr, sondern wird greifbar. Die riesengroße, unbezwingbare Aufgabe scheint plötzlich machbar, weil die Last auf viele Schultern verteilt ist.

Eine Einzelperson kann kaum die Dächer der Stadt mit Solaranlagen bestücken oder allein ein Windkraftprojekt umsetzen. Die Gemeinschaft innerhalb einer Genossenschaft oder einer anderen bürgerschaftlichen Initiative hingegen bietet diese Möglichkeiten. So werden das Ergebnis des eigenen Handelns und die positive Wirkung direkt vor der eigenen Haustür sichtbar. Die lokale Verankerung erhöht die Identifikation mit den Projekten und fördert das Bewusstsein für die Auswirkungen individuellen Handelns auf die Umwelt. Diese erfahrene Selbstwirksamkeit macht resilienter gegenüber der Bedrohung der Klimakrise und das eigene Engagement wird dadurch nachhaltig.

Bürger:innen, die einer lokalen Energiegenossenschaft angehören, identifizieren sich als Teil der Bewegung. Sie engagieren sich in der Bürger-Energiegenossenschaft, die die Wirkung der:des Einzelnen multipliziert und Probleme löst, die für Einzelpersonen zu groß sind. Wer die Wirkung des eigenen Handelns auf diese Weise erlebt, wird auch in Zukunft motiviert sein, Probleme anzugehen und ein Vorbild für andere zu sein.

Kritische Betrachtung

Bei allem, was Energiegenossenschaften an positiven Veränderungen für die Gesellschaft und das Individuum erreichen, sollten wir die Augen nicht vor den Aspekten verschließen, an denen wir arbeiten müssen. Die aktive Mitarbeit oder passive Beteiligung an einer Energiegenossenschaft ist ein Privileg. Das Engagement erfordert Zeit, eine Investition braucht frei verfügbares Geld. Die Menschen, die sich aktuell einbringen, haben häufig beides. Zudem sind sich Energiegenossenschaften sehr bewusst, dass der Anteil an Männern in ihren Reihen überproportional hoch ist. Allein diese Tatsache ist ein Hindernis für viele weiblich gelesene Personen, sich zu engagieren. Sprachbarrieren, die durch sehr technische Inhalte oder bürokratische Verfahren noch erhöht werden, erschweren beispielsweise Menschen mit Migrationshintergrund ein aktives Einbringen. Nicht zuletzt zeigt der hohe Anteil an Akademiker:innen unter den Mitgliedern, dass Energiegenossenschaften kein Abbild einer vielfältigen Gesellschaft sind.

Doch auch wenn die Vorbilder für Diversität in den Bürger-Energiegenossenschaften oft noch fehlen, stehen sie allen Menschen offen. Viele Genossenschaften bemühen sich aktiv um eine Erhöhung des Frauenanteils, um Diversifizierung und um niedrige Einstiegshürden.[17] Ziel ist es, mehr Menschen mit unterschiedlichen Hintergründen, Anliegen, Stärken und Perspektiven für ein Engagement zu gewinnen. Je perspektivenreicher Beteiligungsprozesse gestaltet werden können, desto aufwändiger sind sie initial. Aber desto besser sind auch die gemeinsam gefundenen Lösungen.

Ein Fazit

Die Bürgerenergie-Bewegung beweist: Die Energiewende ist machbar. Über ein Engagement in Energiegenossenschaften haben wir die Chance auf ein Energiesystem, das den Bürger:innen gehört. Die vie-

---

[17] Vgl. Netzwerk Energiewende Jetzt, Frauen* für die Energiewende, in: energiegenossenschaften-gruenden.de, o. D., https://www.energiegenossenschaften-gruenden.de/frauen-fuer-die-energiewende.html (abgerufen am 16.4.2024).

len Erfolgserlebnisse der vergangenen Jahre zeigen, dass die problemzentrierte Kommunikation zur Klimakrise grundlegend überdacht werden muss. Denn die gute Nachricht ist: Die Lösung ist bereits da. Und alle können an ihr mitwirken.

Was für den einzelnen Menschen unmöglich scheint, schafft die Gemeinschaft. Was wir jetzt noch brauchen, ist ein neues Bild. Ein Narrativ, das die Chancen sieht, Hoffnung macht und mobilisiert. Ein Symbol, das nicht von globalen Konzernen geschaffen wurde, um uns in der Handlungsunfähigkeit zu halten. Vielleicht kann uns in Zukunft der Handabdruck bessere Dienste leisten als der CO_2-Fußabdruck, denn während „der weit verbreitete Fußabdruck [...] metaphorisch eingesetzt wird, um eine negative Belastung darzustellen, symbolisiert der Handabdruck das positive, gestalterische Management und das gezielte Steuern hin zu einer nachhaltigen Entwicklung".[18] Der Handabdruck passt zu einer Bewegung von Aktiven, die bereits gehandelt und gemeinsam gewirkt haben, als die Mehrheit der Entscheider:innen von Klimaschutz noch nicht allzu viel wissen wollte.

Ich schlage vor, daran anzuknüpfen, denn genau so ein Bild braucht die Aufgabe, vor der wir stehen: Um die Menschen mitzunehmen und damit die dritte Herausforderung der Transformation zu lösen, braucht es Inspiration und Motivation. Die Bürgerenergie-Bewegung sorgt bereits seit Jahren für beides. Es ist Zeit, dass Entscheidungsträger:innen das Potenzial dieser Bewegung erkennen.

---

[18] Collaborating Centre on Sustainable Consumption and Production (CSCP), Handabdruck. Positive Nachhaltigkeitseffekte, in: handabdruck.org, o. D., https://handabdruck.org/project.php, (abgerufen am 31.3.2024).

Die Bemühten der Ebene

WOLF LOTTER

Transformation heißt, dass es auch anders geht. Darum ist Veränderung, die nur so tut als ob, schlimmer als Stillstand.

1. Transformationsgerede

Wenn es um Sonntagsreden und Transformationsbeschwörung geht und der folgende Satz nicht gefallen ist, dann kommt er noch, nur etwas Geduld, eins, zwei, drei ….

> *„Es muss sich alles ändern, damit alles so bleiben kann, wie es ist."*

Na bitte.

Dieses Zitat findet sich im Roman *Der Leopard* von Tomasi di Lampedusa, und in der Szene, um die es geht, benennt ein süditalienischer Landadeliger die Überschrift des Pflichtenheftes seiner sozialen Schicht. Damit die weiterhin das Sagen hat, muss sie sich ändern. Wenn sie das nicht tut, dann, so die implizite Logik des Satzes, bleibt sie nicht, was sie ist. Wer die Transformation nicht mitmacht, den macht sie überflüssig. Diese Logik ist in der westlichen Transformationsfolklore fest eingeschrieben. Nichts anderes meint ja auch Bob Dylan, dem man auf den ersten Blick keine allzu große Nähe zum süditalienischen Feudalagrarier nachsagen würde, wenn er in seiner Transformationshymne *The Times They Are A-Changin* singt : „Then you better start swimmin' or you'll sink like a stone."

Im Grunde genommen sind sich also die vermeintlich Konservativen und vermeintlich Progressiven sehr einig: Wer sich nicht ändert, der gehört zum alten Eisen, der wird nicht mehr gebraucht, ist überholt und fertig.

Wir wollen an dieser Stelle festhalten, dass diese Einstellung brachial ist. Seit Menschengedenken können mit dieser Behauptung Junge, die nichts wissen und können, sich ihrer erfahrenen Konkurrenten in Ämtern und Rang entledigen. Sie behaupten, etwas neu zu machen, zielen aber nur darauf ab, anderen die Macht zu nehmen. Keine Revolutionäre. Renegaten, allesamt. Und wer sich wehrt, bestätigt ja nur, dass der Aufstand zu Recht erfolgt. Es muss sich alles ändern, damit alles so bleiben kann, wie es ist. Das ist die Losung all jener, die nichts verändern wollen außer ihrer eigenen Machtbasis, die sie zu verbreitern suchen. So viel zunächst einmal zum Transformationspathos.

2. Transformationsheuchler

Unsere Vorstellung von Transformation entspricht den vorher beschriebenen Zuständen ziemlich genau. Wir müssen sie mitmachen, damit wir das, was wir haben, nicht verlieren, nicht untergehen. Wer nicht schwimmen kann oder es nicht lernt, säuft ab.

Ich zitiere beide Sätze seit vielen Jahren gerne im Zusammenhang mit der Frage, woraus Transformation und Innovation, also Verwandlung und Erneuerung, eigentlich beschaffen sind und wie sie beschaffen sein müssten, um ihren Namen zu verdienen.

Lampedusas Veränderung, damit alles so bleiben kann, das beschreibt ziemlich genau die Vorstellung, die nach wie vor in der Bundesrepublik und insbesondere in deren (noch) wohlhabenden südlichen Bundesländern herrscht. Veränderung ist ungeliebt, ungewollt, aber was soll man machen, wenn man das weiter haben will, was man hat, das Reihenhaus, je ein Auto pro erwachsenem Familienmitglied plus Wohnmobil vorm Bürgersteig und mindestens drei Flugreisen zu günstigen Preisen, koste es andere, was es wolle. Was wir hier haben, sind, frei nach Bert Brechts Gedicht Wahrnehmungen, in denen von den Mühen der Ebene die Rede ist, die Bemühten der Ebene. Stets schlecht gelaunte, wenig zukunftsoptimistische, unternehmerische und sich immer als zu kurz gekommen Wähnende. Sitzenbleiber der Geschichte also. Sie gehören zu jenen Generationen, die nach denen kamen, die die Gebirge überwinden mussten, um ganz oben statt eines Gipfels mit klarer Übersicht eine weite Ebene vorzufinden, die kaum einen Orientierungspunkt bis zum Horizont kennt. Das Versprechen von materiellem Aufstieg war während der ganzen Industrialisierung stets mit der Aussicht verbunden, dass man, einmal oben angekommen, dort auch bleiben konnte und die Aussicht genießen. Stattdessen zeigte sich, dass der Aufstieg erst der Anfang war und die eigentliche Arbeit erst vor einem lag. Das Verstehen und das selbstständige Begehen der Ebene, der Welt, der Möglichkeiten, die sich bieten. Das ist Transformation im Sinne der Aufklärung, das Schlechtere zurücklassen und das Bessere suchen. Nur: Die Bemühten der Ebenen bleiben lieber sitzen, statt sich auf den Weg zu machen und das Terrain zu erkunden. Es gibt keinen Zusammenhalt in der Transformation, weil der und dem Einzelnen der Zweck und Sinn der Sache fehlt. Das Interesse daran, dass sich wirklich was verändert und man sich selber gleich mit.

Transformation ist hier also das Mittel zum Zweck eines Strukturkonservatismus, der das genaue Gegenteil dessen ist, was Transformation eigentlich sein muss, um überhaupt Wirksamkeit zu entfalten: Verwandlung, die wörtliche Übersetzung des Wortes, bedeutet eben auch, dass man sich nicht, wie beim süditalienischen Landadel des 19. Jahrhunderts, den Pelz waschen kann, dabei aber nicht nass wird.

Sortieren wir mal die Probleme in der Reihenfolge ihres wahrscheinlichen Auftretens. Begeben wir uns also in die Realität, also jene Sache, die, wie Philip K. Dick es so treffend sagte, „nicht weggeht, wenn man nicht an sie glaubt".

Dort sehen wir die Akteure, die aus sehr unterschiedlichen Motiven an Transformation interessiert sind, und jeder von ihnen hat einen anderen Grund dafür, der nicht immer klar benannt wird. Machen wir uns also erst mal ehrlich.

Wer will welche Transformation und wie sehr?

3. Transformation durch Politik. Der Lampedusa-Effekt

Meist sind es Politiker, die uns Transformationen – gleich welcher Art – schmackhaft machen wollen. Wie üblich geht es dabei erst um den Entwurf eines Szenarios, bei dem sich alles bzw. kaum noch was machen lässt, wenn man nicht mitmacht. Die Entweder-oder-Logik, die es etwa in der Ökologie gibt, ist dabei keineswegs exklusiv.

Die Leitformel: „Transformieren oder verlieren" gilt ja schon lange auch für andere Bereiche, etwa bei der Rente, im Gesundheitswesen, in der Wirtschaft, wo das Verweigern dieser Verwandlungslogik unweigerlich das Ende bedeuten soll. Dabei wird, und das ist wichtig, selten differenziert. Man muss mitmachen. Oben wird gesagt, was richtig ist, unten darf man dazu einen Beitrag leisten. Das ist ja der Wesenskern des traditionellen Rollen-Selbstverständnisses der Deutschen: Sie sind ein Teil von etwas Größerem, das ihnen sagt, wo es langgeht, sie dürfen die Transformation nicht selber denken – wo kämen wir da hin! – aber mitmachen dürfen sie!

Die Mitarbeitenden der großen Transformation werden so, wie in der Betriebsgemeinschaft und überhaupt in der ganzen Kultur, zu Mitläufern gemacht. Da geht es nicht um Zusammenhalt oder gar um Zusammenhänge, also Verstehen des Kontextes des Handelns in der Transformation, sondern um Zusammenkleben, um soziale Kohäsion oder, um es deutlich übersetzt zu sagen, Gruppendruck. Man kann aber die neue Welt nicht auf den Fehlern der alten bauen.

Selbstbestimmtes Handeln, das differenziert, nach persönlichen Bedürfnissen und Fähigkeiten ausgerichtet ist, das verbietet sich wieder einmal – Heilige Hannah Arendt, schau auf uns! –, weil der Mensch als solcher für derlei Eigenaktivität für zu klein gehalten wird. Verordnete Transformation ist aber nun kein geringerer Widerspruch zur Zivilgesellschaft als irgendeine andere Form der Paternalisierung mündiger Bürgerinnen und Bürger. Dazu passt nun aber, dass man massive Drohungen ausspricht. Macht man bei dieser Transformation nicht genau, was die da oben sagen, dann vergeht man sich an der ganzen Gemeinschaft (dem Unternehmen, dem Staat, dem Wohlstand, der Zukunft unserer Kinder etc. pp).

Wer das nicht einsehen will, dem wird der Dylan gemacht: Lern schwimmen oder sauf ab. Jeder hat eine Wahl, nicht wahr?

Das Paradoxe an dieser politischen Intervention, ihre jeweiligen Veränderungsinteressen durchzubekommen, ist ja, dass sie täglich kläglich scheitert. Wie überall, wo es Menschen gibt, werden dort, wo man im Auftrag der Macht etwas tun soll, was man eigentlich nicht will, zu den eigentlichen Schaubühnen, auf denen sich alle immer wortreich zu Wenden und Veränderungen zum Besseren aller Art bekennen, Hinterbühnen gebaut. Je mehr vorne politische Transformation inszeniert wird, desto größer sind dann diese Hinterbühnen, und bald nehmen sie fast den gesamten Raum in der Realität ein, während auf dem schmalen, aber politisch medial grell ausgeleuchteten Streifen, der die Schaubühne markiert, Komödien und Possen aller Art abgehalten werden. Auf den Hinterbühnen hingegen geht es ums Feilschen besserer Strompreise für überholte Industrien, um Dieselsteuernachlässe, um mehr Subventionen, mehr Dienstposten, mehr Geld für die eigenen Klienten.

Dort blockieren Traktoren und Verbeamtungsexzesse einander, dort wird nicht Theater gespielt, sondern echtes Leben. Um Philip Dick zu ergänzen: Die Realität geht auch dann nicht weg, wenn man sie aus wahltaktischen Gründen – oder um als Unternehmensführung gut dazustehen – ins Hinterzimmer sperrt. Wer das strukturell Überholte weiterhin pflegt, weil er fürchtet, die Brüche, die die Innovationssprünge der vergangenen Jahrzehnte zwangsläufig in das gemütliche Sozialgefüge Deutschlands bringen, würden durch Abwahl abgestraft, der ist mindestens mitverantwortlich für den Stillstand. Denn nicht nur wird zu wenig getan, es wird auch von niemandem mehr geglaubt, dass die hehren Beschwörungen der Wende etwas anderes wären als einer dieser Marketingsprüche, mit denen die Welt der Politik und Wirtschaft – und längst auch des Alltags – voll sind. Jede Bürgerin, jeder Bürger sagt dann: Klar bin ich dafür, dass wir was fürs Klima tun, um sich ins Auto zu setzen und an den Flughafen zu fahren, wo Fluglinien, die im Notfall als systemrelevant mit Steuergeldern durchgefüttert werden, zu Discountpreisen nach Mallorca fliegen. Glückwunsch. Wahrhaft glaubwürdige Klimapolitik, ganz nebenbei. Wer wundert sich wirklich, dass euch die Leute das nicht abnehmen?

Und nun wären wir also beim Lampedusa-Effekt: Man droht den Leuten, gibt eine Agenda auf, die man aber selbst nicht ernst nimmt. Die meisten Manager sind keine Unternehmer, sondern eben leitende Angestellte, die das Risiko scheuen und sich lieber rückversichern, bei der Politik beispielsweise, die das wiederum bei den Bürgerinnen und Bürgern tut (wenigstens über deren Abgaben und Vermögen). Weil Politiker aber wiedergewählt werden wollen, ist ihre harte Transformationsansage schon von vornherein unglaubwürdig: Transformation ist wichtig, Amtserhalt aber wichtiger. So einfach ist das. Es gilt die alte Weisheit: Interessen lügen nicht. Das wusste man, bei Albert Hirschman kann man es nachlesen, im 17. Jahrhundert, als der moderne Staat entstand, der freilich längst seine nüchternen Grundlagen durch falsche Freundlichkeiten verdeckt hat, zwecks Freude am Machterhalt.

So erzählt die Politik (und das Management seinen Share- und Stakeholdern) den immer gleichen süditalienischen Verwandlungsschwank: Es muss sich alles ändern, damit alles so bleiben kann, wie es ist (aber Zwinker, Zwinker, für euch machen wir natürlich eine Ausnahme, Freunde!). So kommt es, dass in Deutschland – ganz zuvorderst – nicht nur nichts passiert, sondern alles rückwärts geht. Die infrastrukturelle Katastrophe der Bahn ist keine Ausnahme. Alle reden schön, was längst hässlich ist. Aber es muss sich alles ändern, damit es für immer weniger so bleiben kann, wie es ist.

4. Transformationsehrlichkeit

Damit wir uns nicht falsch verstehen. Das ist nicht nur das Problem von Inkompetenz, gepaart mit jenem traditionellen Hochmut, den am besten der Dunning-Kruger-Effekt beschreibt, der sinngemäß meint, dass Menschen, die inkompetent sind, nicht wissen, dass sie inkompetent sind, weil dieses Wissen über das Nichtwissen ja genau ein Zeichen von Kompetenz wäre. Das kann vielen Führungskräften hierzulande nicht passieren.

Dass in Deutschland die Transformation nicht vom Fleck kommt, sondern das Land immer wieder in alte Reflexe und auch als Wirtschaftsstandort zurückfällt, das liegt aber nicht allein daran, auch nicht an den Interessen, sondern daran, dass diese Interessen nie direkt benannt werden. Der Lampedusa auf der Hinterbühne ist unser Problem, das systemische Heucheln, dass alles so bleiben kann, wie es ist, wenn wir so tun als ob.

Transformation ist erst einmal eine Anstrengung, die Verwandlung ist kein fauler Zauber, sondern harte Arbeit. Die westliche Wohlstandskultur ist dem entwöhnt. Harte Arbeit ist nicht jene Geschäftigkeit, jener auch in Schwaben so hochgelobte Fleiß, der schnell zum blinden Eifer wird, mit dem man sich die eigentliche Schwerarbeit, das Nachdenken über bessere Lösungen und deren praktische Umsetzung, ersparen kann. Fleißig sind Leute, die in der alten Industriegesellschaft gefragt waren, die Deutschlands Kultur und Normalität bis heute fest im Griff hat. Transformation aber, gleich ob es um Energie, Mobilität, Arbeit, Gesellschaft, Kultur, Recht oder Organisation geht, ist eine Domäne der Wissensökonomie.

Dieses Feld gilt in Deutschland wenig, weil es etwas voraussetzt, was den Mitläufern und den sich als moderne Führungskräfte missverstehenden Nachfahren des süditalienischen Feudaladels gleichermaßen zuwider ist – Selbstverantwortung. Das ist der Rahmen, der die Ansprüche moderner Gesellschaften zusammenhält. Selbstverantwortung ist, wenn man selbstbestimmt und selbstständig arbeiten will, aber sich darüber im Klaren ist, dass dies nur klappt, wenn man auf – handfesten, schwierigen, manchmal mühsamen – Konsens setzt, auf Verhandeln, auf das Offenlegen der eigenen Interessen und das Bestehen darauf, dass andere auch darlegen, was sie wirklich wollen.

Transformation braucht also erst einmal eine Transformationsethik, die zu einer erwachsenen Gesellschaft passt. Dass so viele, die sich für Veränderung einsetzen, angesichts einer infantilen Unverantwortlichkeit in der Gesellschaft verzagt sind, ist kein Wunder. Auch das gehört zur harten Transformationsarbeit. Es geht um etwas, was in der Diskussion stets nur interpretiert, aber selten ins Haus gelassen wird: die Realität.

Der Realitätssinn, auf dem auch bestanden werden muss, ist die Voraussetzung dafür, dass die finsteren Hinterzimmer endlich ausreichend mit Licht versorgt werden. Enlightenment – das englische Wort für Aufklärung – ist das Wort der Stunde. Erleuchtung für die Zivilgesellschaft, Erkenntnisgewinn. Das heißt in Wirklichkeit alles: Selbstverantwortung. Massive Subsidiarität, also Hilfe zur Selbsthilfe, wie es einer Zivilgesellschaft würdig ist. Kein Subventionsunwesen, bei dem auch Konzerne und zunehmend auch der Mittelstand nur mehr ihren Hintern bewegen, wenn der Staat vorher Subventionsprogramme aufgelegt hat. Viel mehr Selbstverpflichtung, viel weniger Selbstmitleid. Ein Programm ganz gegen die Wehleidigkeit, die überall im Lande herrscht.

5. Selbstläufer

Es geht darum, von der Transformationskomödie in eine sachliche Präsentation der eigenen Vorstellungen zu kommen.

Transformationen – denn es sind viele, nicht nur in der Umwelt, in der Organisation, sondern vor allen Dingen in der Kultur und im Selbstbild –, Transformationen, Verwandlungen also, sie gelingen, wo Menschen einen Nutzen erkennen, der nicht in der Wahrung des Status quo liegt. Transformationen gelingen, wo die Wahrheit – im Sinne der Realität – ins Haus gelassen wird. Die Wahrheit ist: Es gibt Gewinner, es gibt Verlierer. Der erste und wesentlichste Modus der Politik ist deshalb, so viel Verantwortung und Handlungsspielraum an die zu geben, die den Job auch machen müssen, die Bürgerinnen und Bürger selbst. Den Verlierern zu sagen, es bliebe alles beim Alten, ist verlogen. Ihnen aber Angebote zu machen, bei der Transformationsarbeit nicht allein gelassen zu werden, ist umso wichtiger. Das gilt übrigens nicht nur für die Mitarbeiter großer Industrieunternehmen, die von der Politik der medialen Aufmerksamkeit am liebsten gepampert werden. Es gilt vor allen Dingen dort, wo das auch glaubwürdig sein kann: im Alltag, bei den vielen Trägern, die diese Veränderung packen müssen, Selbstständigen, Klein- und mittelständischen Unternehmen, die trotz aller Sonntagsredenrhetorik meistens allein gelassen werden. Klar muss aber auch sein, dass Transformation nicht durch und von der Politik kommen kann. Transformation braucht also Sinn und Zweck, die Vorstellung, dass man seine eigenen Interessen im Verbund mit anderen, also in der gemeinsamen Transformation, besser umsetzen kann, quasi als persönliche Erkenntnis. Diese Verbindlichkeit fehlt der Transformationskultur bis heute. Die Frage ist, ob wir überhaupt eine Transformationskultur haben.

Kultur, das heißt hier: was wir tun, ohne uns ständig rückzuversichern, ob es richtig oder falsch ist. Es ist das Normale, das Alltägliche, möglicherweise *die* soziale Routine schlechthin, in der wir aber selbst die Verantwortung übernehmen und sie nicht anderen überlassen und vor allen Dingen uns auch als Erwachsene einer Welt zeigen, die ihren Wohlstand verdient hat. Es ist die alte Geschichte: Menschen, die sich ihres Glücks – auch ihres Wohlstands – nicht bewusst sind, haben beides nicht wirklich – und auch nicht wirklich verdient. Das ist keine Allegorie, sondern trifft auf eine reichlich mit Erbschaften ausgestattete Nation auch ganz konkret zu. In diesen Gesellschaften gibt es keine wirkliche Ambition, die Quelle des alten Wohlstands zu erneuern, indem man erst mal Versuchsbohrungen unternimmt, wo noch was sprudeln könnte. Einmal Auto, immer Auto. Oder das krasse Gegenteil: alles schlecht, was war. Transformation ist beides nicht, sondern eher die Unbeholfenheit beim Versuch, eigenständige Marken zu setzen. Dafür müsste man ja auch was riskieren. Und, das wollen wir nicht vergessen, über die eigene Befindlichkeit hinaus in die Welt und deren Entwicklung gucken. Seid nicht so selbstgerecht. Ihr wisst gar nicht so viel, wie ihr tut.

Was brauchen wir? Mehr Allgemeinbildung. Das Wissen um wirtschaftliche Grundlagen, über Technik und Naturwissenschaften, über das Wesen der Demokratie, die Transformation zur Wissensgesellschaft ist in Deutschland katastrophal schlecht. „Um Wissen produktiv zu machen, müssen wir lernen, den Wald und die einzelnen Bäume zu sehen, wir müssen lernen, Zusammenhänge herzustellen", das hat Peter Drucker geschrieben vor fast vier Jahrzehnten in seiner *Postkapitalistischen Gesellschaft*. Drucker, ein Freund Karl Polanyis, dessen *Große Transformation* den richtigen Hinweis darauf gibt, dass es in erster Linie um die Industrialisierung im Kopf geht, die uns im Weg steht, wusste sehr gut, dass die Wissensgesellschaft, die Wirtschaft der Innovationen und der Ideen, die eigentliche Ökonomie ist und dass das Problem der westlichen Gesellschaften schon nach dem Krieg ihre Ideenlosigkeit war. Das heißt, dass sie es nicht verstehen, die Erfindungen und Geistesblitze, die es zuhauf gibt, in einem anderen Kontext als in dem der Massengesellschaft, des Kollektivs des industriellen Zeitalters, zu sehen. Wir müssen unsere Kinder von dieser Fleißgesellschaft (*industria* ist das lateinische Wort für Fleiß) des Mitlaufens zur Selbstverantwortung erziehen. Die „Geschäftigkeit", mit der „die Deutschen durch die Ruinen ihrer tausendjährigen Geschichte stolpern", so Hannah Arendt 1950, ist ein Hamsterrad, ihre „Hauptwaffe bei der Abwehr der Wirklichkeit". Fleißig auf der Stelle treten, blinder Eifer, das geht immer. Gute Politik würde diesen Teufelskreis der Ablenkung durch das Immergleiche durchbrechen. Überraschen. Aufregen, die Hamster aus dem Käfig lassen. Gute Politik restauriert nicht ständig die alten Hamsterräder. Sie baut sie ab.

Nun wissen wir, dass der Ausgang aus der selbstverschuldeten Unmündigkeit in Deutschland stets ein Stolpern war, dem bald der Rückzug in die alte Behaglichkeit des obrigkeitsstaatlichen Elternhauses folgte. Liberales abseits des Steuerliberalismus ist den Deutschen nach wie vor suspekt.

Transformation, die gelingen soll, fängt bei der Kultur an, bei der Einstellung, beim Individuum. Hört also auf mit eurem Revolutionsgeschwätz. Lest mehr Arendt, Drucker, Polanyi, geht raus und macht was. Die wirklich wahre Transformation ist, was du selber tust. Die wirklich wahre Transformation ist, was du selber zur Verbesserung der Lage, deiner wie der anderer, beiträgst. Und deshalb machen nicht „wir" die Transformation, jenes Wir, das alle so lieben, weil es niemand auf sich selbst beziehen muss, sondern ich, du, er, sie, es. Und zwar gleich. Eine gute Gesellschaft will nicht so bleiben, wie sie ist, weil sich die Menschen in ihr entwickeln wollen.

Es geht darum, die Zusammenhänge zu verstehen, die eigenen Interessen zu sehen und danach handeln, über den Tag hinaus oder, um dieses so vielfach geschundene und missbrauchte Wort zu benutzen, *nachhaltig* eben, also langfristig gedacht.

Eine gute Gesellschaft will nicht so bleiben, wie sie ist. Sie erkennt auch in der Ebene den Horizont, das Ziel, gerade dort. Mehr als darauf hinzulaufen ist nicht zu tun, und wäre es nicht schwer, dann würde es sich nicht lohnen.

Kapitel IV:
Wandel managen und Zukunft sichern

Raus aus der Stimmungsfalle

STEFAN HARTUNG

Transformation ist alles, was nicht Stillstand ist. Also eigentlich Alltag. Ob wir Bauteile zu einem Auto verbinden, Gedanken in einen Text gießen oder unsere Wirtschaft nachhaltiger gestalten: All das ist nichts anderes als die mehr oder weniger gesteuerte Umwandlung von Gegenwart in Zukunft.

Wenn aber nichts normaler ist als der Umstand, dass die Welt morgen anders aussieht als heute, dann müsste Veränderung doch leicht möglich sein – zumal, wenn es um unsere gemeinsame Zukunft geht. Der Klimawandel gefährdet unseren Planeten. Um ihn aufzuhalten, müssen wir unseren Lebensstil ändern. Wenn wir dabei nicht allein auf Verzicht setzen wollen, brauchen wir neue, vor allem technische Lösungen. Und die Herausforderungen sind so groß, dass wir sie nur mit vereinten Kräften meistern können. Trotzdem sieht es so aus, als ob der Zusammenhalt im Land insbesondere bei der Umstellung unserer Energiewirtschaft ins Wanken geraten kann. Dabei sollte man doch eher davon ausgehen, dass eine Gesellschaft angesichts einer weithin akzeptierten Bedrohung zusammenrückt und nicht auseinanderdriftet.

Dass dies nur zum Teil geschieht, liegt meiner Meinung nach vor allem an drei Faktoren: erstens an einer zunehmend verunsicherten deutschen Gesellschaft, die angesichts der Häufung von Krisen an Zuversicht und Selbstbewusstsein zu verlieren scheint. Zweitens daran, dass wir uns nicht vorrangig damit beschäftigen, das gemeinsame Ziel Klimaschutz zügig zu erreichen, sondern gerne auch die jeweils anderen Akteure über vermeintliche oder tatsächliche Versäumnisse auf dem Weg dorthin belehren wollen. Und drittens kann jede Bereitschaft auch zu einer offensichtlich notwendigen Verhaltensänderung durch ein Übermaß an Bevormundung und Zwang gemindert werden: Wer den Wandel nicht als allgemeinen Aufbruch, sondern vor allem als persönlichen Rückschritt wahrnimmt, ist selbst für die beste Absicht kaum noch zu gewinnen.

Nun sind Pessimismus und überzogene Nabelschau bekanntlich bremsend für jeden Fortschritt – wir müssen also so schnell wie möglich wieder aus dieser gefährlichen Stimmungsfalle heraus. Ein wichtiger, erster Schritt dabei ist das Umdenken in unseren Köpfen: die Zukunft ist nämlich keine Bedrohung der Gegenwart, sondern voller Chancen. Sie ist das, was wir aus ihr machen. Nur aufhalten lässt sie sich nicht. Wir sollten uns im Umgang mit der Zukunft also eher auf unseren Mut und weniger auf selbstgezogene Denk- und Verhaltensmauern verlassen.

Zu diesen Mauern gehören Ignoranz und übertriebene Angst, der verklärte Blick auf die angeblich guten alten Zeiten, aber auch ein Übermaß an Bürokratie und Vorgaben. Die Welt dreht sich schneller als jedes Stempelkarussell, und der Fortschritt überholt so manches Planfeststellungsverfahren, bevor es überhaupt richtig begonnen hat. Selbstverständlich müssen sich auch jene, die unsere Welt von morgen gestalten wollen, an Regeln und ethische Normen halten. Und es ist auch richtig, wenn wichtige Entscheidungen angesichts der Komplexität moderner Technologien sorgfältig diskutiert werden. In der Umsetzung aber wird der wahre Innovationsgeist allzu oft durch wirklichkeitsfremde Berichtspflichten oder ideologisch geprägtes Klein-Klein ausgebremst. Seit 2014 ist Deutschland auf dem Index der wirtschaftlichen Freiheit des Fraser-Instituts von Rang 13 auf Platz 23 abgerutscht. Andere Listen und Indikatoren weisen in die gleiche Richtung. Wenn wir eine von weiten Teilen der Gesellschaft mitgetragene Transformation wünschen, ja, vielleicht sogar einen Wandel, der uns Zuversicht und Selbstvertrauen zurückgeben kann, dann müssen wir die vielen kleinen Bremsen am großen Schwungrad Richtung Zukunft lösen: klare Ziele, klarer Kurs.

Eine Transformation gerade in der Mobilität kann nur erfolgreich sein, wenn sie von Akzeptanz und Teilhabe getragen wird. Ich bin überzeugt, dass viele Menschen das Ziel der Klimaneutralität grundsätzlich begrüßen und auch die Dringlichkeit dabei verstehen. Zugleich glaube ich aber auch, dass der Grad der Zustimmung stark davon abhängt, ob der Weg zum Ziel als eine individuelle Entscheidung wahrgenommen wird oder nicht. Bei der Mobilität etwa könnte die Einführung einer CO_2-Steuer verschiedene Technologien fördern oder bremsen. Verteuern ist zwar unbeliebt, aber längst nicht so missliebig wie Verbieten. Und es bleibt – zumindest für einen gewissen Zeitraum – jedem und jeder selbst überlassen, für einen bestimmten Preis eine bestimmte Ware zu kaufen.

Als ein Anbieter von Mobilitätslösungen wissen wir bei Bosch um die verschiedenen Bedürfnisse aller Verkehrsteilnehmer. Dazu zählen die Wünsche einer Familie auf dem Land, die ohne Auto ihren Alltag nicht bewältigen kann, ebenso wie die Vorstellungen einer Städterin, die gerne weniger Autos, aber dafür mehr Fuß- und Radwege hätte. Genauso bedeutsam ist der Bedarf eines Logistikers, der unter Zeit- und Wettbewerbsdruck Waren von A nach B transportieren muss, oder der Wunsch einer Pendlerin nach multimodalen Transportmöglichkeiten.

Es wird für die Akzeptanz des Wandels entscheidend sein, dass wir uns alle auch während und nach der Transformation zuverlässig und zumutbar fortbewegen können, unabhängig von Wohnort, Alter oder Einkommen. Das erscheint vielen Menschen derzeit jedoch eher fraglich. Wir brauchen deshalb einen Diskurs, der weder schwarzmalt noch polarisiert. Umdenken funktioniert besser, wenn wir unseren Horizont erweitern statt verengen.

Das fängt damit an, dass wir neuen Technologien und Innovationen offener entgegentreten sollten als bislang – zumindest, wenn wir den Wandel der Mobilität wirklich mit allen zur Verfügung stehenden Mitteln vorantreiben wollen. Wunschdenken wird uns nicht helfen. Technik hingegen schon. Ich bin überzeugt: Wenn wir den Klimawandel wirksam bekämpfen wollen, und wenn wir dabei auch weiterhin unser modernes Leben führen wollen – dann gibt es dafür kein besseres Mittel als den freien Wettbewerb um die besten Technologien.

Und das gilt natürlich weltweit. Das Klima kümmert sich nicht um Grenzen und Staaten. Nur die globale Bilanz zählt – und das bedeutet, dass die technischen Lösungen genauso vielfältig sein müssen wie die Regionen und Straßen dieser Welt. Dabei werden die Antriebe von morgen klimaneutral sein. Sie werden aber keineswegs überall die gleichen sein. Wir bei Bosch sehen uns dabei in der Verantwortung, diese Vielfalt der Mobilität zu verstehen und jede Anwendung optimal zu bedienen. Deshalb haben wir nicht nur eine einzelne Technologie im Blick, sondern die Zukunft der Mobilität allgemein.

Zum Beispiel beim Antrieb: Wir bereiten uns seit Jahren auf den Übergang vom Verbrenner hin zu elektrischen Fahrzeugen vor. Wie dieser Weg genau aussehen wird und wann er kommt, ist jedoch ungewiss. Also müssen wir verschiedene Konzepte anbieten, immer mit dem Ziel einer CO_2-freien Mobilität vor Augen. Dabei sollten wir den Konsumenten aber nicht vorschreiben, welche Produkte und Technologien zu nutzen sind – sondern verschiedene Wege anbieten, die auf die Bedürfnisse der jeweiligen Zielgruppe zugeschnitten sind. Ein Landwirt etwa wird mit einer tonnenschweren Batterie an seiner Zugmaschine wenig anfangen können, sein Elektroauto jedoch kann er für die Einkaufsfahrt in die Stadt bequemer in der Hofgarage aufladen als jemand, der im vierten Stock ohne Garage und Ladestation lebt. Hier wiederum könnten Technologien wie ein Plugin-Hybrid oder ein Range Extender zum Einsatz kommen, bei denen ein vergleichsweise kleiner Verbrennungsmotor unter optimalen Bedingungen die Batterie des E-Antriebs lädt. Solche Konzepte sind derzeit in China zunehmend gefragt und werden auch in den USA wohl bald eine größere Rolle spielen. Vielleicht gewinnen sie auch in der EU an Bedeutung. Am Ende jedenfalls entscheiden die Kunden, für welche Lösung sie ihr Geld ausgeben. Und je mehr diese Lösungen zum Klimaschutz beitragen, umso besser.

Für ein effizientes System werden wir also viele Technologien brauchen – und einen Markt, in dem die Verbraucher die Wahl haben. Bosch bietet dafür das richtige Portfolio, von der Elektromobilität über die Brennstoffzelle bis hin zum Wasserstoffmotor. Der ist vor allem für schwere Fahrzeuge geeignet, die über längere Zeit mit besonders hohen Lasten unterwegs sind. Dabei ist der Wasserstoffmotor CO_2-neutral und basiert zu 90 Prozent auf vorhandenen Technologien. Denn eines ist klar: Wir werden nicht alle Antriebe von heute auf morgen elektrifizieren können. Selbst wenn jeder Autobauer dieser Welt ab sofort nur noch Elektrofahrzeuge bauen würde, wäre der Bestand erst in etwa 16 Jahren komplett umgestellt. Manche Fahrzeuge, auch das müssen wir uns eingestehen, werden sich vielleicht gar nicht elektrifizieren lassen, wenn Fahrzeugzweck oder Infrastruktur das nicht erlauben. Und weil ich nichts davon halte, jemanden zum Verzicht auf eine bestimmte Technologie zu zwingen, ohne eine Alternative bereitzustellen, sollten wir auch weiterhin unsere Kunden in der Welt mit effizienter Verbrennertechnologie aus Deutschland beliefern.

Eine wesentliche Voraussetzung für das Tempo der Transformation in Deutschland und Europa ist eine robuste und zuverlässige Infrastruktur. Auch hierzu tragen wir als Unternehmen bei: So haben wir allein an unseren deutschen Standorten bereits 600 Ladepunkte für unsere Mitarbeiterinnen und Mitarbeiter aufgestellt. Damit sich die Investitionen der Wirtschaft in mobilitätsrelevante Zukunftstechnologien jedoch auch in der Breite lohnen, benötigen wir politische und staatliche Unterstützung. Das gilt vor allem für den Aufbau einer vorauseilenden öffentlichen und privaten Tank- und Ladeinfrastruktur.

Laut einer Umfrage der Ipsos-Meinungsforschung aus dem Oktober 2023 ist ein Drittel der Deutschen mit der Infrastruktur im Land unzufrieden. Das bremst auch die Antriebswende. Ohne eine hohe Verfügbarkeit von Ladepunkten, Wallboxen oder Wasserstofftankstellen werden Verbraucher den Wechsel auf klimafreundliche Antriebe so lange wie möglich aufschieben. Selbstverständlich muss auch der Ausbau erneuerbarer Energien Schritt halten. Je grüner der Strommix, desto besser die Klimabilanz der Wasserstoff- und Elektromobilität. Auch hier ist die Politik gefragt, die geeigneten Voraussetzungen zu schaffen. Dazu gehören die Beschleunigung von Planungs- und Genehmigungsverfahren genauso wie ein globaler Markt für grüne Moleküle.

Ebenso wichtig wie Schienen und Straßen ist aber auch die Infrastruktur, die nicht sofort ins Auge fällt, also Clouds, Datenplattformen oder das Internet der Dinge. Denn auch die digitale Welt spielt eine maßgebliche Rolle für die Transformation der Mobilität. Wenn wir alle Systeme auch weiterhin auf Effizienz und Ressourcenschonung trimmen wollen, müssen wir nicht nur auf den Antrieb schauen, sondern auch unsere Verkehrs- und Logistikströme optimieren und so smart wie möglich machen. Ein wichtiger Bestandteil hierfür ist das softwarebasierte Fahrzeug.

Softwaredefinierte Fahrzeuge ermöglichen Autofahrern ein individuelles digitales Fahrerlebnis. Neue Funktionen, etwa für die Fahrerassistenz, kommen über Updates „over the air" ins Auto. Software ist einer der Schlüssel, um Komfort und Nachhaltigkeit zu steigern. In E-Autos etwa unterstützt Software von Bosch das vernetzte Energie- und Thermomanagement, in automatisierten Batterie-Recycling-Anlagen kann unsere Software nicht nur Herkunft und Zustand der Batterien identifizieren, sondern ermöglicht auch eine schnelle und sichere Demontage der Batteriepacks, indem sie durch die Prozessschritte führt.

Wir wollen bei Bosch die Transformation in der Automobilindustrie auch in Zukunft maßgeblich vorantreiben – und haben unser Kerngeschäft deshalb so umfassend neu aufgestellt wie noch nie zuvor in der Unternehmensgeschichte. Seit Jahresbeginn 2024 kann unser integrierter Geschäftssektor „Mobility" mit seiner neuen Struktur noch schneller inmitten eines beispiellosen Umbruchs agieren. Dabei haben wir insbesondere drei Zukunftsfelder der Mobilität im Blick: Software, Halbleiter und Fahrzeugrechner.

Denn Technologie, davon bin ich überzeugt, ist unser wichtigster Hebel auf dem Weg hin zu einer klimaneutralen Mobilität. Die dafür nötige Innovation jedoch ist kein Selbstläufer. Die Entwicklung neuer Lösungen kostet Geld, Arbeit und manchmal auch viel Geduld. Wir befinden uns in einem tiefgreifenden strukturellen Wandel. Die Automobilproduktion ist rückläufig und der Übergang hin zur E-Mobilität erfordert hohe Vorabinvestitionen und Tempo. Obwohl uns die Transformation alle angeht, betrifft sie vor allem die Menschen, die im Automobilsektor arbeiten. Hier wird sich die Beschäftigung in den kommenden Jahrzehnten grundlegend ändern. Bei Bosch wollen wir so viele Beschäftigte wie möglich durch die Transformation mitnehmen. Deshalb investieren wir mehrere Milliarden Euro in die Qualifizierung unserer Mitarbeiterinnen und Mitarbeiter.

Allein jedoch werden die Unternehmen die Transformation nicht vollständig stemmen können. Nur wenn Wirtschaft, Politik und Gesellschaft an einem Strang ziehen, werden wir Nachhaltigkeit und

Wohlstand zugleich sehen. Eine ressourcenschonendere Wirtschaft entsteht aber nicht durch Verordnung oder Verzicht. Sondern durch bessere Infrastruktur, weniger Bürokratie, höhere Bildung und intelligentere Technik. Ohne Investitionen können sich Innovationen nicht entfalten. Denn wenn wir etwa bei Bosch eine neue Software entwickeln, mit der sich die Batterieladezeit bei Elektroautos um zwanzig Prozent verkürzen lässt, dann wird das dem Klima erst helfen, wenn ausreichend grüner Strom zur Verfügung steht. Und auch nur dann, wenn den Menschen so viel Geld übrigbleibt, dass sie sich moderne Technologien noch leisten können.

Ich habe zu Beginn darauf hingewiesen, dass wir gerade mit Blick auf den Klimawandel unsere vielen Möglichkeiten endlich nutzen sollten, anstatt in endlosen Methodendiskussionen über das nun wirklich allerbeste und einzig wahre Vorgehen zu verharren. Je mehr Menschen sich selbst als einen Teil des Wandels begreifen, desto mehr Schwung bekommt die Transformation – wer aber gegängelt wird, der bleibt lieber stehen. Dabei könnte es vielleicht helfen, wenn wir uns hin und wieder darauf besinnen, dass wir die nachhaltige Mobilität nicht nur brauchen, weil wir umweltgerecht und klimabewusst handeln wollen. Wir brauchen sie vielmehr, um unser Leben auch in Zukunft noch individuell und unabhängig gestalten zu können. Schließlich bewegen wir uns ja nicht nur, weil wir müssen. Sondern weil wir neugierig sind. Weil wir den Wunsch nach Wachstum und Wohlstand in uns spüren. Weil wir frei und unabhängig sein wollen. Wer das vergisst, wird die Menschen nicht für den Klimaschutz gewinnen können.

Wir sollten also den Zeigefinger wieder einklappen und zu einer sachlichen, vorurteilsfreien Debatte zurückkehren. Die Agenda darf nicht von Angstmachern und Ideologen bestimmt werden, sondern braucht die breite Mitte der Gesellschaft. Für einen erfolgreichen Klimaschutz müssen wir offener, neugieriger und vor allem zuversichtlicher an die Herausforderungen herangehen. Denn nur wer in Visionen statt in Verboten denkt, kann seiner Zeit wirklich voraus sein.

Unternehmen als Gestalter der Transformation

ENRICO DE MONTE UND HANNA HOTTENROTT

1. Die wirtschaftliche Bedeutung und soziale Verantwortung von Unternehmen

Unternehmen spielen eine wesentliche Rolle für die Organisation, Leistungs- und Anpassungsfähigkeit von Volkswirtschaften. Speziell innovative Unternehmen sind zentrale Akteure in Transformationsprozessen, wobei sich die Aktivitäten der Unternehmen auf verschiedene Ebenen erstrecken können: von eher lokalen Aktivitäten bis hin zu globalen Märkten, vom verarbeitenden Gewerbe hin zu digitalen Dienstleistungen, von unternehmerischen Innovationen, die bestehende Produktionsprozesse verbessern, bis hin zu völlig neuartigen Geschäftsmodellen und Produkten. Aufgrund dieser Vielfältigkeit geht die Rolle der Unternehmen hinsichtlich der transformativen Prozesse im Zeichen des strukturellen Wandels weit über ihre rein wirtschaftliche Bedeutung hinaus und erstreckt sich ebenso auf soziale und ökologische Dimensionen.

Die Ausschöpfung von Innovationspotenzialen ist grundsätzlich von hoher Bedeutung für viele Bereiche unseres Lebens. Innovationen tragen dazu bei, dass neue Prozesse, Produkte, Dienstleistungen und Methoden geschaffen werden, die das Leben der Menschen verbessern können.[1] Dies beinhaltet bessere (z. B. nachhaltigere oder sicherere) Produkte und Dienstleistungen sowie bessere Arbeits- und Lebensbe-

---

[1] Fagerberg, Jan/Srholec, Martin/Verspagen, Bart, Chapter 20 – Innovation and Economic Development, in: Bronwyn H. Hall/Nathan Rosenberg (Hrsg.), Handbook of the Economics of Innovation 2, Amsterdam 2010, S. 833–872.

dingungen.[2] Häufig sind es Unternehmerinnen und Unternehmer, die die Potenziale neuer Technologien erkennen und mit dem Aufgreifen der technologischen Möglichkeiten in ihren Unternehmen dazu beitragen, dass beispielsweise umweltfreundlichere Lösungen umgesetzt werden.[3]

In Zeiten, in denen die Auswirkungen des Klimawandels spürbarer werden und gleichzeitig neue Technologien ungeahnte Möglichkeiten aufzeigen, wird die Notwendigkeit einer Transformation von Wirtschaft und Gesellschaft deutlich. Chancen digitaler und nachhaltiger Technologien stärker zu nutzen, wird eine zentrale Voraussetzung für die zukünftige Leistungsfähigkeit der Wirtschaft sein.

2. Die besondere Rolle junger und innovativer Unternehmen

Jungen Unternehmen – oft wird von Start-ups gesprochen – kommt eine besondere Rolle in der Transformation einer Volkwirtschaft zu, da sie neue Ideen leichter umsetzen können. Etablierte Unternehmen hingegen sind mit ihren jahrelang optimierten Prozessen am Markt oftmals so weit erfolgreich, dass sie keine Notwendigkeit zur radikalen Erneuerung sehen. Dies illustriert, dass es unterschiedlicher Unternehmenstypen und einer Markteintrittsdynamik, d. h. einer regelmäßigen Verjüngung und Erneuerung des Unternehmensbestandes bedarf, damit sich Transformationsprozesse entfalten können. Schon Joseph Schumpeter erkannte die Bedeutung einer diversen Unternehmenslandschaft für den technologischen Fortschritt. Er betonte die Rolle größerer etablierter Unternehmen, die sich Investitionen in Forschung und Entwicklung

---

[2] Antonioli, Davide/Mazzanti, Massimiliano/Pini, Paolo, Innovation, Industrial Relations and Employee Outcomes: Evidence from Italy, in: Journal of Economic Studies 38 (2011), S. 66–90; Chan, Mons/Petrin Amil/Warzynski, Frederic, The Effect of R&D on Quality, Productivity, and Welfare, NBER Working Paper 30950, 2023, https://doi.org/10.3386/w30950.

[3] Hottenrott, Hanna/Rexhäuser, Sascha/Veugelers, Reinhilde, Organisational change and the productivity effects of green technology adoption, in: Resource and Energy Economics 43 (2016), S. 172–194; Chapman, Gary/Hottenrott, Hanna, Green start-ups and the role of founder personality, in: Journal of Business Venturing Insights 17 (2022), e00316.

(F&E) eher leisten können. Sie können risikoreichere Innovationsprojekte angehen und das Scheitern eines Projektes eher verkraften. Diese Erkenntnis ist heute relevanter denn je und wird auch durch aktuelle Zahlen für Deutschland belegt.[4] Die Innovationsausgaben der Wirtschaft befinden sich auf einem historischen Höchststand. Allerdings stiegen zuletzt, d. h. in Zeiten von höherer wirtschaftlicher Unsicherheit, besonders die Innovationsausgaben größerer Unternehmen (Abbildung 1), während sie bei den kleinen und mittleren Unternehmen sogar sinken.

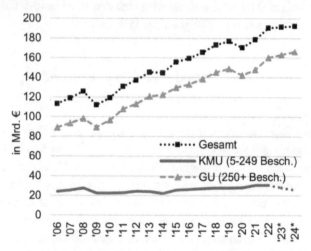

Abbildung 1: Innovationsausgaben der deutschen Wirtschaft, 2006 bis 2024 (Quelle: ZEW, Mannheimer Innovationspanel; Berechnungen des ZEW)

Woran liegt es, dass nicht mehr investiert wird? Und ist diese Zurückhaltung ein Problem? Die Antwort ist: Ja, möglicherweise schon. Neben dem Argument des Wettbewerbsdrucks und der gefährdeten internationalen Wettbewerbsfähigkeit Deutschlands, die maßgeblich von Innovationserfolgen abhängt, ist ein weiterer Grund der zunehmende Zeitdruck. Die Klimauhr tickt, und viele Volkswirtschaften brauchen schnell innovative Lösungen, um den Herausforderungen

---

[4] Hottenrott, Hanna/Peters, Bettina/Rammer, Christian, Wie steht es um die Innovationsfähigkeit Deutschlands?, in: Wirtschaftsdienst 104 (2024), S. 230–235.

zu begegnen. Es geht auch um innovative Produktionsprozesse, die es erlauben, trotz Arbeitskräftemangels das Angebot zumindest aufrechterhalten zu können. Dies ist zur Sicherstellung des heutigen Lebensstandards von zentraler Bedeutung.

Die Innovationskraft der jungen und innovativen Unternehmen entfaltet sich dabei vielfältig: Zum einen können sie neue technologische Potenziale erschließen; zum anderen regen sie den Wettbewerb an und erhöhen damit auch die Anreize für etablierte Unternehmen, ihre Innovationsanstrengungen zu erhöhen. Wichtig hierbei ist, dass sich junge und innovative Unternehmen schnell entwickeln können, d. h. in ihren ersten Jahren zu einem kontinuierlichen Unternehmenswachstum gelangen, was ihnen ermöglicht, einen ernsthaften Einfluss auf die Volkwirtschaft und andere Wettbewerber auszuüben. Diese Wechselwirkung kann als eine zentrale Voraussetzung für die gesellschaftlich optimale Nutzung von technologischen Möglichkeiten gesehen werden.

In Deutschland beobachten wir allerdings eine ganze Reihe von Faktoren, die dieses Entfaltungspotenzial hemmen.[5] Viele davon gelten im Prinzip für alle Unternehmen: die Möglichkeit, Fachkräfte und geeignetes Personal anzuwerben, finanzielle und bürokratische Hürden zu überwinden und Markt- sowie technologische Entwicklungen richtig einzuschätzen. Der Unterschied ist jedoch, dass Start-ups grundsätzlich geringere Ressourcen haben, zunächst eher lokal aktiv sind und daher besonderer Anstrengungen bedürfen, um die Herausforderungen zur Entwicklung der Geschäft- und Überlebensfähigkeit zu meistern. Die Zahlen der letzten Jahre zeigen, dass die Veränderungsrate der jährlich neu gegründeten Unternehmen in vielen Branchen rückläufig ist. Hier geht Baden-Württemberg (Abbildung 2, jeweils rechts) mit dem gesamtdeutschen Trend (jeweils links).[6] 2022 brachen – krisenbedingt – die Gründungszahlen deutlich ein und es ist kein Aufschwung der Gründungsdynamik in Sicht.

---

[5] Gottschalk, Sandra/Hottenrott, Hanna, Das Gründungsgeschehen in Deutschland, in: Wirtschaftsdienst 104 (2024), S. 64–66.
[6] ZEW Report, Junge Unternehmen, Jahrgang 23, Zahlen des ZEW, Berechnungen aus dem Mannheimer Unternehmenspanel.

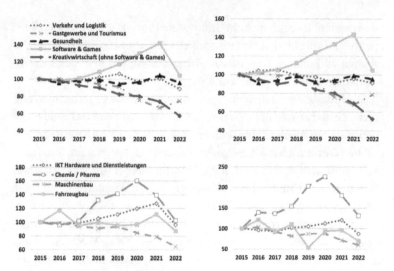

Abbildung 2: Veränderung der Zahl der Unternehmensgründungen (2015 = 100 Prozent) in Baden-Württemberg (rechts) und Gesamtdeutschland (links) in verschiedenen Branchen (Quelle: ZEW, Mannheimer Unternehmenspanel, Berechnungen des ZEW.)

3. Die Wissenswirtschaft als Quelle von Innovation und Dynamik

Die erfolgreiche Entwicklung technologischer Innovationen setzt überdurchschnittlich hohes Fachwissen voraus und benötigt somit häufig Investitionen in F&E. Einige Wirtschaftszweige weisen von ihrer Natur aus einen hohen Grad an Ausgaben für F&E aus, weshalb sie auch die wissensintensiven Wirtschaftszweige genannt werden. Aus diesen Branchen gehen häufig wesentliche innovative Neuerungen hervor, die dann auch in anderen Bereichen Anwendung finden. Doch ähnlich wie in der Gesamtwirtschaft gehen auch in der Wissenswirtschaft die Unternehmensgründungen zurück, deutschlandweit im Jahr 2022 im Vergleich zum Jahr 2005 etwa um 32 Prozent.[7] Die Gründe dafür sind vielfältig.

---

[7] De Monte, Enrico/Murmann, Simona, Unternehmensdynamik in der Wissenswirtschaft in Deutschland 2022, Studien zum deutschen Innovationssystem, Berlin 2024.

So können Start-ups selten mit den Gehältern der etablierten Unternehmen mithalten oder sehen sich einer Marktmacht gegenüber, die den Markteintritt und Wettbewerb für kleinere Unternehmen erschwert.[8] Wie Abbildung 3 zeigt, geht die Rate der Neugründungen in der Wissenswirtschaft sowie auch jene der Gesamtwirtschaft bereits seit 2009 zurück und lag 2022 nur noch bei 4,5 Prozent gegenüber etwa 6,0 Prozent im Jahr 2009. Die niedrigsten Gründungsraten weisen im Jahr 2022 die Wirtschaftszweige Spitzentechnologie (mit 2,6 Prozent) und die hochwertige Technologie (mit 2,2 Prozent) auf. Gerade Letzteres ist aus innovationspolitischer Sicht besorgniserregend.

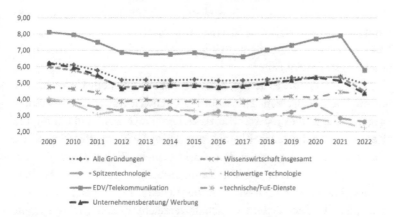

Abbildung 3: Gründungsraten in der Wissenswirtschaft (Quelle: ZEW, Mannheimer Unternehmenspanel, Berechnungen des ZEW.). Die Gründungsrate bezieht sich dabei auf die Anzahl der gegründeten Unternehmen prozentual zur Anzahl der bestehenden Unternehmen.

Der Rückgang in der Gründungsrate der Wissenswirtschaft betrifft auch Baden-Württemberg: Waren es 2020/21 noch 5,3 Prozent, so wurden für 2021/22 lediglich 4,5 Prozent gemessen. Berlin ist in dieser

---

[8] Edmond, Chris/Midrigan, Virgiliu/Xu, Daniel Yi, How costly are markups?, in: Journal of Political Economy 131 (2023), S. 1619–1675; Autor, David u. a., The fall of the labor share and the rise of superstar firms, in: The Quarterly Journal of Economics 135 (2020), S. 645–709; De Loecker, Jan/Eeckhout, Jan/Unger, Gabriel, The rise of market power and the macroeconomic implications. The Quarterly Journal of Economics 135 (2020), S. 561–644.

Hinsicht unübertroffen mit einer Gründungsrate von 7,5 Prozent, gefolgt von Bayern (5,4 Prozent).

Baden-Württemberg steckt in einer besonderen Situation: Hier gibt es besonders viele mittelständische und große Unternehmen, die in den vergangenen Jahrzehnten durch eine hohe Innovationskraft für Wohlstand und Arbeitsplätze gesorgt haben und im internationalen Wettbewerb überaus erfolgreich waren. Diese Unternehmen bieten den Beschäftigten einen attraktiven Arbeitsplatz mit relativ hohen Gehältern und persönlichen Aufstiegschancen. Potenzielle Gründerinnen und Gründer haben daher hohe Opportunitätskosten, wenn sie sich dafür entscheiden, in die Selbstständigkeit zu gehen. Auch bieten etablierte Unternehmen mittlerweile oft flexible Arbeitsreiten und ein großes Maß einer freien Arbeitsgestaltung. Das Argument, dass eine Selbstständigkeit zu mehr Freiheit führt, gilt daher nicht mehr so stark wie früher.

Denjenigen, die es dennoch gewagt haben, eine neue Geschäftsidee in die Tat umzusetzen, fällt es oftmals schwer, nötiges Fachpersonal gegen die starke Konkurrenz anzuwerben. Doch das Land benötigt in Zeiten des strukturellen Wandels gerade solche innovativen Start-ups, die neue Technologien auf den Markt bringen. Es ist daher eine besondere Herausforderung, die Rahmenbedingungen so zu gestalten, dass sich auch in Baden-Württemberg wieder mehr Neugründungen vor allem in der Wissenswirtschaft verzeichnen lassen. Die gezielte staatliche Förderung von Gründungen in diesen Branchen hat sich bewährt.[9] Der Aufbau von Gründungszentren in unmittelbarer Hochschulnähe ist ebenfalls ein Erfolgsmodell. Hier werden nicht nur die Anfangshürden durch die Bereitstellung von Räumen und anderen Sachmitteln reduziert, sondern auch die bereits öffentlich finanzierten Infrastrukturen der Hochschulen besser genutzt. Experimentierräume erlauben es Studierenden noch vor dem Abschluss, Ideen umzusetzen. Dennoch muss es auch gelingen, dass sich solche Gründungen mittel- und langfristig entwickeln können. Hier mangelt es nach wie

---

[9] Hottenrott, Hanna/Richstein, Robert, Start-up subsidies: Does the policy instrument matter?, in: Research Policy 49 (2020), 103888.

vor – und trotz wirksamer Investorenförderprogramme auf Bundes- und Länderebene – an Kapital zur Wachstumsfinanzierung.

Die Herausforderungen, denen sich junge, aber auch mittelständische Unternehmen gegenübersehen, haben sich in den letzten Jahren insgesamt deutlich verändert. Auf Basis der repräsentativen Unternehmensbefragung im Rahmen des Mannheimer Innovationspanels (MIP) lassen sich sechs wesentliche Negativfaktoren bestimmen, die die Gründungs- und Innovationsleistung deutlich abbremsen und über die Zeit massiv an Bedeutung gewonnen haben.[10]

- **Fachkräftemangel und fehlendes Personal:** Der demografische Wandel hat zu einem Rückgang neuer Arbeitskräfte geführt, während die Anforderungen an diese komplexer werden. Unternehmen konkurrieren verstärkt um gut ausgebildete Fachkräfte.
- **Gesetzliche und regulatorische Unsicherheiten:** Neue Technologien bringen regulatorische Herausforderungen mit sich, die für Unternehmen schwer zu bewältigen sind und zusätzliches Personal benötigen. Zusätzliche Gesetze führen zu erhöhtem bürokratischen Aufwand und Kosten.
- **Bürokratische Hemmnisse:** Komplizierte Antragsverfahren und lange Wartezeiten kosten Unternehmen vermehrt Zeit und Geld. Unsicherheiten in Bezug auf Vorschriften führen oft zur Übererfüllung von Anforderungen.
- **Versorgungs(un)sicherheit und geopolitische Risiken:** Unternehmen stehen durch Krisen wie die Corona-Pandemie, den russischen Angriffskrieg auf die Ukraine und Konflikte im Nahen Osten vor großen Unsicherheiten. Diese geopolitischen Verwerfungen führen zu Lieferengpässen und höheren Energiekosten und beeinträchtigen internationale Handelsbeziehungen. Besonders die stark internationalisierte Wirtschaft in Baden-Württemberg ist von diesen Entwicklungen betroffen, was die Versorgungssicherheit und die Zuverlässigkeit von Lieferketten gefährdet.

---

[10] Hottenrott/Peters/Rammer, Innovationsfähigkeit, S. 230–235.

- **Ökologische Anforderungen:** Die durch EU und Deutschland vereinbarten Klimaziele zur Klimaneutralität stellen Unternehmen vor große Herausforderungen, da neue, wirtschaftlich funktionierende Technologien benötigt werden. Diese Technologien erfordern wiederum hochqualifiziertes Personal und müssen regulatorische Anforderungen erfüllen, was mit hohen Investitionskosten und Unsicherheiten verbunden ist.
- **Allgemeine Infrastruktur:** Um den deutschen Standort attraktiv zu halten und Innovationen zu ermöglichen, braucht es den Ausbau digitaler und physischer Infrastruktur, einschließlich des Internets und der Verkehrswege. Dazu gehört auch eine gute Bildungslandschaft mit flächendeckender Kinderbetreuung und Schulen.

Die Bedeutung und Vielschichtigkeit dieser Hemmnisse zeigen, dass die reine Verfügbarkeit von neuen technologischen Möglichkeiten noch lange nicht bedeutet, dass sich diese auch in unternehmerischen Innovationen widerspiegeln.

4. Soziale und nachhaltige Innovationen als Teil der Lösung

Können Unternehmen in Deutschland angesichts dieser Herausforderungen ihrer eingangs genannten Verantwortung überhaupt gerecht werden? Ja, denn trotz aller Widrigkeiten entwickeln sie wichtige Ansätze zur ökologischen Transformation, die auch gesellschaftliche und umweltbezogene Dynamiken berücksichtigen.

Abbildung 4 zeigt, dass soziale Innovationen in Unternehmen aller Größenklassen eingeführt werden. Baden-Württemberg steht im Vergleich zu Gesamtdeutschland in der Umsetzung sozialer Innovationen sehr gut da, gerade in den Bereichen Arbeit und Arbeitszeitgestaltung, Integration von Menschen mit Migrationshintergrund oder der Beschäftigung älterer Menschen sowie Maßnahmen zur Gleichstellung. Und für eine erfolgreiche und gesellschaftlich verträgliche Transformation sind eben nicht nur technologische Innovationen essentiell.

Gerade größere Unternehmen stechen bei der Einführung sozialer Innovationen hervor. Dies ist deshalb von Bedeutung, weil so ein Großteil der Beschäftigten davon profitiert.

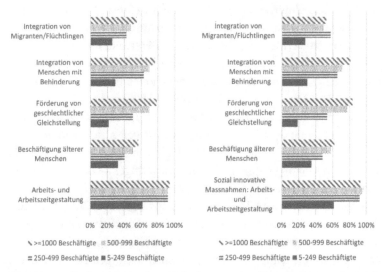

Abbildung 4: Sozial-innovative Maßnahmen, eingeführt in Unternehmen in Deutschland (links) und Baden-Württemberg (rechts) nach Unternehmensgröße (Quelle: Mannheimer Innovationspanel, Berechnungen des ZEW)

Auch in Bezug auf nachhaltige Innovationen im Bereich der Umweltwirkung zeigt sich ein äußerst erfreuliches Bild. Unternehmen können nicht nur als wirtschaftliche Einheiten betrachtet werden, sondern gestalten die Transformation der Wirtschaft auch in Wechselwirkung mit gesellschaftlichen Entwicklungen und Prioritäten und prägen sie nachhaltig. Abbildung 5 zeigt, dass ein wesentlicher Anteil der Unternehmen Produkte mit positiver Umweltwirkung beim Kunden eingeführt hat. Hier geht es nicht nur um Energieeffizienz, sondern auch um die Verringerung von Emissionen und Umweltbelastungen sowie eine längere Haltbarkeit von Produkten. Aber auch interne Prozesse werden von Unternehmen angegangen. Hier sehen wir Innovationen in vielen verschiedenen Nachhaltigkeitsdimensionen. Besonders bemerkenswert ist, dass der Anteil der Unternehmen, die Umweltinnovationen umgesetzt haben, in Baden-Württemberg deutlich über dem Durchschnitt der anderen 15 Bundesländer liegt. Dies gilt sowohl für die Einführung nachhaltigerer Prozesse als auch für Produkte, die eine deutlich positive Umweltwirkung beim Kunden haben. Es zeigt sich deutlich, dass Unternehmen in Baden-Württemberg und auch insgesamt wichtige Akteure der Transformation hin zu einer nachhaltigeren Wirtschaft sind. Allerdings ist gerade im Bereich der grünen Innovationen noch viel Luft nach oben. Ein erheblicher Anteil an Unternehmen beteiligt sich (noch) nicht an Innovationen in den verschiedenen ökologischen Dimensionen. Dabei zeigen Untersuchungen, dass sich Investitionen in nachhaltige Prozesse nicht unbedingt nachteilig auf die Produktivität auswirken.[11] Insgesamt ist der Anteil grüner Innovatoren unter den etablierten Unternehmen ab fünf Beschäftigten, die an dieser Befragung teilnahmen, deutlich geringer als der Anteil unter den jungen Unternehmen.[12] Bei Unternehmen, die jünger als sieben Jahre sind, sind es laut Berechnungen aus dem IAB/ZEW Start-ups Panel bis zu 37 Prozent, die Produkte oder Dienstleistungen mit positiven Umweltwirkungen anbieten. Auch an diesem Beispiel wird deutlich, dass Unternehmensgründungen einen wichtigen Beitrag leisten. Das tun sie auch dann, wenn nicht alle von ihnen langfristig am Markt bleiben. Auch dann haben sie Ideen umgesetzt, von denen andere lernen können, was funktioniert und was nicht.

---

[11] Hottenrott/Rexhäuser/Veugelers, Organisational change, S. 172–194.
[12] Chapman/Hottenrott, Green start-ups.

Unternehmen als Gestalter der Transformation

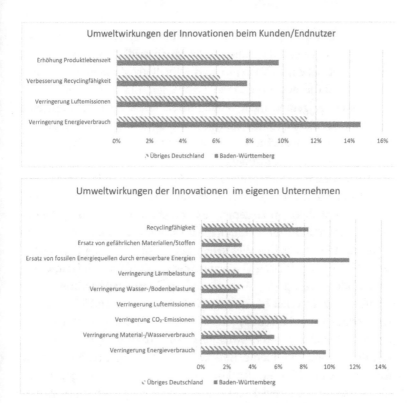

Abbildung 5: Nachhaltige Innovationen (oben: Produkte und Dienstleistungen mit Wirkung beim Kunden und unten: Prozesse mit Wirkung im eigenen Unternehmen) eingeführt in Unternehmen in Deutschland und Baden-Württemberg (Quelle: Mannheimer Innovationspanel, Berechnungen des ZEW)

Fazit

Innovative Unternehmen sind die treibende Kraft der Wirtschaft und spielen eine entscheidende Rolle bei der Schaffung von Wohlstand und Arbeitsplätzen. Allerdings sehen sich vor allem junge und mittelständische Unternehmen verschiedenen innovationshemmenden Herausforderungen gegenüber. Die Verantwortung für die gesellschaftlich verträgliche Gestaltung von Transformationsprozessen kann deshalb nicht allein bei der Wirtschaft liegen. Die Politik trägt eine ebenso große Verantwortung. Dabei gilt es in erster Linie, die Rahmenbedingungen so zu gestalten und zu sichern, dass die Unternehmen die Möglichkeit haben, sich flexibel und schnell an Marktentwicklungen und herausfordernde Situationen anzupassen. Ein großer Teil der Innovationen ist gerade nicht regulatorisch erzwungen, sondern eine Reaktion auf aktuelle Entwicklungen wie die Klimakrise und auf Erwartungen und Bedürfnisse von Mitarbeiterinnen und Mitarbeitern sowie Zulieferern und Kunden.

Auch sollten unternehmerische Initiativen und Ideen nicht aufgrund von Kapitalmangel oder bürokratischen Hürden in der Schublade liegen bleiben. Im Gegenteil: Es braucht dringend mutige Unternehmerinnen und Unternehmer, die kreative Lösungen umsetzen und denen keine Steine in den Weg gelegt werden dürfen. Kooperationspotenziale zwischen Wissenschaft und Wirtschaft bleiben aufgrund fehlender oder ungeeigneter Anreiz- und Transferinfrastrukturen bisher zu oft auf der Strecke. Wissenschaftliche Forschung an Universitäten, Hochschulen und Forschungseinrichtungen spielt eine wichtige Rolle bei der Erforschung und Entwicklung neuer Technologien und Lösungen für vielfältige Probleme. Einsparungen an staatlicher Forschungsförderung sind daher ein Risikofaktor, der sich nicht nur negativ auf die Wissenschaft auswirken kann, sondern auch auf Innovationen in wissenschaftsbasierten Branchen. Hier braucht es nicht nur mehr unternehmerisches Engagement, sondern auch den politischen Willen und einen langen Atem für Investitionen in die Zukunft.

Eine widerstandsfähige und innovative Wirtschaft ist eine Grundvoraussetzung für ein positives Zusammenspiel von wirtschaftlicher und gesellschaftlicher Transformation. Die Förderung von Wissenschaft, Innovationen und Unternehmen, die diese vorantreiben, ist daher nicht nur im wirtschaftlichen, sondern auch im gesellschaftlichen Interesse.

Die Verantwortung der Wirtschaft – Sorgen und Hoffnungen der Belegschaft einbeziehen

ROMAN ZITZELSBERGER

Die Transformation unserer Arbeitswelt steht im Zentrum gesellschaftlicher und wirtschaftlicher Diskurse. Getrieben von technologischen Fortschritten, insbesondere der rasanten Entwicklung künstlicher Intelligenz (KI), klimatischen Herausforderungen und dem Strukturwandel in Schlüsselindustrien, befindet sich die Arbeitswelt an einem Wendepunkt. Die Integration von Sorgen und Hoffnungen der Belegschaft in diesen Wandel ist nicht nur eine Herausforderung, sondern eine notwendige Bedingung für den Erfolg und die soziale Akzeptanz dieser Transformation.

Politik, Wirtschaft und Gewerkschaften müssen gemeinsam sicherstellen, dass diese Entwicklung nicht nur technologisch und ökonomisch erfolgreich ist, sondern auch sozial gerecht und inklusiv. Die Veränderungen, die auf uns zukommen, sind nicht marginal. Sie reichen von der Automatisierung ganzer Berufsfelder über die Neugestaltung von Arbeitsabläufen bis hin zur Erschließung bisher unbekannter Wirtschaftszweige durch technologische Innovationen wie die KI. Diese Transformation bietet natürlich das Potenzial, die Effizienz zu steigern, neue Werte zu schaffen und Antworten auf drängende globale Herausforderungen zu finden. Gleichzeitig birgt sie jedoch das Risiko, existierende Ungleichheiten zu verschärfen.

Digitale Transformation und der Übergang zu einer klimaneutralen Wirtschaft erfordern Anpassungen in fast allen Branchen und Berufen. Während einige Jobs wegfallen oder sich grundlegend verändern, entstehen gänzlich neue Beschäftigungsmöglichkeiten und Anforderungen. Die Gewerkschaften sehen es als ihre Aufgabe, diesen Wandel so zu begleiten, dass die Rechte und die Würde der Beschäftigten gewahrt bleiben.

Die Wirtschaftsakteure – von global agierenden Konzernen bis hin zu kleinen und mittleren Unternehmen – tragen eine besondere Verantwortung für die Gestaltung dieses Wandels. Ihre Entscheidungen bestimmen maßgeblich, wie Technologien entwickelt, eingesetzt und reguliert werden und welche Auswirkungen dies auf die Arbeitswelt und die Gesellschaft hat.

Dort, wo es Unternehmensmitbestimmung in Aufsichtsräten gibt, wird die partizipative Rolle der Beschäftigten bei der Gestaltung der Unternehmensstrategie und der Transformation deutlich. Arbeitnehmervertreter:innen bringen die Perspektive der Belegschaft ein und sorgen dafür, dass ihre Interessen berücksichtigt werden. Dies trägt zur sozialen Gerechtigkeit und zur Vermeidung von einseitigen Entscheidungen bei. Leider gibt es diese Form der Beteiligung nur in einem Teil der Unternehmen.

Unternehmen müssen aktiv Strategien entwickeln, um alle Beschäftigten in den Transformationsprozess einzubeziehen. Dies umfasst die Sicherstellung, dass Weiterbildungs- und Umschulungsangebote zugänglich sind und niemand durch die digitalen Risse fällt. Eine inklusive Gestaltung des Wandels bedeutet, dass niemand zurückgelassen wird und alle die Möglichkeit haben, sich den neuen Anforderungen anzupassen.

Die wirtschaftliche Entwicklung muss nachhaltig und im Einklang mit den Zielen der sozialen Gerechtigkeit erfolgen. Unternehmen sind gefordert, ökologische Nachhaltigkeit und faire Arbeitsbedingungen in Einklang mit den ökonomischen Interessen zu bringen. Dies erfordert eine bewusste Abwägung zwischen Profit und sozialer Verantwortung.

Die Herausforderungen der Transformation können nicht von einzelnen Akteuren allein bewältigt werden. Eine enge Zusammenarbeit zwischen Unternehmen, Gewerkschaften, Politik und Zivilgesellschaft ist unerlässlich, um Lösungen zu entwickeln, die breite gesellschaftliche Akzeptanz finden. Nur gemeinsam können wir die Weichen für eine erfolgreiche und nachhaltige Transformation stellen.

Gewerkschaften fungieren als wichtige Vermittler zwischen Belegschaften, Unternehmen und Politik. Sie streben danach, den Wandel aktiv mitzugestalten, um eine inklusive, gerechte und nachhaltige Arbeitswelt zu fördern. Dazu gehört der Kampf für faire Arbeitsbedingungen, angemessene Löhne und die Sicherheit der Arbeitsplätze. Gewerkschaften setzen sich zudem für eine starke soziale Absicherung und für partizipative Entscheidungsprozesse ein, um die Stimmen der Beschäftigten in den Mittelpunkt des Transformationsprozesses zu rücken.

Die Einbeziehung von Betriebsrät:innen in den Prozess ist fundamental. Sie sind die direkten Vertreter:innen der Beschäftigten und spielen eine Schlüsselrolle bei der Mitgestaltung des Wandels. Die IG Metall Baden-Württemberg geht hier mit ihrem eigenen Transformationsteam einen proaktiven Weg, um vor der Welle zu sein und die Interessen der Beschäftigten zu wahren.

Die Erfahrung zeigt, dass in vielen Betrieben eine belastbare Transformationsstrategie fehlt. Oft werden Zukunftsprodukte nicht an deutschen Standorten angesiedelt, und die Beschäftigten finanzieren den Aufbau der Zukunft anderswo. Es ist daher entscheidend, dass Unternehmen zukunftsorientierte Strategien entwickeln, um langfristig erfolgreich zu sein und gleichzeitig soziale Verantwortung zu übernehmen.

In dieser Zeit des industriellen und technologischen Umbruchs ist die berufliche Sicherheit vieler Menschen ungewiss. Gleichzeitig bringt die Digitalisierung neue Arbeitsformen mit sich, die intensiv diskutiert werden. Unser Ziel ist es, darauf hinzuarbeiten, dass diese Entwicklungen nicht zu Lasten der Arbeitnehmenden erfolgen.

Die Zukunft der Industrie wird jetzt entschieden. Deshalb braucht es für eine Trendumkehr eine gemeinsame Kraftanstrengung. Unsere Zukunftstarifverträge sind ein Angebot dazu. In den Unternehmen müssen jetzt Taten folgen, und die Politik muss Investitionen fördern und den Ausbau der Infrastruktur unterstützen. Denn Baden-Württemberg soll ein starker Wirtschaftsstandort mit hoher Wertschöpfung und sicherer Beschäftigung bleiben.

Die fortschreitende technologische Entwicklung, allen voran im Bereich der künstlichen Intelligenz (KI), markiert einen Wendepunkt in der Geschichte der Arbeitswelt. Die Möglichkeiten, die sich durch KI und verwandte Technologien eröffnen, sind weitreichend und haben das Potenzial, unsere Arbeitsweise grundlegend zu verändern. Von der Schaffung neuer Arbeitsplätze über die Steigerung der Produktivität bis hin zur Lösung tief verwurzelter gesellschaftlicher Probleme – die Technologie bietet eine Fülle von Chancen, deren Nutzen jedoch stark davon abhängt, wie Unternehmen und die Gesellschaft als Ganzes sich diesen Entwicklungen stellen.

Eines der größten Potenziale der KI liegt in der Schaffung neuer Arbeitsplätze, die sich aus den spezifischen Bedürfnissen und Anforderungen dieser Technologie ergeben. Dazu gehören nicht nur hochqualifizierte Positionen in der Forschung und Entwicklung, sondern auch eine Vielzahl von Support- und Managementrollen, die für den effektiven Einsatz von KI-Systemen in Unternehmen erforderlich sind. Von Datenwissenschaftler:innen, die komplexe Algorithmen entwickeln und trainieren, über Ethikspezialist:innen bis hin zu KI-Trainer:innen, die maschinelles Lernen überwachen – die Bandbreite der neuen Berufe ist enorm.

Unternehmen, die die Entwicklung von KI und den damit verbundenen Technologien aktiv vorantreiben und gleichzeitig in die Kompetenzen ihrer Belegschaft investieren, positionieren sich als Vorreiter in der Gestaltung einer zukunftsfähigen Arbeitswelt. Diese Unternehmen sind nicht nur besser aufgestellt, um von den Vorteilen der technologischen Entwicklung zu profitieren, sondern sie setzen auch Standards für verantwortungsvolle Praktiken im Umgang mit KI. Indem sie zeigen, wie technologischer Fortschritt und menschliche Entwicklung Hand in Hand gehen können, leisten sie einen wesentlichen Beitrag zur Schaffung einer inklusiven, gerechten und nachhaltigen Zukunft der Arbeit.

Wir haben das Thema auf dem Schirm: Bei der ersten digitalen KI-Konferenz der IG Metall Baden-Württemberg war die Resonanz enorm. Mit mehr als 400 engagierten Teilnehmer:innen haben wir explizit über künstliche Intelligenz diskutiert und uns mit Expert:innen ausgetauscht.

Um die Diskrepanz zwischen den aktuellen Qualifikationen der Beschäftigten und den Anforderungen der sich wandelnden Arbeitswelt zu überbrücken, setzt sich die IG Metall Baden-Württemberg intensiv für die Weiterbildung ein. Ein Meilenstein in dieser Hinsicht ist der seit mehr als 20 Jahren bestehende Tarifvertrag zur Qualifizierung in der Metall- und Elektroindustrie. Auf dieser Grundlage entstand die AgenturQ, eine gemeinschaftliche Initiative der IG Metall und Südwestmetall, die sich der Förderung beruflicher Weiterbildung in der Branche widmet.

Die AgenturQ hat mit Unterstützung der Landesregierung eine zukunftsweisende Studie zu den erforderlichen „Future Skills" herausgebracht, die Unternehmen darüber aufklärt, welche Kompetenzen in der Zukunft gefragt sein werden. Diese Initiative bietet Unternehmen eine unverzichtbare Unterstützung in der sozialpartnerschaftlichen Zusammenarbeit.

Darüber hinaus haben wir seit 2022 ein landesweites Programm ins Leben gerufen, das die Ausbildung von „Weiterbildungsmentoren" in den Unternehmen vorsieht. Diese Mentor:innen fungieren als betriebsinterne Botschafter:innen und Berater:innen für Fort- und Weiterbildung und unterstützen damit die Arbeit der Betriebsrät:innen. Ihre Rolle ist es, für Weiterbildung zu werben, zur Teilnahme an Bildungsmaßnahmen zu ermutigen und dabei zu helfen, mögliche Barrieren zu beseitigen. In Baden-Württemberg engagieren sich bereits über 100 solcher Mentor:innen mit großem Einsatz und großer Leidenschaft.

Eines ist aber genauso wahr: Ohne aktive Beteiligung und Förderung durch die Politik ist eine effektive und gerechte Bewältigung der durch den technologischen und industriellen Wandel aufgeworfenen Herausforderungen kaum denkbar. Die Unterstützung durch die Politik bildet das Fundament, auf dem sowohl die gewerkschaftlichen Initiativen als auch die Bemühungen der Unternehmen aufbauen können, um eine zukunftsfähige und inklusive Arbeitswelt zu gestalten.

Für die Realisierung einer nachhaltigen und sozial gerechten Transformation sind adäquate politische Rahmenbedingungen unerlässlich. Dies umfasst einerseits die Schaffung von Gesetzen und Verordnungen, die die Weiterbildung fördern, und andererseits die Bereitstellung finanzieller Mittel, um Bildungs- und Qualifizierungsangebote breit zugänglich zu machen. Die Politik muss dafür Sorge tragen, dass die Voraussetzungen für lebenslanges Lernen und den Erwerb zukunftsrelevanter Kompetenzen gegeben sind.

Das Schlüsselelement der politischen Unterstützung sind zielgerichtete Förderprogramme und Anreizsysteme, die sowohl Einzelpersonen als auch Unternehmen motivieren, in Weiterbildung zu investieren und den Wirtschaftsstandort Deutschland attraktiv zu halten.

Ein weiterer wichtiger Bereich, in dem die Politik eine Schlüsselrolle spielt, ist der Ausbau der digitalen Infrastruktur und die Sicherstellung der Zugänglichkeit von Bildungsangeboten. In einer Zeit, in der digitale Kompetenzen immer wichtiger werden und KI einen immer größeren Platz nicht nur in unserem privaten Umfeld, sondern auch auf der ökonomischen Ebene einnimmt, ist es entscheidend, dass alle Bürgerinnen und Bürger, unabhängig von ihrem Wohnort oder ihrem sozioökonomischen Hintergrund, Zugang zu digitalen Lernressourcen und -technologien haben. Die Politik muss hierfür die Weichen stellen, indem sie in die digitale Infrastruktur investiert und digitale Bildungsangebote fördert.

Die „Verantwortung der Wirtschaft für eine gelingende Transformation" ist mehr als ein Titel, mehr als eine Phrase – nein, es ist ein Appell! Ein Appell an alle wirtschaftlichen Akteure, sich ihrer Verantwortung bewusst zu sein und aktiv an der Gestaltung einer Arbeitswelt mitzuwirken, die technologischen Fortschritt, ökologische Nachhaltigkeit und soziale Gerechtigkeit in Einklang bringt.

Die Transformation bietet die Chance, eine bessere, nachhaltigere und sozialere Zukunft für alle zu gestalten. Dafür müssen wir sicherstellen, dass die Transformation der Industrie und Gesellschaft sozial, ökologisch und ökonomisch nachhaltig ist. Die Gestaltung einer zukunftsfähigen, gerechten und solidarischen Arbeitswelt ist zwar eine große Herausforderung, aber mehr denn je auch eine große Chance für alle.

Kapitel V:
Wahrnehmung und Selbstbilder in der Transformation

Klimakrise und Demokratie – ein Paradox?

AXEL SALHEISER

Der globale Klimawandel gilt als die größte gegenwärtige Herausforderung für die Menschheit, da er unsere natürlichen Existenzbedingungen in fundamentaler Weise bedroht. Gerade aus der Perspektive westlicher Wohlstandsgesellschaften im sogenannten globalen Norden erscheint die Bedrohung oftmals noch abstrakt, noch fern – auch in Deutschland werden die bisherigen negativen Auswirkungen auf Mensch und Umwelt als vergleichsweise gering eingeschätzt. Nicht unumstritten ist, inwieweit die Zunahme von Extremwetterereignissen wie das Ahrtal-Hochwasser 2021, aber auch das Absinken regionaler Grundwasserspiegel oder das Waldsterben direkte Vorboten der ökologischen Katastrophe darstellen. Unzweifelhaft ist jedoch, dass die Klimathematik innerhalb des letzten Jahrzehnts sowohl als Gegenstand politischer Debatten als auch in den Arenen öffentlicher gesellschaftlicher Diskurse eine beispiellose Konjunktur erfahren hat. Immer häufiger bestimmen die Auseinandersetzungen um Klimaschutzpolitik und die Ausgestaltung von konkreten Klimaschutzmaßnahmen die Debatten. Demoskopische Befunde zeigen, dass die Sensibilität für die Thematik auch in der Bevölkerung inzwischen außerordentlich hoch ist. Fast niemanden lässt der Klimawandel noch kalt: Die mit einer Nachhaltigkeitstransformation der Gesellschaft verbundenen sozialen und politischen Auseinandersetzungen drohen bestehende Konfliktlinien zu aktualisieren und zu verstärken und neue entstehen zu lassen. Wenn wir über Bedrohungen des gesellschaftlichen Zusammenhalts sprechen, wird mit zunehmender Häufigkeit über den menschengemachten Klimawandel, die Strategien zu seiner Eindämmung, die damit verbundenen Kosten und Folgewirkungen gesprochen. Einerseits besteht große Einigkeit über die prinzipielle Notwendigkeit effektiven Klimaschutzes, andererseits droht dieser durch divergierende Ansichten über die konkrete Umsetzung und zögerliches Handeln politischer Verantwortungsträger*innen in einer Art und Weise verschleppt zu werden, die das Erreichen von Klimaschutzzielen immer unrealistischer wirken lässt.

Nicht nur aus der Perspektive von Klimagerechtigkeitsaktivist*innen wie Fridays for Future oder Letzte Generation, sondern auch aus sozial- und politikwissenschaftlicher Sicht ergibt sich daraus ein großes Dilemma, das neben den erwartbaren ökologischen Schäden vor allem das zukünftige Zusammenleben in einer liberalen, befriedeten und auf möglichst großen sozialen Ausgleich bedachten Gesellschaft betrifft. Genauer gesagt handelt es sich um das Paradox, dass die Handlungsspielräume für eine demokratische Deliberation von Klimaschutz im Speziellen und die Erfolgsaussichten für demokratische Politik im Allgemeinen immer geringer zu werden drohen, je länger die Dringlichkeit und Priorität einschneidender und effektiver Maßnahmen negiert werden; je länger demokratische Politik versucht, sich um diese herumzumanövrieren. Demokratie, als politischer Prozess betrachtet, besteht in der Aushandlung von möglichst praktikablen Kompromissen und hat die Herbeiführung von kollektiv bindenden Entscheidungen zum Ziel. Wenn diese jedoch ausbleiben oder zu unerwünschten Ergebnissen führen, zahlt das vor allem auf das Konto jener ein, die die Funktionsweise demokratischer Institutionen und das Handeln demokratischer Eliten grundsätzlich infrage stellen und darauf abzielen, das ohnehin angeschlagene Vertrauen in die Demokratie weiter zu untergraben.

Das Erstarken des radikal rechten Populismus in den letzten Jahren auch in Deutschland lässt sich hauptsächlich als ein Symptom gesellschaftlicher Entwicklungen deuten, die von nicht unbeträchtlichen Teilen der Bevölkerung als krisenhaft und bedrohlich empfunden werden und in ihrer Wahrnehmung mit dem Verlust individueller und kollektiver Sicherheiten sowie der Destabilisierung materieller und symbolischer Statusordnungen einhergehen. Die grundlegenden Fragen, die sowohl das alltägliche Miteinander in der konkreten Lebenswirklichkeit der Bevölkerung als auch die politische Kultur entscheidend prägen, nämlich um Ansprüche auf Teilhabe, Gerechtigkeit und das Verhältnis zwischen individuellen Freiheiten und gesellschaftlicher Verantwortung, stellen sich heutzutage vor dem Hintergrund der weiter voranschreitenden Globalisierung, Internationalisierung und Diversifizierung ganz anders als noch vor wenigen Jahrzehnten. In den kontrovers geführten Debatten um Migration, Asyl, Integration und die Emanzipation marginalisierter Gruppen geraten einerseits kollektive Selbstverständnisse unter Legitimationsdruck und werden universalistische Normen und Zielvorstellungen als Leitideen postuliert. Andererseits findet eine aggressive Verteidigung von Etabliertenvorrechten statt und organisiert sich die Abwehr von Veränderungen, die von der jeweiligen Eigengruppe als nachteilig empfunden oder antizipiert werden. Auch in Bezug auf die Herausforderungen durch die Corona-Pandemie, die Energiekrise und das politische Handeln, das auf deren Eindämmung gerichtet war, zeigte sich, wie (wahrgenommene) Performanzkrisen unter den Randbedingungen eingeschränkter Gestaltungsspielräume national verfasster, von Sachzwängen getriebener Politik zu Legitimationsdefiziten demokratischer Politik führen oder sich sogar zu Legitimationskrisen des demokratischen Systems auswachsen können.

In Wahlumfragen und Wahlergebnissen wird deutlich: Nicht mehr nur einzelne Entscheidungen oder programmatische Ausrichtungen stehen zur Disposition, sondern die liberale und pluralistische Demokratie selbst ist nicht länger unangefochten, da sich deren Gegner*innen als selbstpostulierte einzige Alternative und Notretterin von „Volk", „Nation" und „Staat" einer stark gestiegenen Unterstützung erfreuen können. Auch wenn sie dies auf den wichtigsten Ebenen bisher nicht in politische Entscheidungsmacht ummünzen konnten, sind die zurückliegenden Mobilisierungserfolge Ausdruck tiefsitzender gesellschaftlicher Widersprüche, die strukturell angelegt sind und sich in Krisenzeiten verstärken oder gar zu eskalieren drohen. Je weniger es in den vergangenen Jahren gelungen ist, diese Widersprüche aufzulösen oder wenigstens abzumildern und hinreichend in Arenen produktiven Streits demokratisch einzuhegen, desto stärker hat sich auch die Wahrnehmung von Polarisierung und Spaltung der Gesellschaft verbreitet. Einen großen Einfluss auf diese Wahrnehmung hat der Umstand, dass die öffentliche Meinung und der gesellschaftliche Diskurs gezielt durch Negativ- und Desinformationskampagnen beeinflusst werden, bei denen antidemokratische Akteur*innen mit kontrafaktischen und verschwörungsideologischen Erzählungen die Grundlagen für eine rationale und konsensorientierte Verständigung untergraben. Ihre wichtigste Strategie ist das Schüren negativer Emotionen wie Angst und Wut, die auf den politischen Gegner und vermeintlich dem „Volk" gegenüber bevorzugte Gruppen gerichtet werden, um sich selbst Macht und Einfluss zu sichern. Von politischer Unzufriedenheit und generalisierter Elitenverdrossenheit zehren sie in geradezu parasitärer Weise, weil sie dem demokratischen Handeln, das der Komplexität gegenwärtiger Problemlagen Rechnung trägt, und den Visionen für die politische Ausgestaltung einer gesellschaftlichen Zukunft ihre „fundamentaloppositionelle" Totalverweigerung und die ressentimentgeleitete Imagination einer vermeintlich besseren Vergangenheit entgegensetzen, die mit Zygmunt Bauman als „Retrotopie" klassifiziert werden kann.[1] In kaum einer anderen Frage wird dies so plastisch wie bezüglich einer sozioökonomisch-ökologischen Transformation unserer Gesellschaft.

Wenngleich die in radikal rechten Wahlprogrammen, Reden, Social-Media-Beiträgen und Desinformationskampagnen[2] verbreiteten *Fake Facts* der Klimawandelleugnung und -bagatellisierung selbst unter erklärten Wähler*innen der radikalen Rechten nur von einer Minderheit unterstützt werden, sind doch die darauf aufbauenden Erzählungen einer bereits stattfindenden oder dräuenden *Wohlstandsvernichtung* und des angeblichen Untergangs Deutschlands als „Land der Erfinder und Ingenieure" durchaus wirkmächtig.[3] Besonders anschlussfähig sind sie in statusverunsicherten und abstiegsbedrohten

---

[1] Bauman, Zygmunt, Retrotopia. Berlin 2017.
[2] Wie im Fall der Agitation gegen erneuerbare Energien; vgl. Patz, Janine/Marschner, Noah/Richter, Christoph/Salheiser, Axel, Feindliches Klima. Die Gefährdung des demokratischen Zusammenhalts am Beispiel des Anti-Windkraft-Diskurses, in: Axel Salheiser/Maria Alexopoulou/Christian Meier zu Verl/Alexander Yendell (Hrsg.), Die Grenzen des Zusammenhalts. Wie Inklusion und Exklusion zusammenhängen, Frankfurt a. M./New York 2024, S. 79–100.
[3] Richter, Christoph/Marschner, Noah/Patz Janine/Salheiser, Axel, Klimaregression als Brückenideologie und Thema radikal rechter Krisenmobilisierung, in: Matthias Middell (Hrsg.), Varianzen des Zusammenhalts. Historische und vergleichende Perspektiven

Sozialmilieus, die befürchten müssen, von einer ungleichen Verteilung gesellschaftlicher Folgekosten der Veränderung von Produktions- und Konsumweisen unter den Vorzeichen der Nachhaltigkeit in besonders starkem Maße betroffen zu sein, aber auch bei gut Etablierten, die um ihre materiellen und immateriellen Privilegien bangen müssen und einschneidende Veränderungen ihrer Lebensweisen befürchten (Bsp.: „Rettet den Diesel!", Heizungsgesetz, Debatten um die Einschränkung der Automobilnutzung und des Fleischkonsums).

Hohe Anschlussfähigkeit für angstbesetzte Erzählungen von Wohlstandsvernichtung und Statusverlust besteht außerdem in jenen Regionen, die entweder in der Vergangenheit bereits erhebliche kollektive Negativerfahrungen mit disruptivem, tiefgreifendem gesellschaftlichen Wandel machen mussten (wie der Deindustrialisierung im Ostdeutschland der 1990er Jahre) oder denen solche *Transformationsschocks* prognostiziert werden – für den nicht unwahrscheinlichen Fall, dass eine sozialverträgliche Umstellung von Wirtschaft, Infrastruktur und öffentlicher Daseinsfürsorge unter dem Primat ökologischer Nachhaltigkeit große Defizite zeitigt oder sogar gründlich misslingt. Besonders in Regionen Deutschlands mit traditionell durch „fossile" Industrien geprägter Wirtschaftsstruktur und relativ hohen Anteilen von Arbeiter*innen an der Bevölkerung spricht demnach aus der Unterstützung „klimaschutzmaßnahmenskeptischer" Positionen eine verbreitete „Transformationsmüdigkeit".[4]

Trotz eines partiellen Zusammenfallens mit Demokratieskepsis und Parteienverdrossenheit, die mit der kollektiven Klage subjektiver Deklassierung und des „Abgehängt"-Fühlens assoziiert sind, besteht zwischen dieser „Transformationsmüdigkeit" und der Unterstützung antidemokratischer Kräfte keineswegs eine deterministische, mechanische Beziehung – und auch keine unauflösliche. Aus repräsentativen, deutschlandweiten Befragungen, die im Rahmen der Arbeiten des Forschungsinstituts Gesellschaftlicher Zusammenhalt (FGZ)

---

auf (globale) Konzepte, Institutionen und Praktiken, Frankfurt a. M. /New York 2024, S. 293–312.

[4] Salheiser, Axel/Richter, Christoph/Quent, Matthias, Von der „Corona-Diktatur" zur „Klima-Diktatur"? Einstellungen zu Klimawandel und Klimaschutzmaßnahmen – Befunde einer repräsentativen Bevölkerungsbefragung, FGZ Working Paper Nr. 5, Leipzig 2022, online: https://www.fgz-risc.de/wp-5.

durchgeführt wurden, wird ersichtlich, dass die Sorge um negative Folgen von klimaschutzpolitischen Maßnahmen kein Randphänomen radikal ideologisierter Minderheiten ist, sondern in erheblichem Umfang von der antizipierten Betroffenheit abhängt und folglich auch die Akzeptanz von transformativer Politik durch die Abfederung dieser befürchteten Härten erhöht werden kann. Insgesamt zeigte sich im Befragungszeitraum Herbst 2022 bis Winter 2023 bei knapp 62 Prozent der Bevölkerung ein Einstellungsmuster, das gegenüber progressivem Klimaschutz prinzipiell aufgeschlossen war, während nur für fünf Prozent eine negative, also ablehnende Einstellung zum Klimaschutz zu konstatieren war. So gaben beispielsweise ca. 67 Prozent der Befragten an, dass sie über den Klimawandel „sehr bis äußerst besorgt" seien. Allerdings standen große Teile der Bevölkerung der Klimapolitik und den damit verbundenen wirtschaftlichen Folgen ambivalent gegenüber (63 Prozent). Konkret befürchteten ca. 40 Prozent der Befragten, dass ihr Lebensstandard durch die Klimapolitik sinken würde, und ca. 43 Prozent glaubten, dass die Klimapolitik zu Arbeitsplatzverlusten führen würde.[5] Ca. 72 Prozent der Befragten meinten: „Mir macht es Sorgen, dass Konflikte in der Gesellschaft wegen der Klimapolitik zunehmen werden." 56 Prozent der Befragten stimmten der Aussage zu: „Es macht mich wütend, dass nicht genug getan wird, um den Klimawandel aufzuhalten."

Für das politische Handeln und für die politische Kommunikation der demokratischen Akteur*innen signalisieren diese Befunde, dass es von größter Wichtigkeit ist, in der Debatte um eine ökologische Transformation von Wirtschaft und Gesellschaft auf die Gewährleistung sozialer Sicherheit und sozialer Gerechtigkeit zu fokussieren: Gerade um Bedürfnissen nach größtmöglicher Stabilität zu entsprechen und der Eskalation von innergesellschaftlichen Verteilungskämpfen vorzubeugen, muss der Wandel proaktiv gestaltet werden, anstatt ihn zu verzögern und zu blockieren. Dies entspricht den Erwartungen ge-

---

[5] Richter, Christoph/Marschner, Noah/Patz, Janine/Salheiser, Axel, Climate of Regression. Radical right anti-climate mobilization and public climate attitudes in the battle around the green transition in Germany, in: Noah Marschner/Janine Patz/Christoph Richter/Axel Salheiser (Hrsg.), Contested Climate Justice – Challenged Democracy. International Perspectives. Frankfurt a. M./New York 2024.

sellschaftlicher Mehrheiten; einschließlich vieler Bürger*innen, die geneigt sind, in Ermangelung überzeugender Perspektiven und vor dem Hintergrund ambivalenter Krisenerfahrungen politischen Protest zu artikulieren und ihre Frustration in eine populistische Wahlentscheidung zu überführen. Die Angst vor einem materiellen und kulturellen Statusverlust und den Unwägbarkeiten eines ergebnisoffenen Transformationsprozesses hat radikal rechten, antidemokratischen Akteur*innen Chancen eröffnet, sich als Gegner*innen des Klimaschutzes und demokratischer Klimaschutzpolitik zu positionieren. Ihr schädigender Einfluss auf die politische Kultur und den gesellschaftlichen Diskurs kann nur dadurch zurückgedrängt werden, dass man ihm durch wirksame, mehrheitlichen Interessen entsprechende Politik den Boden entzieht und der Suggestionskraft simplifizierender „Alternativen" reale, zukunftsweisende Lösungen entgegensetzt.

Bei allen Meinungsdifferenzen, die im demokratischen Spektrum bestehen, muss klar sein: Wenn der Transformationsdruck, der auf der Gesellschaft durch den Klimawandel lastet und sich perspektivisch immer weiter erhöhen wird, nicht durch tatsächlich wirksame Transformationsleistungen abgebaut werden kann, wird er diese Gesellschaft an den Rand ihres Untergangs treiben. Tragfähige Konzepte zur Ausgestaltung dieses tiefgreifenden Wandels, kollektive Zielvorstellungen und die konkreten Wege zu ihrer Realisierung bedürfen daher einer kritischen, reflexiven und vor allem inklusiven Debatte in der gesellschaftlichen Öffentlichkeit. Es gilt zu verhindern, dass Demokratie und Klimaschutz in ein paradoxales Spannungsverhältnis zueinander geraten. Deshalb müssen partizipative Formen der kollektiven Meinungsbildung und Aushandlung bindender Entscheidungen etabliert und weiterentwickelt werden. Durch sie kann auch die demokratische Selbstwirksamkeit jener erhöht werden, die anderenfalls der Versuchung erliegen könnten, sich infolge von Anerkennungsverlusten und Exklusionserfahrungen auf nichtdemokratische Weise Selbstwirksamkeit zu verschaffen.

Durch eine dezidierte Thematisierung der sozioökonomisch-ökologischen Transformation als grundlegendes *Gerechtigkeits- und Demokratisierungsprojekt,* auf dessen Basis sich kollektiv geteilte Normen und Werte aktualisieren lassen und mit dem sich die Gesellschaft quasi neu (er-)findet, kann auch der als prekär wahrgenommene gesellschaftliche Zusammenhalt gestärkt werden. Hierbei könnte eine der zentralen Botschaften sein: Alle werden gebraucht, damit die Krise gemeistert werden und der gesellschaftliche Wandel gelingen kann. Und noch viel wichtiger: Niemand wird zurückgelassen werden. Freilich müssen solchen hohen Ansprüchen und wohlklingenden Verlautbarungen entsprechende Taten folgen. Wer dies nicht als politischen Gestaltungsauftrag erkennt und daraus die Konsequenzen zieht, hat die Zeichen der Zeit nicht erkannt und verspielt die Zukunft.

Wer sind die Klimaskeptiker, und wie kann Vertrauen zurückgewonnen werden?

MARC DEBUS

Einleitung

Die letzten anderthalb Jahrzehnte waren durch weitreichende globale Krisen gekennzeichnet, die nicht nur Auswirkungen auf das Vertrauen in und auf die Zufriedenheit mit politischen Institutionen hatten, sondern auch zu einem anwachsenden Erfolg extremistischer wie populistischer Parteien in zahlreichen modernen Demokratien führten.[1] Destabilisierte die 2007 einsetzende Finanzkrise mit ihren Folgen insbesondere die Europäische Union und den Euroraum, so verursachten die globalen Wellen von Massenmigration seit 2015 verstärkt Verteilungskonflikte und polarisierende Diskussionen um die (Grenzen der) Integration von Migranten in die Aufnahmegesellschaften.[2] Die mittel- bis langfristigen Folgen der Covid-19-Pandemie mit ihren vielschichtigen Implikationen für Gesellschaft, Wirtschaft und Politik sind noch immer kaum abschätzbar. Der Angriff auf die Ukraine durch Russland hat die außen- und verteidigungspolitische Lage Europas drastisch verändert und zu einer weiteren Polarisierung zwischen verschiedenen sozialen Gruppen in Deutschland beige-

---

[1] Armingeon, Klaus/Guthmann Kai, Democracy in crisis? The declining support for national democracy in European countries, 2007–2011, in: European Journal of Political Research 53 (2014), S. 423–442; De Lange, Sarah L., New alliances: why mainstream parties govern with radical right-wing populist parties, in: Political Studies 60 (2012), S. 899–918.

[2] Siehe Bieber, Christoph/Blätte, Andreas/Korte, Karl Rudolf/Switek, Niko, Regieren in der Einwanderungsgesellschaft, Wiesbaden 2017; Stecker, Christian/Debus, Marc, Refugees welcome? Zum Einfluss der Flüchtlingsunterbringung auf den Wahlerfolg der AfD bei der Bundestagswahl 2017 in Bayern, in: Politische Vierteljahresschrift 60 (2019), S. 299–323.

tragen.[3] Gleichzeitig hat der russische Angriffskrieg die Transformation von Wirtschaft und Gesellschaft beschleunigt, die durch eine weitere Krise initiiert wurde, die lange Zeit einen eher schwelenden, aber zunehmend sichtbaren Charakter hatte: den Klimawandel und seine Folgen. So haben die politischen Maßnahmen zur Beendigung der Abhängigkeit von Gaslieferungen aus Russland zu rapiden wirtschafts- und energiepolitischen Reformen geführt, die aufgrund ihrer schnellen Implementation und ihrer Tragweite für die Bürgerinnen und Bürger zu großer Unsicherheit und massiver Unzufriedenheit mit den politischen Maßnahmen führten. Eine Folge ist die anwachsende Unterstützung für extremistische wie populistische Parteien, die in Deutschland in Form der Alternative für Deutschland (AfD) und des 2024 neugegründeten Bündnisses Sahra Wagenknecht (BSW) bestehen.[4]

Ziel dieses Beitrags ist es näher darzulegen, welche Eigenschaften die Skeptiker der energie- und klimapolitischen Transformation haben, die Deutschland momentan und in den kommenden Jahren beschäftigen wird. Wenn bekannt ist, wer die Transformationsskeptiker sind, sollte es politischen Entscheidungsträgern besser möglich sein, auf deren Wünsche und Interessen näher einzugehen, auf sie Rücksicht zu nehmen und sie auf diese Weise politisch zu integrieren. Diese Analyse geschieht mithilfe von Daten, die von der deutschen nationalen Wahlstudie („German Longitudinal Election Study", GLES) bereitgestellt wurden. Insbesondere wird – vor dem Hintergrund der Diskussion um das häufig genannte Gefühl der „Abgehängtheit" – der Frage nachgegangen, ob im ländlichen Raum lebende Menschen und solche, die einen zu geringen Zugang zu grundlegender Infrastruktur beklagen, Maßnahmen zur Bekämpfung des Klimawandels und damit die wirtschafts- und energiepolitische Transformation eher ablehnen. Abschließend wird diskutiert, welche Möglichkeiten bestehen, verlorengegangenes Vertrauen in demokratische politische Institutionen wiederherzustellen.

---

[3] Hoffeller, Lucca/Steiner, Nils D., Sympathies for Putin within the German public: A consequence of political alienation?, in: Politische Vierteljahresschrift (2024), https://doi.org/10.1007/s11615-024-00541-2.

[4] Vgl. etwa Wagner, Sarah/Wurthmann, L. Constantin/Thomeczek, Jan Philipp, Bridging left and right? How Sahra Wagenknecht could change the German party landscape, in: Politische Vierteljahresschrift 64 (2023), S. 621–636.

Wer sind die Klimaskeptiker, und wie kann Vertrauen zurückgewonnen werden?

1. Wer sind die Transformationsskeptiker?

Um herauszufinden, wie die wirtschafts- und energiepolitische Transformation – trotz ihrer massiven Einschnitte in bestehende Strukturen und individuelle Lebensverhältnisse – den gesellschaftlichen Zusammenhalt bewahren oder stärken kann, muss zunächst identifiziert werden, welche Bevölkerungsteile Klimaschutzmaßnahmen tendenziell skeptisch gegenüberstehen. Vor dem Hintergrund der in der Öffentlichkeit wie auch in den Sozialwissenschaften geführten Debatte um die „revenge of the places that don't matter"[5] liegt der Fokus hier auf einer strukturell-objektiven Komponente und damit dem Gegensatz zwischen urbanen und ländlichen Gebieten sowie einer subjektiven Komponente, die Menschen identifiziert, die ein Gefühl der Abgehängtheit empfinden.

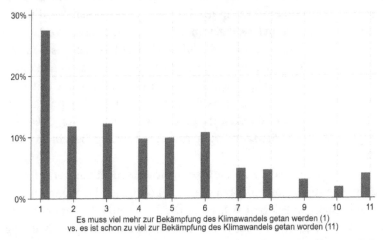

Abbildung 1: Selbsteinstufung der Befragten auf einer klimaschutzpolitischen Politikdimension 2021 (Anteile in Prozent)
(Quelle: GLES 2021, eigene Berechnungen)

Die Einstellung zur Klimapolitik wird in der GLES über eine Skala abgefragt, die von 1 („es muss viel mehr zur Bekämpfung des Klimawandels getan werden") bis 11 reicht („es ist schon zu viel zur Bekämpfung

---

[5] Rodríguez-Pose, Andrés, The revenge of the places that don't matter (and what to do about it), in: Cambridge Journal of Regions, Economy and Society 11 (2017), S. 189–209.

des Klimawandels getan worden"). Die Befragten werden gebeten, sich auf dieser Skala zu verorten. Abbildung 1 zeigt die Häufigkeitsverteilung, mit der sich die Teilnehmenden der GLES-Studie zur Bundestagswahl 2021 auf der Skala eingestuft haben. Dabei wird deutlich, dass sich eine deutliche Mehrheit der Befragten für weitere Klimaschutzmaßnahmen ausspricht, wenngleich doch ein knappes Drittel der Bevölkerung ambivalent bis ablehnend eingestellt ist.

Welche Faktoren beeinflussen die Positionierung der Befragten auf dieser klimapolitischen Dimension? Kennt man die entsprechenden Eigenschaften und Hintergründe der Befragten, die zu einer skeptischen bis ablehnenden klimaschutzpolitischen Position führen, kann man in der politischen Kommunikation und Gestaltung die Interessen der Skeptiker der Transformation berücksichtigen und diese Menschen im politischen Prozess besser integrieren. Daher wird im Folgenden eine auf dem Prinzip des kleinsten Quadrateschätzers basierende Regressionsanalyse angewandt, also ein statistisches Verfahren, das die Bestimmungsfaktoren der klimaschutzpolitischen Position der Befragten unter Kontrolle weiterer, theoretisch relevanter Faktoren ermittelt. Die abhängige Variable stellt in der statistischen Untersuchung somit die Position eines Befragten zu klimaschutzpolitischen Maßnahmen dar. In die Analyse gehen die Antworten von 3906 Befragten ein, die Varianzaufklärung (das R^2-Maß) liegt bei einem Wert von 228.[6]

Die Ergebnisse der Analyse legen nahe, dass nicht nur wenige, sondern eine Reihe von Faktoren die klimapolitischen Positionen in der repräsentativ angelegten Erhebung der Wahlstudie beeinflusst: Eine politische Selbstverortung rechts der Mitte, eine häufigere Nutzung sozialer Medien zur Gewinnung von Nachrichten und Informationen sowie eine Herkunft aus Ostdeutschland korrelieren mit einer Ablehnung weiterer Klimaschutzmaßnahmen. Menschen mit einer stärkeren Bindung an die Kirchen, mit einem höheren Bildungsabschluss, einem höheren Haushaltsnettoeinkommen sowie Frauen sind gemäß

---

[6] Die detaillierten Analyseergebnisse sowie das Replikationsmaterial werden vom Autor auf Anfrage zur Verfügung gestellt.

Wer sind die Klimaskeptiker, und wie kann Vertrauen zurückgewonnen werden?

der Analyseergebnisse hingegen eher für einen Ausbau des Klimaschutzes.

Zentral für die in diesem Beitrag behandelte Thematik und Fragestellung ist die objektive wie subjektive Abgehängtheit und inwiefern sich Indikatoren für diese beiden Faktoren auf die Position der Befragten zur Klimapolitik auswirken. Als Kriterium für die objektive Abgehängtheit wird der Gegensatz zwischen einer städtischen und ländlichen Wohngegend herangezogen. Dieser Faktor zeigt einen statistisch signifikanten Effekt: Lebt ein Befragter in einer Großstadt oder in einem ihrer Vororte, dann steigt – unter Kontrolle aller übrigen in der Regressionsanalyse berücksichtigten Variablen – die Befürwortung weiterer klimaschutzpolitischer Schritte an. Dies impliziert, dass im ländlichen Raum eine höhere Skepsis gegenüber der Transformation besteht – und daher sollten die Interessen der ländlichen Bevölkerung stärker adressiert werden, um die Gesellschaft als Ganzes bei den zur Eindämmung des Klimawandels nötigen Reformen mitzunehmen.

Auch ein verstärktes subjektives Empfinden von Abgehängtheit führt zu einer Ablehnung weiterer Klimaschutzmaßnahmen: Menschen, die einen starken Mangel an Infrastruktur beklagen und daher von sich sagen, zu wenig Zugang zu zentralen Einrichtungen zu haben, lehnen tendenziell weiterführende klimaschutzpolitische Bestrebungen ab. Somit sollten – um die Unterstützung der energie- und klimapolitischen Transformation in der Bevölkerung auszubauen – gleichzeitig Mittel in die Infrastruktur sowohl im ländlichen als auch im urbanen Raum investiert werden, um damit das Gefühl subjektiver Abgehängtheit zu mindern. Dies sollte sich – den hier präsentierten Ergebnissen zufolge – positiv auf die Unterstützung des Umbaus von Wirtschaft und Gesellschaft angesichts der Klimakrise auswirken.

2. Wie könnte die Integration von Transformationsskeptikern gelingen?

2.1. Responsivität und programmatisches Angebot der Parteien

Dem Idealbild der repräsentativen Demokratie zufolge sollten die gewählten politischen Akteure als „Agenten" die Interessen der Wählerschaft als „Prinzipal" vertreten, indem sie in ihrem Handeln und Entscheiden in Parlament und Regierung inhaltlich das umzusetzen versuchen, was sie in ihren vor der Wahl veröffentlichten Programmen den Wählern – auch mithilfe der (sozialen) Medien – versprochen haben.[7] Wenn diese Delegationskette eingehalten wird und die Inhalte von Politik das widerspiegeln, was die Mehrheit der Wählerinnen und Wähler präferiert, dann sollte dies dazu führen, dass das politische System von einer großen Mehrheit der Bevölkerung unterstützt und nachdrücklich befürwortet wird, was auch den gesellschaftlichen Zusammenhalt positiv beeinflussen sollte. Dies kommt der Idealvorstellung des responsiven Regierens nahe, die Powell als erstrebenswertes Modell im Rahmen der modernen Parteiendemokratien vorgelegt hat.[8]

In diesem Kontext sollten sich nicht nur die Mehrheit der Bevölkerung in den programmatischen Angeboten der Parteien wiederfinden, sondern auch diejenigen Bürger, die eine von der Mehrheit abweichende Position einnehmen. Die in Abbildung 1 präsentierten Haltungen der Befragten zu weiteren klimaschutzpolitischen Maßnahmen legen nahe, dass eine große Mehrheit weitere klimaschutzpolitische Maßnahmen befürwortet, jedoch ein knappes Drittel indifferent bis ablehnend eingestellt ist. Wir wissen aus der Forschung zu Wahlverhalten und Parteienwettbewerb, dass Parteien und ihre Kandidaten sich tendenziell den Einstellungen der Mehrheit annähern, um bei Wahlen

---

[7] Vgl. Müller, Wolfgang C., Political parties in parliamentary democracies: Making delegation and accountability work, in: European Journal of Political Research 37 (2000), S. 309–333; Strøm, Kaare, Delegation and accountability in parliamentary democracies, in: European Journal of Political Research 37 (2000), S. 261–289.

[8] Powell, G. Bingham, Elections as instruments of democracy: Majoritarian and proportional visions, New Haven 2000; Ders., The chain of responsiveness, in: Journal of Democracy 15 (2004), S. 91–105.

so viele Stimmen wie möglich zu gewinnen. Dieses strategische Verhalten birgt jedoch die Gefahr, dass sich die Minderheit vom Angebot der etablierten Parteien nicht abgeholt fühlt und sich dann solchen Parteien zuwendet, die dies tun. Gerade bei gesellschaftlich polarisierenden Themen wie Migration und Klimawandel besteht die Gefahr, dass populistische und extremistische Parteien die so entstehende Lücke im Parteienangebot füllen.

Abbildungen 2 und 3, die die Positionen der Kandidaten der von 2017 bis 2021 im Bundestag vertretenen Parteien auf der klimaschutzpolitischen Dimension ausweisen und auf den Kandidatenstudien 2017 und 2021 der GLES basieren, zeigen empirische Evidenz für diese Vermutung. Waren die Positionen der Kandidaten 2017 im Mittel noch breit über die klimaschutzpolitische Dimension verteilt, sodass eine klare Differenzierung zwischen den Parteien in dieser Sachfrage für die Wähler möglich war, so haben sich die Kandidaten der etablierten Parteien zur Bundestagswahl 2021 einander stark angenähert. Damit präsentierte sich die AfD als einzige Partei mit einem konträren klimapolitischen Angebot im Vergleich zu den anderen Parlamentsparteien 2021, was ihnen Unterstützung von solchen Wählern gebracht haben kann, die ebenfalls weiteren Maßnahmen zur Bekämpfung des Klimawandels skeptisch bis ablehnend gegenüberstehen. Dadurch, dass die AfD aufgrund ihrer zunehmend rechtsextremistischen Ausrichtung maßgeblich den gesellschaftlichen Zusammenhalt in Deutschland gefährdet, kann die fehlende Abdeckung der Positionen und Interessen der Teile der Bevölkerung, die skeptisch bis ablehnend gegenüber der Klimawandelbekämpfung sind, indirekt zu einer weiteren Stärkung der AfD führen und damit die repräsentative Demokratie in Deutschland weiter destabilisieren. Vor dem Hintergrund dieser Ergebnisse und der bestehenden Erkenntnisse zum responsiven Regieren kann es daher eine Strategie sein, dass demokratische, auf dem Boden des Grundgesetzes stehende Parteien die Interessen der Skeptiker klimaschutzpolitischer Maßnahmen aufgreifen, was eine Überlassung dieses Themenbereichs an die AfD unwahrscheinlicher macht und deren Erfolg bei Wahlen mindern könnte.

Wahrnehmung und Selbstbilder in der Transformation

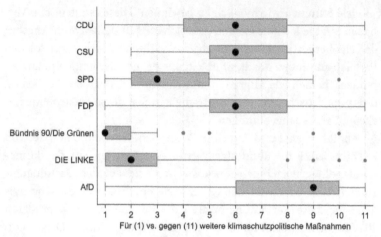

Abbildung 2: Verteilung der Positionen der Bundestagskandidaten zu klimaschutzpolitischen Maßnahmen, 2017
(Anmerkungen: Boxplot auf der Grundlage der GLES-Kandidatenstudie 2017)

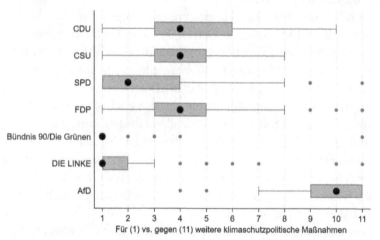

Abbildung 3: Verteilung der Positionen der Bundestagskandidaten zu klimaschutzpolitischen Maßnahmen, 2021
(Anmerkungen: Boxplot auf der Grundlage der GLES-Kandidatenstudie 2021)

2.2. Partizipation, soziales Kapital und Vertrauen

Demokratie funktioniert nicht ohne ein ausreichendes Maß an Teilhabe. Folgt man der Studie von Easton[9] und damit einem Klassiker der politischen Partizipationsforschung, so hängt das Fortbestehen eines politischen Systems maßgeblich davon ab, ob es in ausreichendem Maß politisch von den Bürgerinnen und Bürgern unterstützt wird. Nur wenn die Individuen dem politischen System durchgängig ein hohes Maß an Vertrauen und damit Unterstützung entgegenbringen, kann es sich gegenüber den sich ständig verändernden externen Einflussfaktoren – etwa internationale ökonomische Krisen oder außenpolitische Konflikte und militärische Auseinandersetzungen – langfristig behaupten. Die Makroebene – demokratische politische Systeme und ihre Institutionen – braucht daher auf der Mikroebene Bürger, die sich in Politik und Gesellschaft engagieren und so eine legitimierte Basis für das politische Handeln der gewählten Repräsentanten schaffen.[10] Eine zentrale Rolle nehmen hierbei Vereine und Verbände ein, in denen Menschen lernen, dass andere Personen andere Interessen und Präferenzen haben können. Durch regelmäßige Kontakte und Erfahrungen in Vereinen und Verbänden entwickelt sich ein Gefühl von Verbundenheit, Solidarität und Vertrauen, was die Zusammenarbeit in der Gesellschaft insgesamt erleichtert und eine Sensibilität dafür schafft, dass in demokratisch verfassten Gesellschaften niemand seine eigenen Interessen vollständig durchsetzen kann, sondern immer auch – teils für manche Bürger schmerzhafte – Kompromisse geschlossen werden müssen. Soziale wie auch politische Partizipation verringert damit die Distanzen zwischen den Bürgern einerseits und zwischen Bürgern

---

[9] Easton, David, A Systems Analysis of Political Life, New York 1965.
[10] Vgl. hierzu Putnam, Robert, Bowling Alone. The Collapse and Revival of American Community, New York 2000; Kunz, Volker/Gabriel, Oscar W., Soziale Integration und politische Partizipation. Das Konzept des Sozialkapitals – Ein brauchbarer Ansatz zur Erklärung politischer Partizipation?, in: Ulrich Druwe/Steffen Kühnel/Volker Kunz (Hrsg.), Kontext, Akteur und strategische Interaktion. Untersuchungen zur Organisation politischen Handelns in modernen Gesellschaften, Opladen 2000, S. 47–74; Freitag, Markus/Bühlmann, Marc, Politische Institutionen und die Entwicklung generalisierten Vertrauens, in: Politische Vierteljahresschrift 46 (2005), S. 575–601.

und abstrakten (politischen) Institutionen andererseits. Auch aus diesen Gründen werden Vereine gerne als Demokratie- und Staatsbürgerschule bezeichnet.

Schlussbetrachtung

Betrachtet man die Ergebnisse in der Zusammenschau, so ergibt sich – zumindest auf der Grundlage der hier verwendeten Daten aus dem Jahr 2021 – eine große Unterstützung für weitere Klimaschutzmaßnahmen. Allerdings ist der Anteil derjenigen, die skeptisch bis ablehnend gegenüber solchen Maßnahmen sind, mit rund 30 Prozent nicht gering. Zudem lassen sich soziale Gruppen identifizieren, die besonders skeptisch sind. Dazu zählen auch solche Personen, die sich abgehängt fühlen – sei es durch eine ländliche Wohngegend oder aufgrund des Gefühls, nicht genug Zugang zu zentraler Infrastruktur zu haben. Politische Maßnahmen zur Verbesserung der Infrastruktur werden sich nicht auf die Schnelle umsetzen lassen können, sodass es wichtig erscheint, dass demokratische Parteien in nichtpopulistischer Weise die Sorgen und Ängste der Menschen vor den Implikationen der energie- und klimapolitischen Transformation aufgreifen und ein entsprechendes inhaltlich-programmatisches Angebot entwickeln. Dies würde helfen, diesen Themenbereich nicht populistisch-extremistischen Parteien wie etwa der AfD zu überlassen. Gleichzeitig erscheint – auch vor dem Hintergrund der Stärkung des gesellschaftlichen Zusammenhalts allgemein – eine Stärkung der Arbeit von Vereinen und Verbänden wichtig, in denen zivilgesellschaftlich-demokratische Normen eingeübt und gelebt werden.

Doppelter Transformationsschock und gesellschaftlicher Zusammenhalt – Effekte des Lebensumfelds

EVERHARD HOLTMANN, TOBIAS JAECK UND ISABEL MÜLLER

1. Einleitung

Gesellschaftlicher Zusammenhalt gedeiht dort, wo die Beteiligten, metaphorisch ausgedrückt, festen sozialen Boden unter den Füßen haben, der ihnen Orientierung ermöglicht und für Verhaltenssicherheit sorgt. Diese Voraussetzung erweist sich zumal in den gegenwärtigen Zeiten einer andauernden Polykrise, die in nahezu alle Lebensbereiche eingebrochen ist, als bedeutsam. Im folgenden Beitrag wird auf der Basis von Umfragedaten ausgeführt, wie sich die Wahrnehmung der regionalen bzw. lokalen Lebensumfelder auf gesellschaftliche und politische Einstellungen und Stimmungslagen dort lebender Bürgerinnen und Bürger auswirkt. Diese sogenannten *Kontexteffekte* werden im persönlichen Erfahrungshorizont der Menschen aufbewahrt, und sie werden – zumeist unbewusst – dann abgerufen, wenn es darauf ankommt, im Alltag mentale und materielle Herausforderungen zu meistern oder zumindest erträglicher zu machen.

In solchen Lebenssituationen bewährt es sich, dass neben den stabilisierenden Wirkungen von objektiven Standortvorteilen wie beispielsweise einer leistungsfähigen Wirtschaftskraft und ausreichenden Infrastrukturausstattung, erschwinglichen Wohnungsangeboten oder dem landschaftlichen Reiz des eigenen Wohnorts auch bewährte Praxen nachbarlicher Solidarität bzw. eines von Vereinen getragenen Gemeinschaftserlebens als persönliche „Bewältigungshilfen" zur Verfügung stehen. Davon, wie die Standortgüte und Lebensqualität vor Ort wahrgenommen werden, hängt es mit ab, ob die Zufriedenheit mit der Demokratie sowie das Vertrauen in Politik und weitere staatliche Einrichtungen geschwächt oder gefestigt wird.

2. „Context matters", oder: das Umfeld zählt – Unterschiedliche einstellungsprägende Effekte krisenhafter Umbrüche in strukturstarken und strukturschwachen Regionen

Dass politische und gesellschaftliche Einstellungen sich nach den jeweiligen Gegebenheiten in kleinräumigen Lebensumfeldern unterscheiden, wird durch Befunde der neueren Wahl- und Einstellungsforschung bestätigt.[1] Die nachweisbare Wirkkraft solcher Kontexteffekte bietet auch einen Ansatzpunkt für Einstellungsanalysen, welche den Ost-West-Vergleich in den Blick nehmen. So konnte in einer vergleichenden Untersuchung ost- und westdeutscher Kreisregionen, die anhand zweier struktureller Indikatoren, nämlich der langfristigen Entwicklung der Bevölkerung und der Beschäftigtenzahl, kontrastiv gegenübergestellt wurden, gezeigt werden, dass die Demokratiezufriedenheit der Befragten in „Gewinnerregionen" positiver ausfällt (Ost: 25 Prozent – West: 38 Prozent) als in „Verliererregionen" (Ost: 15 Prozent – West: 31 Prozent).[2] Das bei den Regionstypen erkennbare Gefälle trat dabei in Ost- und Westdeutschland gleichermaßen auf. Zugleich wurden allerdings Unterschiede im Niveau der (Un)Zufriedenheit mit

---

[1] Für einen komprimierten Bericht zum Stand der Literatur vgl. Jörg Hebenstreit u. a., Deutschland-Monitor, 23. Gesellschaftliche und politische Einstellungen mit dem Themenschwerpunkt: Stadt und Land, Berlin/Halle (Saale)/Jena/ Mannheim 2024, S. 31–34.

[2] Für die räumliche Überprüfung der Kontexte werden drei Regionstypen unterschieden. Regionen mit vergleichsweise negativer Entwicklung der beiden Indikatoren – kurz Verliererregionen – sind solche Kreise, die nach ihrer Bevölkerungsentwicklung (in den Jahren 1990 ff.) und ihrer Erwerbstätigenentwicklung (in den Jahren 2007 ff.) sich jeweils dem unteren Drittel (Terzil) zuordnen lassen. Als Transformations-Gewinnerregionen – kurz Gewinnerregionen – firmieren jene, die bei beiden Indikatoren im oberen Drittel (Terzil) liegen. Alle übrigen Kreise werden in einer mittleren (hier aus Gründen kontrastierender Darstellung nicht aufgeführten) Kategorie zusammengefasst.

dem Funktionieren der Demokratie sichtbar: Die Zufriedenheitsrate lag in *ost*deutschen *Gewinner*regionen unterhalb des Vergleichswerts *west*deutscher *Verlierer*regionen. Zudem fiel in Ostdeutschland die Differenz zwischen den beiden Regionstypen mit rund 10 Prozentpunkten stärker aus als in Westdeutschland (7 Prozent).[3]

Nun unterliegt das Antwortverhalten bei der Frage, ob die Bürgerinnen und Bürger mit dem Funktionieren der Demokratie im Großen und Ganzen zufrieden sind, seit jeher tagespolitischen Schwankungen. Gleichwohl ist die in obigem Fallbeispiel bei der Beantwortung dieser Frage aufgetretene Ost-West-Differenz ein Indiz für Kontexteffekte, wie sie in strukturstarken und strukturschwachen Regionen auf politische Einstellungen unterschiedlich abfärben. Solche regionalstrukturellen Effekte sind – auch das wird deutlich – kein Alleinstellungsmerkmal Ostdeutschlands. Sie sind allerdings im östlichen Landesteil stärker ausgeprägt.

Eine Ursache hierfür liegt unseres Erachtens in dem *doppelten Transformationsschock,* der im Osten des Landes psychologisch nachwirkt. Dieser Schockeffekt lässt sich folgendermaßen beschreiben: Im Gefolge des Systemwechsels von 1989/90 und seiner ökonomischen wie sozialen Umbrüche in Ostdeutschland hatte sich dort das Gefühl einer einschneidenden Entsicherung der Lebensverhältnisse verfestigt.[4] Diese kollektive traumatische Erfahrung trat neuerlich ins Bewusstsein, als 2008/09 die globale Finanzkrise hereinbrach. Weniger deren reale Auswirkungen auf den Arbeitsmarkt (die in der exportorientierten westdeutschen Wirtschaft stärker durchschlugen) als vielmehr die befürchtete *mögliche* Wiederkehr einigungsbedingter Verwerfungen ließen im östlichen Teil des Landes elementare Sorgen wiederaufleben, die sich auf politische Einstellungen übertrugen.[5]

---

[3] Hierzu ausführlicher Matthias Brachert, Bestimmungsgründe regionaler Unterschiede der politischen Partizipation in Deutschland, in: Everhard Holtmann (Hrsg.), Die Umdeutung der Demokratie. Politische Partizipation in Ost- und Westdeutschland, Frankfurt a. M./New York 2019, S. 219–290, S. 251 ff.

[4] Heinrich Best/Everhard Best (Hrsg.), Aufbruch der entsicherten Gesellschaft. Deutschland nach der Wiedervereinigung, Frankfurt a. M./New York 2012.

[5] Everhard Holtmann, Umbruchs- und Transformationserfahrungen als Einflussgrößen für politische Partizipation, in: ders. (Hrsg.), Die Umdeutung der Demokratie, S. 109 ff., insbesondere S. 119 ff.

Das in Ostdeutschland weiter verbreitete Grundgefühl von Verunsicherung und die damit einhergehende Distanz zur Parteiendemokratie sind nach der Erholung der Finanzmärkte nicht wieder verschwunden. Vielmehr verstärken sich die aktuellen Anzeichen dafür, dass sich in Reaktion auf die jüngste Krisenlage, die durch Flüchtlingsbewegungen, Pandemie und Krieg, Inflation und Rezession und nicht zuletzt die Transformation altindustrieller Produktionsformen in west-östlichen Strukturwandelregionen gekennzeichnet ist, eine neue Schockwelle aufbaut. Wohlgemerkt: Diese Welle bricht sich, ein langgewohntes Vorurteil entkräftend, längst nicht mehr automatisch an der Ost-West-Trennlinie. Vielmehr ist das Gefühl des „Abgehängtseins" ein gesamtdeutsches Phänomen, allerdings im chronisch strukturschwächeren Ostdeutschland stärker ausgeprägt.[6] In dortigen strukturschwachen regionalen Lebensräumen widerspiegelt diese Gefühlslage seit 1990 entstandene Langzeiterfahrungen von Abwanderung, Deindustrialisierung und sozialer Deprivation. Diese regional-lokalen Kontexte sind folglich im Lebenshorizont dort wohnender Menschen allgegenwärtig.

3. Der Sozialitätsindex (SIX) – Ein neues Instrument zur Messung von Zusammenhängen zwischen Kontexteffekten und Einstellungen

Die Methodik zur empirischen Untersuchung der Zusammenhänge zwischen Kontexteinflüssen und Einstellungen erweiternd, haben die Autorin und die Autoren des vorliegenden Beitrags am Zentrum für Sozialforschung Halle (ZSH) im Verbund des Forschungsinstituts Gesellschaftlicher Zusammenhalt einen Sozialitätsindex (abgekürzt SIX) entwickelt. Dieses Instrument dient zum einen dazu, die Effekte kleinräumiger Umfelder auf politische und gesellschaftliche Orientierungen genauer zu messen. Zum anderen wird es damit möglich, die in-

---

[6] Hebenstreit u. a., Deutschland-Monitor, 23, S. 85–94.

dividuell wahrgenommene Lebensqualität am Wohnort der Menschen zu erfassen, und zwar zusätzlich zu bisher ausschließlich herangezogenen Strukturdaten.

Soziale Kohäsion	1.1 Die Leute hier helfen sich gegenseitig.
	1.2 Die Leute hier motivieren sich gegenseitig, etwas zu erreichen.
	1.3 Das Miteinander von „Jung" und „Alt" funktioniert hier gut.
	1.4 Man kann den Leuten hier vertrauen.
	1.5 In meinem Wohnort gibt es ein lebendiges Vereinsleben.
Standortgüte	2.1 Entwicklung des Wohnorts nächste 15 Jahre.
	2.2 Entwicklung des Wohnorts letzte 15 Jahre.
	2.3 Wirtschaftliche Lage am Wohnort.
	2.4 Mein Wohnort geht mit öffentlichen Geldern verantwortungsbewusst um.
	2.5 Mein Wohnort beteiligt die Bürgerinnen und Bürger an kommunalen Planungen.
Lebensqualität	3.1 Ich möchte an keinem anderen Ort leben.
	3.2 Verbundenheit mit dem Wohnort.
	3.3 Meine persönliche Zukunft an dem Ort, an dem ich derzeit lebe, sehe ich positiv.
	3.4 Mit der Lebensqualität an meinem Wohnort bin ich alles in allem zufrieden.
	3.5 Mit der Lebensqualität in meiner unmittelbaren Nachbarschaft bin ich alles in allem zufrieden.

Tabelle 1: Die Dimensionen des Sozialitätsindex (SIX), Zentrum für Sozialforschung Halle (ZSH), Fassung von 2022

Der SIX setzt sich aus drei voneinander abgrenzbaren Unterdimensionen zusammen (Tabelle 1). Die erste Dimension erfasst die subjektiven Einschätzungen der sozialen Kohäsion („Wie erlebe und bewerte ich sozialen Zusammenhalt in meinem Wohnumfeld?"). In der zweiten Dimension werden die Bewertungen der Standortgüte des Wohnorts gebündelt („Wie schätze ich die Angebote zur bürgerschaftlichen Beteiligung sowie die wirtschaftliche Lage vor Ort und ihre Entwicklungsperspektiven ein?"). Die dritte Dimension gibt Auskunft über die Verbundenheit mit dem Wohnort und die dortige Lebensqualität („Wie attraktiv ist die Gemeinde für mich?").

Um die empirische Aussagekraft dieser Dimensionen und speziell die Annahme ihrer unterschiedlichen räumlichen Verteilung statistisch zu überprüfen, wurde auf der Basis aller bundesdeutschen Stadt- und Landkreise eine Klassifizierung nach Regionen mit hohen, moderaten und niedrigen Herausforderungen vorgenommen (Abbildung 1 am Ende des Beitrages). Als Kriterien für diese Zuordnung dienten die zwei oben bereits erwähnten Strukturindikatoren, nämlich die langfristige Entwicklung von Einwohnerzahl und Beschäftigtenanteil. Innerhalb dieser Regionstypen wurden mittels einer Bevölkerungsumfrage (geschichtete Zufallsstichprobe, Erhebungsjahr 2021) insgesamt 8000 Personen befragt, und zwar 2750 in Regionen mit hohen, 2650 in Regionen mit moderaten und 2600 in Regionen mit niedrigen Herausforderungen. Die beiden erstgenannten Regionen entsprechen „Verliererregionen" und die letztgenannte den „Gewinnerregionen".

4. Wie die Bewertung des Wohnumfelds gesellschaftliche Einstellungen beeinflusst – Ausgewählte Ergebnisse des SIX (Gesamtindex und Teilindex Soziale Kohäsion)

In der Zusammenschau aller drei Dimensionen des SIX zeigen die Daten der Befragung, dass die individuelle Bewertung des Wohnumfelds bzw. Wohnorts nach Lage im Raum nur mäßig differiert. Bestätigung fand jedoch unsere zentrale Annahme, dass zwischen den Benotungen, die seitens der Befragten für das Wohnumfeld bzw. den Wohnort vergeben werden, und ihren gesellschaftlichen Einstellungen ein Zusammenhang besteht.

Das sei an einzelnen Befunden hier exemplarisch gezeigt: Die Bedingungen im Wohnumfeld bzw. am Wohnort werden in Ostdeutschland moderat ungünstiger beurteilt als in Westdeutschland (Mittelwert Ost 2,4 gegenüber 2,2 West).[7] Nach Bundesländern aufgeschlüsselt, schneiden Baden-Württemberg, Bayern und Schleswig-Holstein relativ am besten (Mittelwerte von jeweils 2,1) und die Stadtstaaten Bremen und Berlin (Mittelwerte 2,5 bzw. 2,6) vergleichsweise am schlechtesten ab. Legt man den Thünen-Index der Typologie ländlicher Räume als Messlatte an,[8] so zeigen sich bei der individuellen Einstufung des Wohnortes geringe Unterschiede; überwiegend bewegen sich die Mittelwerte in einem schmalen Korridor von 2,1 bis 2,3, d. h. sämtlich im positiven Skalenbereich unterhalb der Mitte von 2,5. Lediglich „sehr ländliche" Kreise mit „guter sozioökonomischer Lage" heben sich in der Gesamtverteilung über die fünf Regionstypen etwas stärker positiv ab (Mittelwert 2,0).

Im Vergleich damit fällt ins Auge, dass der Zusammenhang zwischen der persönlichen Bewertung des lokalen Wohn- und Lebensumfelds und dem Grad der Entschiedenheit bzw. Intensität, mit welcher gesellschaftliche Einstellungen bekundet werden, stark ist. Ein Beispiel hierfür ist die Abstufung des *Gerechtigkeitsempfindens* („Ich erhalte genau das bzw. mehr/weniger als das, was mir gerechterweise zusteht"). Unter Befragten, die sich „eher" oder „sehr gerecht" bedacht fühlen, wird das lokale Umfeld am besten bewertet (Mittelwert 2,1 und 1,8). Wenn man sich umgekehrt als „eher" oder „sehr ungerecht" behandelt empfindet, erhält das eigene sozialräumliche Umfeld eine stark negative Benotung (Mittelwerte 3,0 und 3,3).

Betrachtet man allein die Dimension 1 des SIX, welche die Einschätzung der sozialen Kohäsion beinhaltet, verändert sich die relationale Verteilung der Mittelwerte gegenüber dem Gesamtindex kaum. Dies gilt sowohl für die Bewertung des Wohnumfelds nach Bundesland und nach der anhand der Ländlichkeits-Typologie bestimmten Lage im Raum wie auch bezüglich des Zusammenhangs zwischen Bewertungen des Umfelds und gesellschaftlichen Einstellungen. Die

---

[7] Die Mittelwerte liegen in einem Skalenbereich von 1 (sehr gute Bewertung) bis 5 (sehr schlechte Bewertung).

[8] Thünen-Institut für Lebensverhältnisse in ländlichen Räumen. Patrick Küpper, Abgrenzung und Typisierung ländlicher Räume (Thünen Working Paper 68), Braunschweig 2016. https://literatur.thuenen.de/digbib_extern/dn057783.pdf.

schon im Gesamtindex als gering ausgewiesene Ost-West-Differenz wird nochmals kleiner. Insgesamt rücken die einzelnen Mittelwerte in der Mehrzahl ein kleines Stück weiter in den positiven Skalenbereich. Diese leichte Aufwärtsbewegung im Datenfeld lässt sich so deuten, dass die tendenziell optimistische Einschätzung des vor Ort existierenden gesellschaftlichen Zusammenhalts eine Konstante lokaler Selbstwirksamkeit darstellt, die zu dem positiven Gesamteindruck des Wohnorts und Wohnumfelds wesentlich beiträgt und durch externe lokale Kontextbedingungen kaum beeinflusst wird.

5. Erkenntnisgewinn dank Schärfung des Sozialitätsindex – eine Nachbetrachtung

Als Teil des regionalisierten Untersuchungsdesigns, das für den Deutschland-Monitor 2023 neu entwickelt und zum Auftakt eines dreijährigen Testlaufs erstmals angewandt worden ist, wurde das methodische Instrument des SIX fortentwickelt. Statt aus vormals zwei raumstrukturellen Indikatoren setzt sich der SIX nun aus 15 entsprechenden Kenngrößen zusammen. Diese werden, ausgewählt aus der ILTIS-Liste, in drei Hauptdimensionen zusammengefasst, nämlich Teilhabe und Infrastruktur, Entwicklung des Humankapitals und wirtschaftliche Outcome-Indikatoren. Auf dieser Basis wurden für die Bevölkerungsbefragung, die in eine bundesweit repräsentative Hauptstichprobe und eine regionalisierte Zusatzstichprobe unterteilt ist, Kreise mit hoher und niedriger Prosperität ermittelt, deren Werte in den Gesamtindex Eingang finden. Dieses methodisch innovative Vorgehen dient dazu, „ein besseres Verständnis über den Zusammenhang zwischen der Region, aus der eine Person stammt, und dem Antwortverhalten, den Einstellungen und Meinungen dieser Person zu bekommen".[9]

Die Einzelergebnisse des seit Anfang 2024 öffentlich zugänglichen Untersuchungsberichts auch nur auszugsweise darstellen zu wollen,

---

[9] Hebenstreit u. a., Deutschland-Monitor, 23 (FN 1), S. 48. Dort ausführliche Informationen zu Konzeption und Ergebnissen des Forschungsprojekts.

würde den Umfang des vorgelegten Beitrags sprengen. Nur zwei Punkte seien hier kurz angemerkt: Mit dem fortentwickelten SIX wurde bei der Vertiefungsbefragung aufgezeigt, dass die Lebensqualität, die Standortgüte und der gesellschaftliche Zusammenhalt in prosperierenden Kreisen besser bewertet werden als in Regionen mit geringerer Prosperität. Das trifft jedoch auf West- und Ostdeutschland gleichermaßen zu. „Somit verläuft diese Trennlinie quer zur Ost-West-Dichotomie."[10] Die Bewertung der lokalen Lebensverhältnisse fällt im ländlichen Raum besser aus als in urbanen Agglomerationen. Im Westen tritt dieser Effekt weniger deutlich als im Osten auf. Insoweit findet die Kontexthypothese Bestätigung. Zu beachten ist indessen, dass Kontexte nicht monokausal Einstellungen beeinflussen. Sogenannte kompositionelle Effekte, wie etwa Alter und Einkommen, treten hinzu und können Kontexteffekte teilweise überlagern.

---

[10] Ebd., S. 22.

Wahrnehmung und Selbstbilder in der Transformation

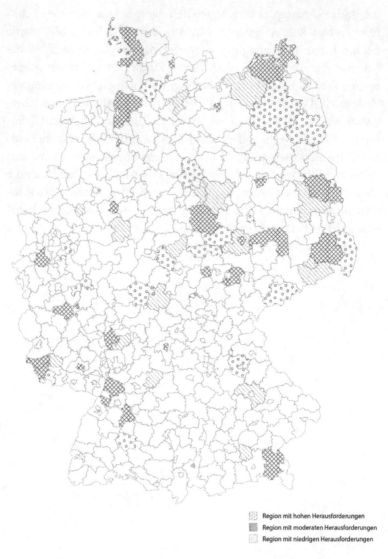

Abb. 1: Befragungsregionen des SIX (Ebene: Landkreise und kreisfreie Städte), Zentrum für Sozialforschung Halle (ZSH), Stand 2021

Don't do that: Die Nachwendezeit als Worst Practice sozialer Transformation

CHRISTIAN BANGEL

Für die allermeisten Ostdeutschen bedeutete die Wiedervereinigung – obwohl sie sie mehrheitlich herbeigewählt haben und diese Wahl immer wieder bestätigten – den größten Einschnitt ihres Lebens. Und für viele zunächst nicht zum Guten. Der Gewinn an Meinungs- und Reisefreiheit und das Verschwinden des SED-Herrschaftsapparats wurden für viele negativ aufgewogen durch den Zusammenbruch ihrer sozialen Strukturen.

Schon im Jahr 1993 stellte das infas-Institut im Osten Deutschlands eine depressive Stimmung fest, wie sie „noch nie und nirgends zuvor gemessen wurde". Der Soziologe Paul Windolf schätzt, dass in den fünf Jahren nach der Wiedervereinigung bis zu 80 Prozent der Ostdeutschen vorübergehend oder dauerhaft ihren Job verloren. Ein Exodus setzte ein, der Osten verlor ein Viertel seiner Leute, Familien und Freundeskreise wurden dauerhaft zerrissen. Ja, die grauen Innenstädte wurden saniert, aber zur Wahrheit gehört auch, dass die Bevölkerungen in den schönen Städten um 30, 40, 50 Prozent schrumpften. Der ganze Osten wurde zu einem Krater der Biografien.

Im Westen verbreitete sich währenddessen ein Stereotyp, das kränkte und eine Wut auslöste, die selbst ich heute noch fühlen kann: das vom faulen Ossi. Ich erinnere mich an mittelmäßige Angeber, die erzählten, dass die Ostdeutschen es einfach nicht gewohnt waren, für ihr Geld zu arbeiten, und es deswegen erst lernen mussten. Dass sie erst in der Leistungsgesellschaft ankommen mussten. Ich habe mir so etwas noch um die Jahrtausendwende herum sagen lassen müssen.

Dabei ist das genaue Gegenteil richtig: Die Menschen wollten arbeiten. Sie wollten schuften, nicht für die Partei und das Kollektiv, sondern für ihren eigenen Benz. Die Kumpel in Bischofferode streikten nicht für Wohngeld oder einen geringeren Benzinpreis. Sie streikten dafür, dass ihnen die Gelegenheit gelassen wurde, zu arbeiten. Und sie verloren. Der Staat gab nicht nach, die Treuhand arbeitete streng nach Plan. Die Ostdeutschen mussten durch die Rosskur der Abwicklung und Totalprivatisierung. Ja, es gab Gewinner, aber viele wurden in dieser Zeit auf Jahre in Arbeitsbeschaffungsmaßnahmen und Arbeitslosenhilfe ruhiggestellt, bis ihnen im Zuge der Hartz-IV-Reformen auch das genommen wurde. Den Begriff „Leistungsgesellschaft" nimmt man im Westen noch ernst. Im Osten löst er bei vielen nur Sarkasmus aus.

Die erste Schlussfolgerung, die man aus der Transformation im Osten ziehen kann, ist das, was man heutzutage einen No Brainer nennt: Vermeiden Sie Härten zugunsten ökonomischer Orthodoxien. Zerstören Sie nicht die soziale Infrastruktur einer Gesellschaft. Sorgen Sie dafür, dass so viele Menschen wie irgend möglich von der Transformation profitieren. Verhindern Sie, dass viele Menschen arbeitslos werden und ihre Heimatregionen verlassen müssen.

Das Gute ist: Schaut man sich die heutige Politik an, kann man sagen, dass das inzwischen verstanden wurde. Vielleicht sogar etwas zu stark. Der Journalist Stefan Lamby hat in seinem Buch treffend angemerkt, die deutsche Regierung habe mehr Angst vor den Autofahrern als vor Wladimir Putin. Die Furcht vor den sogenannten Gelbwesten dominiert die deutsche Politik. Alles wird getan, damit die sogenannte Mittelschicht nur ja nichts verliert. Sie sollen die ökologische Transformation nicht spüren, wie bei einem Softwareupdate im Hintergrund. Dabei kann auch das Schüren unerfüllbarer Erwartungen Wut stiften.

Die Interaktion zwischen der bundesdeutschen Politik und der ostdeutschen Gesellschaft verlief in den ersten Jahren nach der Wiedervereinigung noch auf einer anderen Ebene. Denn der Staat gab sich zwar eisern und unerbittlich, was die ökonomische Transformation anging, war aber an anderer Stelle durchaus bereit, nachzugeben.

Don't do that: Die Nachwendezeit als Worst Practice sozialer Transformation

Ich komme aus Frankfurt (Oder) und habe meine Jugend in einer Zeit verbracht, die man heute die Baseballschlägerjahre nennt. Was mir und vielen anderen im Osten blühen würde, das machten Neonazis schon in der Nacht der Wiedervereinigung klar. Frankfurt war einer von 13 Orten, an denen Neonazis in der Nacht vom 2. auf den 3. Oktober randalierten, Geflüchtete und Linke angriffen. In der Presse erfuhr man davon nichts, erst viele Jahre später hat eine ehrenamtliche Initiative namens „ZweiterOktober90" diese geplanten und vorher angekündigten Ereignisse bekannt gemacht. Nicht einmal ein halbes Jahr später, gerade war der visafreie Grenzverkehr für Polinnen und Polen eingeführt worden, griffen Neonazis Polizisten und polnische Staatsbürger an der Oderbrücke an. Die Ausschreitungen dauerten 24 Stunden an. Der Historiker Christoph Schulze hat diesen Vorfall später als eine Art Blaupause für das spätere Pogrom von Hoyerswerda beschrieben.

Ich als Teenager erlebte die Ankunft der Demokratie im Osten nicht als friedliches Happy End. Ich erlebte rechte Straßengangs, die selbst tagsüber jeden angriffen, der ihnen nicht gefiel. Ich erlebte eine Polizei, die ihrer Aufgabe nicht nachkommen konnte oder wollte, eine gesellschaftliche Mitte, die mit rechten Gewalttätern sympathisierte. Was Demokratie eigentlich bedeuten sollte, nämlich eine Kultur des Kompromisses und des zivilen Diskurses, des Schutzes der Schwachen und Minderheiten, das lernte ich im Unterricht, aber das erlebte ich nicht auf der Straße. Dort herrschte das Recht der Rechten.

Das Schlimmste aber war die Reaktion von Politik und in vielen Medien. Statt zu erklären, dass Demokratie nicht nur starke D-Mark und Marktwirtschaft bedeutet, sondern auch für einen politischen Wert steht, reagierten besonders konservative Politiker auf die rechten Exzesse erstaunlich nachgiebig. In vielen Medien der Mitte wurden Überwältigungsszenarien durch Flüchtlinge beschrieben und bebildert – auf eine Weise, die man nicht anders als verächtlich und rassistisch nennen kann.

Ausgerechnet nach einem der schlimmsten Pogrome, dem von Rostock-Lichtenhagen, stimmte die SPD dem Druck von Union und FDP zu: Der Asylkompromiss kam. Ein viel zu freundliches Wort für dieses ausgesprochene Nachgeben gegenüber Rechtsextremen und deren Verbündeten, mit dem das Recht auf politisches Asyl de facto abgeschafft wurde. Ob die Zahl der Geflüchteten danach deswegen zurückging oder ob das vor allem deswegen geschah, weil die Balkankriege endeten – darüber diskutieren Historiker.

Unnachgiebig gegenüber ökonomischer und sozialer Not, verständnisvoll gegenüber den niederträchtigsten Impulsen einer Gesellschaft: Ich glaube, diese beiden Botschaften der ersten Jahre der Wiedervereinigung waren fatal. Denn die Ostdeutschen – Täter, Opfer, Mitläufer und Zivilgesellschaft – verstanden die Botschaft, dass der Staat auf Sozialproteste nicht reagierte, wohl aber auf rassistischen Aufruhr. Dieses Lernmuster zieht sich wie ein roter Faden durch die Protestgeschichte des Nachwendeostens.

Die letzten großen Sozialproteste waren die Hartz-Montagsdemos im Jahr 2004. Sie versandeten und fanden keinen Nachfolger, obwohl Lohnlücke, Vermögensungleichheit und Unterrepräsentation in den Eliten bis heute Anlass dafür böten. Dagegen wurden im Osten rechte Parteien von Wahl zu Wahl stärker, klandestine Terrorgruppen wie der NSU gründeten sich. Die Pegida-Demonstrationen werden Historiker eines Tages womöglich als den Beginn eines neuen Kapitels in der bundesdeutschen Geschichte einordnen.

Im vorvergangenen Jahr jährte sich das Pogrom von Rostock-Lichtenhagen zum 30. Mal. Und nachdem Bundespräsidenten und andere Würdenträger Jahr um Jahr immer wieder ihre Anteilnahme und ihr Entsetzen über das Geschehen zum Ausdruck gebracht hatten, hätte man optimistischerweise erwarten können, dass eine gewisse Vorsicht in der Bewertung dieser Zeit Einzug gehalten hätte.

Doch das Gegenteil ist der Fall. Inzwischen hört man sogar häufiger den Vorschlag, den Asylkompromiss von 1993 zu wiederholen – ohne auf die Stimmung dieser Zeit einzugehen, ohne die Wechselwirkungen zu beschreiben, die damals zwischen Politik, Medien und Straße stattfanden. Als Journalist, aber auch als Zeitzeuge frage ich mich, wie das sein kann. Ob das Nachgeben gegenüber rechter Gewalt schon längst zu einer Blaupause für zukünftige rassistische Proteste geworden ist.

Der letzte Asylkompromiss beendete nicht die Gewalt gegen Geflüchtete und Migrantisierte. Noch 1996 kam es zum Brandanschlag von Lübeck, dem zehn Menschen zum Opfer fielen. Im Osten führte er – siehe oben – in eine Bestärkung und Verfestigung rechter Gewalt. Ist es wirklich nüchterne Sachpolitik, noch einmal zu versuchen, rechte Gewalt und rechte Wahlergebnisse durch die Übernahme von Argumentationsmustern und Bedrohungsszenarien von ganz rechts zu schwächen? Oder sehen wir hier ein Beispiel für Einsteins Definition von Verrücktheit?

Aber was genau soll man nun lernen aus dieser Zeit? Folgen Sie mir kurz in den östlichsten Osten Deutschlands, in den schönen Landkreis Oder-Spree. Vor einer Weile hatte ich das Glück, dort zwei Wochen in einem Ort namens Ziltendorf zu verbringen. 1500 Einwohner verteilt auf drei Ortsteile, 40 Prozent AfD. Der Bürgermeister, ein Gegner der AfD, prognostiziert für die nächsten Kommunalwahlen 60 Prozent.

Ziltendorf besteht aus drei Ortsteilen, die mehrere Kilometer auseinander liegen. Selbst im Hauptort gibt es keinen Supermarkt mehr. Mobilität ist gerade für die Älteren eine Frage des Überlebens, doch der Busverkehr ist kürzlich ein weiteres Mal ausgedünnt worden. Es gibt einfach keine Busfahrer mehr. In einen Ortsteil fahren nur noch Schulbusse, allerdings nicht in den Ferien.

Existenzieller Arbeitskräftemangel, nicht mehr nur Fachkräftemangel, ist längst eine Alltagserfahrung in vielen ländlichen Räumen des Ostens geworden. Doch viele Menschen dort identifizieren die demografische Krise gar nicht als Problem. Stattdessen haben sich mächtige Gegennarrative entwickelt: Es sind die jungen Leute, die nicht mehr arbeiten wollen. Es sind die Empfänger von Bürgergeld, denen es viel zu leicht gemacht wird, auf der faulen Haut zu liegen. Zuwanderung, so sagte es mir eine ältere Dame, sei unnötig, wenn Menschen „zur Arbeit herangeführt werden". Die Absurdität hingegen, dass in der Erstaufnahmeeinrichtung im zehn Kilometer entfernten Eisenhüttenstadt Hunderte nicht arbeiten dürfen, während in der Stadt Handwerksbetriebe wegen Personalmangels schließen müssen, fiel vielen nicht auf. Stattdessen glauben Menschen, in Eisenhüttenstadt könne man wegen der Gewalt durch Asylbewerber nicht einmal mehr tagsüber Kinder auf die Straße schicken.

Es gibt in Ziltendorf etwas, das ich im Osten öfter beobachte, nämlich eine scharfe, teils mythenbasierte Trennung zwischen den stabilen Zuständen im Inneren und dem drohenden Niedergang im Äußeren.

Menschen, die AfD wählen, aber auch andere, haben mich konsterniert gefragt, wie ich glauben könne, dass Deutschland nicht vor einer Katastrophe stünde. Ich glaube, das ist nicht nur im Osten so.

Kürzlich erschien in der *taz* ein Interview mit dem Sozialwissenschaftler Philip Rhein, der Hunderte AfD-Wähler nach ihren Motiven befragt hatte. Er sagte, was AfD-Wähler mehr als alles andere verbinde, sei die Unfähigkeit, sich eine Zukunft vorzustellen.

Hier liegt ein wichtiger Punkt. Denn natürlich bedient die AfD ein apokalyptisches Niedergangsparadigma, aber wenn wir ehrlich sind: Wie viele demokratische Akteure gibt es noch, die versuchen, den Glauben an ein gutes Morgen zu vermitteln? Die nicht von Überforderung, Überlastung, Zusammenbruch, Katastrophe sprechen, sondern von der Möglichkeit, zu einem fairen Ausgleich zwischen allen Menschen zu kommen?

Haben wir, ohne es zu merken, die rechtsradikale These vom aufziehenden Kampf der Kulturen im Inneren und Äußeren etwa schon verinnerlicht? Glauben wir selbst schon daran, dass der Westen sich mit Waffen und ökonomischer Macht wird gegen die Armen der Welt durchsetzen und schützen müssen? Dann hätten wir die AfD sogar verdient.

Wenn Sie mich fragen, was wir aus der ostdeutschen Transformation lernen können, würde ich sagen: Schützen wir die Schwachen. Bedenken wir dabei, dass die Schwachen meist nicht die Mehrheit sind. Erklären wir alles, immer wieder. Und stiften wir um Gottes Willen eine positive Zukunftserzählung. Ohne Hoffnung ist alles nichts.

Kapitel VI:
Aus Zuversicht Wirklichkeit machen

Für eine Politik der tätigen Zuversicht[1]

ROBERT HABECK

Ich will beginnen mit Mannheim, dem Ort der Tagung, die Anlass für dieses Buch gab. Und mit dem Jahr 1815, das nicht nur das Jahr der finalen Niederlage von Napoleon und damit ein geschichtlich prägendes Jahr für Europa war. Machtpolitisch betrachtet ein Jahr der Zeitenwende.

1815 war auch das Jahr, in dem ein Vulkan ausbrach, und zwar in Indonesien: der Vulkan Tambora. Und in dem der Mannheimer Karl von Drais an den ersten Fahrrädern schraubte – wofür sich allerdings zunächst niemand interessierte.

Als jedoch ein Jahr nach dem Vulkanausbruch der Himmel immer noch dunkel war, als auch in Europa der Sommer ausblieb und die Ernte schlecht war, auch die Haferernte, änderten sich die Dinge. Das Halten von Pferden wurde schlagartig teuer, und viele mussten geschlachtet werden. Auf einmal gab es ein Riesenproblem für Mobilität und Handel. Und auf einmal wurde Karl von Drais' Fahrrad auch ökonomisch interessant. So sehr, dass es auf Basis von Zeitungsberichten binnen kurzer Zeit in ganz Europa und den USA tausendfach kopiert wurde – und Karl von Drais aus seiner historischen Erfindung kein Kapital schlagen konnte. Das sollte uns bei den Technologien, die wir heute in Deutschland und Europa entwickeln, nicht passieren.

Erfolgreicher war Carl Benz, der 1886, ebenfalls in Mannheim, das erste Auto patentierte und dort kurz darauf die damals größte Automobilfabrik der Welt baute. Den Erfolg von Mercedes Benz und seine

---

[1] Dieser Beitrag ist die redigierte und gekürzte Fassung der Rede, die Bundesminister Dr. Habeck am 21.10.2023 in Mannheim gehalten hat.

Bedeutung für Fortschritt, Arbeit und Wohlstand in Mannheim, in Baden-Württemberg, am Ende in der ganzen Welt, brauche ich nicht extra zu betonen. Aber ich möchte auf einen Zusammenhang mit dem Titel dieses Buchs hinweisen: „Aus Zuversicht Wirklichkeit machen". In seinen Erinnerungen schrieb Carl Benz über die Jahre vor seinem Durchbruch: „Nur ein Mensch harrte in diesen Tagen, wo es dem Untergang entgegenging, neben mir im lieben Schifflein aus. Das war meine Frau. Tapfer und mutig hisste sie neue Segel der Hoffnung auf."

„Dem Untergang entgegen", „neue Segel der Hoffnung" – was Kraft und Zuversicht spendet, erfordert zu Beginn viel Mut und Durchhaltevermögen. Von diesen Tugenden handeln die beiden Mannheimer Industriegeschichten.

Und wir brauchen diese Tugenden auch heute. Fahrrad und Auto wären sicher auch ohne Karl von Drais und Carl Benz erfunden worden. Aber woanders. Das ist die zweite Parallele zu heute, auch in ökonomischer Hinsicht. Wenn wir heute neue Wertschöpfungsmodelle und neue Infrastrukturen aufbauen, so geht das auch nicht ohne Risikobereitschaft und Durchhaltevermögen. Nur daraus erwächst neue und belastbare Zuversicht, weil sie ihren Grund im Handeln hat.

Unser Selbstverständnis als zurzeit drittgrößte Volkswirtschaft fußt auf solchen historischen Innovationen, die unserem Land Wohlstand und Ansehen gebracht haben. Wir haben diesen Wohlstand, dieses Ansehen lange Zeit mit einer falschen Selbstverständlichkeit als gegeben angenommen. Vielleicht auch mit einer falschen Annahme von Sicherheit – nämlich, dass Russland als Lieferant günstiger Energie, China als offener Markt und die USA als die Lasten des Militärischen übernehmende Schutzmacht für immer zur Verfügung stehen würden. Damit ist eine Art neuer Selbstzufriedenheit eingezogen, die Defizite und Fehlentwicklungen überlagerte. Dass unser Lebensstil und unsere Art des Wirtschaftens ökologische und soziale Folgen haben, wurde teilweise ausgeblendet. Dass uns unsere Abhängigkeit vom Import billiger Energie, vor allem aus Russland, und vom Export unserer Produkte nach China verletzlich gemacht hat, haben wir uns nicht klar gemacht. Dass uns Arbeitskräfte fehlen werden, weil wir älter werden, hätte eigentlich niemanden überraschen dürfen. Dass es Investitionen braucht, damit unsere Infrastruktur nicht zerbröckelt bzw. der Ausbau dringend benötigter neuer Infrastruktur schneller vorangeht – das musste uns tatsächlich erst die Wirklichkeit ins Stammbuch schreiben, obwohl wir es hätten wissen können. Dass wir etwas tun mussten, wurde schon in früheren Jahren immer deutlicher. Aber wir haben die Dringlichkeit verdrängt und die Anstrengungen aufgeschoben.

Die Ampelregierung – bei allem, was man Kritisches über sie sagen kann – ist angetreten, diesen Reformstau aufzulösen, die Modernisierung zu beschleunigen. Und wenn wir nüchtern auf die Gesetze schauen, die wir angeschoben haben, ist vieles gut vorangegangen. Der Ausbau der Erneuerbaren, der Einstieg in die Wärmewende, Fachkräfteeinwanderung, Klimaverträge für die Industrie und so weiter. All das neben den vielen Sicherungsmaßnahmen, die der Krieg Russlands gegen die Ukraine nötig gemacht hat.

Doch die politische Stimmung in Deutschland ist schlecht, das Vertrauen in die Politik gering, Menschen, die sich politisch engagieren, werden nicht mehr nur mit Worten angegriffen. Populismus, Rechtsextremismus sind auf einem Allzeithoch seit 1945. Nicht nur bei uns in Deutschland, auch in nordeuropäischen Ländern, in südeuropäischen, jenseits des Atlantiks und so weiter.

Ich will die Fehler, die wir als Ampel gemacht haben, nicht kleinreden. Aber ich glaube, dass wir uns gesellschaftlich in einer Situation befinden, in der es um mehr geht. Dass das Problem größer und prinzipieller ist. Ich glaube, unser Selbstbewusstsein und unser Fortschrittsoptimismus haben einen Knacks bekommen. Nicht nur in Ostdeutschland. Auch im Südwesten, dort, wo Deutschland ökonomisch besonders stark ist, wo Weltkonzerne ihr Zuhause haben, wo der Mittelstand gedeiht, wo Liberalismus und Bürgerstolz eine lange Tradition und gewissermaßen ihre Heimat haben.

Sinkendes Vertrauen in Politik geht einher mit Abstiegsängsten. Und vielleicht ist es nicht falsch zu ergänzen: gerade dann, wenn ein hohes Niveau von Wohlstand bedroht ist. Jedenfalls scheint mir die These, Populismus und Armut gingen Hand in Hand, zu simpel zu sein. Er geht mindestens so sehr Hand in Hand mit einem sinkenden Vertrauen des Einzelnen in die Politik und die Gesellschaft insgesamt. Er geht Hand in Hand mit der schwindenden Zuversicht, dass wir die großen Herausforderungen unserer Zeit gemeinsam bewältigen können.

Eine Studie des Kölner Rheingold Instituts diagnostizierte 2023 eine nicht überwundene Traumatisierung durch die Corona-Zeit. Menschen seien nach dem gewollten Rückzug während Corona nicht wieder ins Offene und Gemeinschaftliche zurückgekehrt. Damit einher gehe die Angst vor einem sozialen Klimawandel – noch vor dem ökologischen. Die ökologische Krise werde zwar gesehen, aber sie trage neben den anderen Krisenereignissen der letzten Jahre eher noch mehr dazu bei, sich zurückzuziehen und sich gegen andere zu wenden. Hinzu kam natürlich die Wiederkehr der Inflation, die wir in Deutschland, in Europa und weltweit erlebt haben, und damit die Sorge vieler, ob das Geld reichen wird am Ende des Monats.

Wenn wir über mangelnde Zuversicht reden, müssen wir zudem konstatieren, dass die Mehrheit der Bürgerinnen und Bürger sich gerade *nicht* in einer Solidargemeinschaft aufgehoben sieht, sondern sich alleingelassen fühlt. Allein in dem Sinne, dass niemand hilft, wenn es eng wird. Allein aber auch, wenn es darum geht, davon ausgehen zu können, dass die anderen mitmachen und mitanpacken.

Dieses Gefühl, allein zu sein, hat viel mit der Leistungsgesellschaft zu tun, in der wir leben. Wenn du dich anstrengst und nach den Regeln spielst, dann kannst du es schaffen – so hat es Bill Clinton einmal formuliert. Sie adressiert den Einzelnen, nicht die Gemeinschaft. Du kannst es schaffen, du musst dich nur anstrengen. Wenn du es nicht schaffst, dann hast du dich eben nicht genug angestrengt, nicht genug investiert in deine Selbstoptimierung. So erodiert letztlich das Gefühl des Zusammenhalts, das Vertrauen in andere – ganz abgesehen davon, dass Unterschiede in Bildung, Herkunft, Geschlechtern das Versprechen der Leistungsgesellschaft, jeder und jede könne es schaffen, zumindest stark relativieren.

Ohne das Vertrauen in andere sind gemeinsame Anstrengungen jedenfalls nicht möglich. Wer das Gefühl hat, die anderen machen nicht mit, will nicht selbst der Dumme sein, der loslegt und später dann die Zeche zahlt.

Hinzu kommt der zunehmende Verlust gemeinsamer Räume: Wir müssen nicht mehr ins Kino oder ins Theater gehen, wir können streamen; wir müssen nicht mehr in Restaurants oder auf den Markt gehen, wir können uns unsere Lebensmittel nach Hause liefern lassen; wir müssen nicht mehr in Geschäfte gehen, wir können alles im Online-Handel einkaufen. Im Grunde muss man seine Wohnung gar nicht mehr verlassen. Das Problem ist, dass wir damit geteilte Räume, gemeinsame Erfahrungen verlieren.

Diese Art der Individualisierung, das erodierende Vertrauen in andere macht uns einsamer. Und die jüngste sogenannte Mitte-Studie der Friedrich-Ebert-Stiftung hat eindrücklich gezeigt, dass es einen starken Zusammenhang zwischen wachsender Einsamkeit und rechtsextremen Einstellungen gibt.

Natürlich gibt es zuhauf objektive Gründe zur Sorge: die Umstellung unserer Energieversorgung nach dem Angriffskrieg auf die Ukraine, der harte interessengeleitete Systemwettbewerb statt Globalisierung zum günstigsten Preis, Fachkräftemangel, marode alte und zu wenig neue Infrastruktur, zu langsame und zu komplizierte Genehmigungsverfahren, zu viel Bürokratie, die Überforderung der Kommunen bei der Migration. Dazu eine rasant ansteigende Erderwärmung, die wir am Ende nur global lösen können. Und das, während die Weltordnung zunehmend aus den Fugen gerät, ohne dass schon eine neue Ordnung erkennbar wäre.

Vor diesem Hintergrund lässt sich Zuversicht nicht einfach herbeireden. Zweckoptimismus und wolkige Zuversichtsphraseologie ohne Sinn für die Wirklichkeit helfen nicht. Mehr noch: Sie sind kontraproduktiv. Wer Zustimmung und Vertrauen für Veränderung neu begründen will, kommt nicht umhin, die Probleme beim Namen zu nennen – und auch die Anstrengungen und Kosten, die ihre Lösung bedeuten. Und er braucht ein Gefühl für Zeit und Taktung, ein Gefühl für die gesellschaftliche Balance. Um es mit Immanuel Kant zu sagen: Zuversicht ohne Anstrengung bleibt leer; Anstrengung ohne Zuversicht wiederum bleibt blind.

So gesehen gibt es einen großen und wichtigen Unterschied zwischen Zuversicht und Hoffnung. Zuversicht beruht auf einer Anstrengung des Handelns. Sie ist nicht die passive Hoffnung auf ein glückliches Schicksal, auf die Erlösung durch eine rettende Instanz, auf einen technologischen Deus ex Machina, der die Probleme für uns löst.

Klar ist: Technologischer Fortschritt hat uns überhaupt erst die Möglichkeiten verschafft, Wohlstand, Wertschöpfung und Nachhaltigkeit zusammenzubringen. Aber er ist kein Erlöser. Mögliche bahnbrechende Fortschritte in der Zukunft sind nicht berechenbar. Es kann gut sein, dass beispielsweise die Kernfusion in ein paar Jahrzehnten einen relevanten Beitrag zur Energieerzeugung leisten wird. Ich würde mich freuen, wenn es so käme. Es kann aber auch sein, dass es nicht so kommt. Auf einen Durchbruch zu setzen und bis dahin nichts zu tun – das ist Hoffnung.

Hoffnung darf angesichts der immensen Herausforderungen, vor denen wir stehen, keine Ausrede dafür sein, nicht im Hier und Jetzt zu handeln. Die Möglichkeiten, die wir haben, erstens gemeinsam umzusetzen und zweitens zu erweitern – das ist Zuversicht. Zumal es meines Erachtens auch wenig Grund zur Hoffnung gibt, dass die fundamentalen Umbrüche, in denen wir uns befinden, im libertären Do-it-yourself-Modus bewältigt werden können. Wenn jeder an sich selbst denkt, ist eben nicht an alle gedacht.

Hinzu kommt, dass der Zuversicht das Wissen um die Möglichkeiten des Scheiterns immanent ist. Es kann eben auch schiefgehen. Sonst wäre Zuversicht Gewissheit. Und eingeredete, selbstzufriedene, falsche Gewissheiten haben uns zu lange davon abgehalten, eine Politik der tätigen Zuversicht umzusetzen.

Wir können und sollten uns für die Zuversicht entscheiden. Denn die Geschichte ist niemals entschieden, sie bleibt immer offen. Zu Zeiten, in denen auf ökologische Probleme noch hingewiesen werden musste, hat meine Partei, Bündnis 90/Die Grünen, oft mit einer Rhetorik des „Fünf vor zwölf" Politik gemacht. Doch diese Zeit ist vorbei. Das Bewusstsein für die Gefahren der Erderwärmung und des Artensterbens ist in der Gesellschaft inzwischen breit geteilt. Jetzt geht es um Wege und Etappen, die wir als Gesellschaft, als Demokratie möglichst gemeinsam beschreiten.

Wir sind auf diesem Weg. Und wir können unser Ziel positiv beschreiben und dementsprechend handeln: Erneuerung unseres Wohlstands, Zukunftsfestigkeit unserer Freiheit und unserer Demokratie, neue Sicherheit, neue Resilienz.

Zuversicht braucht also aktives Handeln – in Umsicht und Besonnenheit und im gegenseitigen gesellschaftlichen Vertrauen. Dieses Handeln muss ein politisches Handeln sein, ein republikanisches

Handeln. Es beruht zugleich auf einer aktiven Trägerschaft durch die Bürgerinnen und Bürger.

Die Entlastung in einer repräsentativen Demokratie besteht darin, dass sich die Bürgerinnen und Bürger um viele Details nicht kümmern müssen. Die grundlegenden Entscheidungen aber müssen durch sie getragen werden. Sich zu informieren, sich auseinanderzusetzen ist in diesem Sinn eine republikanische Tugend, die wir von allen erwarten müssen – und deren „Lebbarkeit" wir auch allen ermöglichen müssen. Sonst wäre unsere Demokratie nur Fassade.

Zum gemeinsamen Handeln gehört aber auch das Regionale als republikanischer Ort. In der Stadt wie auf dem Land. Das schließt Bürgersinn und Bürgerstolz, ja, Patriotismus eindeutig mit ein. Es bedeutet, sich vor Ort zu erklären, zuzuhören, Konflikte auszutragen. Die Bürgerinnen und Bürger ernst zu nehmen und in die Verantwortung zu nehmen – das war der Weg, den Winfried Kretschmann mit Gisela Erler und vielen weiteren schon vor vielen Jahren in Baden-Württemberg gegangen ist. Aus den Konzeptpapieren und den Pilotprojekten von einst sind längst Institutionen geworden, von denen inzwischen die ganze Republik lernen kann – und sollte. Denn Fortschritt hat gerade in diesen Zeiten viel zu bewahren und viel zu verteidigen. Es ist dieser Fluchtpunkt des zu Bewahrenden, den Winfried Kretschmann immer im Blick hat. Verändern, um Halt zu schaffen. Und umgekehrt: Halt geben, um verändern zu können.

Zuversicht braucht einen gesellschaftlichen Konsens, braucht Bündnisse quer durch die unterschiedlichen Standpunkte und Strömungen in unserer Demokratie. Sie braucht das Aufeinanderzugehen und die Kompromissbereitschaft – beides demokratische Tugenden, die wir dringend wiederentdecken und stärken müssen.

Zuversicht braucht auch ein starkes Zeichen des Staates an die Gesellschaft, den Erhalt und Ausbau unserer öffentlichen Infrastruktur zu priorisieren: von Brücken und Schulen bis hin zur neuen Infrastruktur für Energiewende und Digitalisierung. Zur Infrastruktur gehören aber auch öffentliche Räume wie Spielplätze, Marktplätze, Bibliotheken, Schwimmbäder, Parks, der ÖPNV, Orte für Vereine und andere zivilgesellschaftliche Gruppen. Wenn Menschen unterschiedlichen Einkommens, unterschiedlichen Geschlechts, unterschiedlicher Herkunft und Geschichte für eine gewisse Zeit einen Raum teilen, wird gemeinsames Erleben und gemeinsames Diskutieren über das Erlebte möglich. Das ist die Gegenbewegung gegen die Vereinsamung, zu der die Individualisierung geworden ist. Wenn es nach mir geht, ist die Kraftanstrengung, unsere öffentlichen Infrastrukturen in Schuss zu bringen, eine Zukunftsaufgabe, die nicht an knapper Kassenlage scheitern darf. Weil sie eine Investition unserer Gesellschaft in die eigene Zukunft ist. Weil sie eine Investition in unsere Zuversicht ist.

Der Vorsatz, aus Zuversicht Wirklichkeit zu machen, beginnt mit dem offenen und ehrlichen Blick auf uns selbst. Es braucht Realitätssinn. Wir haben zu lange von der – glücklicherweise sehr guten – Substanz dieses Landes gelebt und uns in bequemen Abhängigkeiten eingerichtet. Das Erwachen war hart und der Preis hoch: finanziell, politisch und im Hinblick auf den gesellschaftlichen Zusammenhalt.

Niemand hat sich das so gewünscht. Aber dieses Erwachen bringt nicht nur Beunruhigung mit sich. Es ist auch die Voraussetzung für eine Zuversicht, die auf dem Boden von Realismus und Tatkraft steht. Das gilt erst recht im Angesicht des Populismus und seiner postfaktischen Agenda. Eine Zuversicht, die nicht auf Ausblendung und Ausgrenzung beruht, sondern auf einem neuen Realismus für die Würde des Menschen und seine realen Umstände. Nicht auf Geschichtsvergessenheit, sondern auf Lernen und dem Mut, den uns unsere Geschichte aufgibt. Die Geschichte bringt nicht nur immer wieder furchtbare Tiefschläge, wie wir sie derzeit zuhauf erleben. Sie enthält auch immer wieder Fortschritte, die uns aus der Gegenwartsperspektive als völlig unwahrscheinlich erscheinen. Aber diese Fortschritte gelingen nur, wenn man die Zuversicht nicht aufgibt und an den Dingen arbeitet.

Damit komme ich noch einmal zurück auf Mannheim. In die Stadt, die dem Fortschritt gerade einen gehörigen Schwung verleiht. Die als erste deutsche Stadt das EU-Label für klimaneutrale und intelligente Städte erhalten hat und die vor Kurzem die zurzeit größte Wärmepumpe Deutschlands in Betrieb genommen hat, um auf klimaneutrale Fernwärme umzustellen. Diese Fortschritte sind eines Karl von Drais ziemlich würdig, der in Mannheim das Fahrrad erfand und auf die Straßen brachte.

Auch was anschließend geschah, erinnert mich ein wenig an die Gegenwart. Fahrräder waren also auf den Straßen unterwegs. Die Straßen aber waren häufig durchzogen von Spurrillen der Kutschen. Die meist jungen Fahrradfahrer wichen auf die Gehsteige aus, sehr zum Ärger der Fußgänger. Infolgedessen wurde in Mannheim bereits 1817 das Fahrradfahren auf Gehsteigen verboten. Großstädte überall auf der Welt folgten.

Innovationen sind also auch früher nicht ohne Konflikte abgelaufen. Die Geschichte des Kulturkampfs des Fahrrads mit dem Auto bzw. mit Kutschenfahrern und Fußgängern ist so alt wie das Fahrrad selbst. Heute erleben wir ihn unter anderem in der Politisierung von Lastenrädern als Chiffre für kulturelle Zugehörigkeiten. Der Soziologe Steffen Mau nennt diese Chiffren in seinem gleichnamigen Buch *Triggerpunkte*.

Triggerpunkte gegen das Fahrrad funktionieren auch gegen das Auto. Für viele junge Menschen ist das Auto in der Stadt ein Feindbild. Aktivistinnen und Aktivisten, die sich auf den Straßen festkleben, um Autos am Fahren zu hindern, sind nur die Spitze des Eisbergs.

So kommen wir nicht weiter. Veränderung und Zusammenhalt, das Thema der Tagung und dieses Buchs, können nur gelingen, wenn wir nicht permanent auf diese Triggerpunkte drücken und damit uns selbst in eine falsche Polarisierung zwingen. Denn die meisten Menschen sind heute Fußgänger, Fahrradfahrer und Autofahrer zugleich. Und außerdem benutzen sie noch Bus und Bahn.

Um Veränderung zu ermöglichen, die die Gesellschaft nicht gegeneinander aufstellt, polarisiert und „triggert", gibt es häufig gute, integrierende Lösungen, beispielsweise integrierte Verkehrskonzepte.

Sich auf diese integrierenden Lösungen verständigen zu können, darauf kommt es in einer Demokratie an. Um Lösungen zu finden, braucht es in aller Regel Sachkenntnis und einen Blick für Details. Aber ihre Grundbedingungen liegen in den demokratischen Tugenden eines republikanischen Gesellschaftsvertrags: die Neugier des Zuhörens, die Toleranz gegenüber Andersdenkenden, die Geduld beim Streit, die Kraft zum Kompromiss. Diese Tugenden sollten unser Handeln leiten. Damit unser Handeln Zuversicht gibt. Und aus Zuversicht Wirklichkeit werden kann.

Nicht warten, einfach machen

CLARA SCHWEIZER

Nur wenige Monate nachdem die schwedische Klimaaktivistin Greta Thunberg im August 2018 begonnen hatte, für das Klima die Schule zu bestreiken, fuhr ich aus meiner Heimatstadt Nürtingen gemeinsam mit Freund*innen zu meinem allerersten Klimastreik nach Stuttgart. Ich war damals 16 Jahre alt. Bald darauf gründeten wir unsere eigene Fridays for Future-Ortsgruppe in Nürtingen und gingen beim ersten Globalen Klimastreik 2019 mit weit über 2000 Schüler*innen, Kleinkindern, Eltern, Omas und Opas auf die Straße.

Damals dachten wir, wenn wir für ein paar Wochen auf die Straße gehen und die Entscheidungsträger*innen dann verstehen, in welchem Ausmaß die Klimakrise unsere Lebensgrundlagen bedroht, würden sie schon handeln. Wir dachten, das Nichthandeln wäre lediglich einem Informationsdefizit geschuldet. Doch schnell wurden wir eines Besseren belehrt: Auch nach einem Jahr Protest war kein großer Schritt in Richtung konsequenten Klimaschutzes zu sehen. Also machten wir weiter, diskutierten mit Politiker*innen, suchten nach Verbündeten und formulierten klare Forderungen an die Politik. Gemeinsam stellten wir uns hinter die Wissenschaft und forderten lautstark, auf ihre Erkenntnisse zu hören.

Seitdem sind sechs Jahre vergangen. Sechs Jahre Fridays for Future. Sechs Jahre, in denen mehrere Millionen Menschen, jung und alt, Kinder und Großeltern auf die Straße gingen und Druck auf die Bundesregierung ausübten – um sie immer wieder aufs Neue daran zu erinnern, unseren Planeten und damit die Grundlage aller menschlichen Existenz zu schützen.

Ein Jahr später legte Corona die Welt still. Diese Pandemie hat für mich zwei Dinge deutlich gemacht: Erstens, die Stimmen junger Menschen werden in der Politik viel zu wenig gehört und ihre Interessen nicht ausreichend vertreten. Zweitens, die Politik ist fähig, basierend auf wissenschaftlichen Fakten, Entscheidungen zu treffen. Die Umsetzung der Klimaschutzmaßnahmen erfolgt jedoch – anders als bei der Pandemiebekämpfung – weitaus weniger konsequent. Obwohl die Klimakrise ebenso tödlich ist, scheint sie sich – wenn auch inzwischen in immer geringerem Maße – leichter verdrängen zu lassen als die Corona-Krise.

Mit der Unterzeichnung des Pariser Klimaabkommens im Jahr 2015 verpflichteten sich 195 Länder, die globale Erwärmung deutlich unter zwei Grad Celsius im Vergleich zum vorindustriellen Niveau zu halten. Auch Deutschland hat sich mit dem nationalen Klimaschutzgesetz das Ziel gesetzt, bis 2045 klimaneutral zu werden, das Land Baden-Württemberg sogar bis zum Jahr 2040.

Doch reichen diese Ziele und Versprechungen aus? Nahezu täglich erreichen uns Katastrophenmeldungen – Hitzesommer, Dürren, Waldbrände, Überflutungen. Die Folgen der Klimakrise haben schon heute verheerende Folgen für Mensch und Natur. Auch die Berichte des Intergovernmental Panel on Climate Change (IPCC) zeigen, wie ernst die Lage ist. Die Klimakrise eskaliert von Jahr zu Jahr, und es besteht die Gefahr, dass Kipppunkte mit ihren irreversiblen Konsequenzen schneller erreicht werden als gedacht. Auch der Weltbiodiversitätsrat IPBES, Pendant des IPCC, zeichnet ein düsteres Bild: Durch menschliche Handlungen sind heute weltweit mehr Arten als je zuvor vom Aussterben bedroht.

Wie hoch der Handlungsdruck ist, zeigt sich auch daran, dass wir bereits heute die Folgen der Klimakrise deutlich spüren. Diese Entwicklungen bedrohen die ökonomischen und sozialen Grundlagen, auf welchen unsere demokratischen Systeme aufgebaut sind. Sie bringen unser gesellschaftliches Zusammenleben ins Wanken. Denn Klimakatastrophen gefährden unsere Lebensgrundlagen, unsere Infrastruktur, die landwirtschaftliche Produktion, Wasserverfügbarkeit und Gesundheit der Bevölkerung. Fluchtbewegungen, Wirtschaftskrisen und Armut sind die Folge und ein Nährboden für gesellschaftliche Destabilisierung, Krieg und Konflikt.

Besonders betroffen von den Folgen der Klimakrise sind marginalisierte Gruppen, darunter Menschen mit niedrigem Einkommen, Migrant*innen, Frauen sowie Ältere und Menschen mit Behinderung. Auch in Deutschland sind diese Gruppen schon heute den Folgen der Klimakrise stärker ausgesetzt, da sie oft weniger Zugang zu Ressourcen und Unterstützung haben, um sich z. B. gegen Hitzewellen, Überschwemmungen oder andere extreme Wetterereignisse zu schützen. Trotz der düsteren Aussichten: Die Wissenschaft hat auch deutlich gemacht, dass wir uns aktuell noch in einem Handlungsfenster befinden, in dem wir das Ruder herumreißen können. Die Abkehr vom Schlimmsten ist noch möglich, und wir können für die kommenden Generationen einen lebenswerten Planeten erhalten. Allerdings müssen dazu endlich schnelle und konsequente Klimaschutzmaßnahmen in die Wege geleitet werden.

Fridays for Future hat dafür gesorgt, dass das Thema Klimaschutz am Abendbrottisch und in den Medien diskutiert wurde, Kindern ihren Eltern kritische Fragen gestellt haben, Regierungen unter Druck gerieten, weil Kinder nicht zur Schule gingen und in mehr als 2000 Städten in 129 Staaten weltweit für das Klima streikten. Allein in Deutschland gründeten sich mehrere hundert Ortsgruppen mit basisdemokratischem Anspruch, die klimapolitische Forderungen entwickelten, Streiks und Aktionen organisierten und Klimaschutz auf die politische Agenda brachten.

In der Vergangenheit wurde die Verantwortung für die Klimakrise in der klimapolitischen Debatte meist auf die Verbraucher*innen abgewälzt. Anstatt in diese Debatte einzusteigen, hat Fridays for Future konsequente und umfassende systemische Lösungen eingefordert. Wenn man realisiert, dass Öl- und Gaskonzerne bereits seit den 1970er Jahren um die Schäden ihrer Produkte wussten und bewusst die Verantwortung auf das Individuum lenkten, wird klar, dass anstatt Konsumkritik und des Suggerierens, dass mit einer Bambuszahnbürste die Welt gerettet sei, auch die Wirtschaft in die Pflicht genommen werden muss.

Einer der größten Erfolge der Klimabewegung war das Urteil des Bundesverfassungsgerichts aus dem Jahr 2021. Das Urteil stellte fest, dass das Verschieben von Emissionslasten in die Zukunft die Freiheitsrechte junger Menschen verletzt, und machte eine Novellierung des Klimaschutzgesetzes erforderlich. Es etablierte das Grundrecht auf Klimaschutz und verankerte die 1,5-Grad-Grenze des Pariser Klimaabkommens verbindlich. Der Staat wurde demnach verpflichtet, die Reduktion von Treibhausgasemissionen nicht weiter in die Zukunft zu verschieben und zeitlich so zu gestalten, dass die grundrechtlich geschützte intertemporale Freiheitssicherung gewährleistet werden kann.

International erregte das Urteil große Aufmerksamkeit und wurde zum Präzedenzfall für Klimaklagen. Es ermöglicht eine strategische Prozessführung, die es Anwälten und Umweltschutzorganisationen erlaubt, den rechtlichen Rahmen zu nutzen, um staatliche und private Akteure zur Rechenschaft zu ziehen. Auch weitere Urteile der letzten Jahre, wie das des Europäischen Gerichtshofs für Menschenrechte im April 2024, das Klimaschutz als Menschenrecht anerkannte, zeigen, wie wichtig das Instrument der Klimaklagen auf dem Weg zur Klimaneutralität ist.

Heute ist die Klimakrise noch drängender als vor sechs Jahren, als wir mit Millionen Menschen auf die Straße gingen. Und doch muss sie in der öffentlichen Wahrnehmung um Aufmerksamkeit kämpfen. Es ist zu beobachten, wie einerseits gesellschaftliche Widerstände gegen Veränderung zunehmen, andererseits manche schon die Hoffnung aufgegeben haben und sagen, es sei doch sowieso alles schon zu spät. Die Gesellschaft ist krisenmüde und verängstigt. Verängstigt vor dem Morgen, verängstigt, sozial abzusteigen, verängstigt vor der Veränderung. Auch politisch beobachten wir eine zunehmende Polarisierung und eine zunehmende Kriminalisierung derjenigen, die sich für mehr Klimaschutz einsetzen. „Einsperren sollte man euch", „Bist du auch so eine Klimaterroristin?", mit solchen Aussagen wurde auch ich als Klimaaktivistin in den letzten Monaten des Öfteren konfrontiert.

Diese Verunsicherung in Anbetracht der aktuellen Krisen und das schwindende Vertrauen in die Problemlösungsfähigkeit der Politik werden von einigen politischen Kräften absichtlich geschürt und verhindern eine erfolgreiche Umsetzung von Klimaschutz. Notwendige Maßnahmen wurden bereits abgeschwächt oder gar zurückgenommen, wie etwa im Fall des Klimaschutzgesetzes durch die Abschaffung der jährlichen Sektorenziele.

Die Politik wird teilweise zu sehr von realpolitischen Zwängen geleitet und es werden Kompromisse geschlossen, die dem Klima schaden. Statt einer langfristigen Politik stehen die nächsten Wahlen im Fokus, sodass eher populäre anstatt der notwendigen Maßnahmen umgesetzt werden. Unpopuläre, aber klimapolitisch notwendige Entscheidungen können nach einem Regierungswechsel leicht rückgängig gemacht werden, was die dringend erforderliche Kontinuität in der Klimapolitik beeinträchtigt. Und trotzdem gehen Klimaschutz und Demokratie nur zusammen, weil Klimaschutz gesamtgesellschaftlich getragen werden muss.

Die letzten Jahre mit Fridays for Future haben gezeigt, wie junge Menschen sich Gehör verschaffen können und wie mächtig die Kraft der Zivilgesellschaft ist. Aber auch, wie schwer die Räder der Transformation zu drehen sind. Die Lücke zwischen dem, was notwendig ist, um das Pariser Klimaabkommen noch einzuhalten, und dem, was tatsächlich passiert, ist auch nach mehreren Jahren des Protests noch viel zu groß.

Aus diesem Grund habe ich mir zum Ziel gesetzt, herauszufinden, ob nicht mehr möglich ist, ob wir nicht schneller in eine Umsetzung von Klimamaßnahmen kommen können. Ich stellte mir die Frage, wo für mich persönlich das größte Potenzial liegt, um Veränderungen anzustoßen, die zur sozialökologischen Transformation beitragen könnten. Und ich kam zu dem Schluss, dass für mich der größte Hebel dort ist, wo ich mich am besten auskenne: bei mir zu Hause, in meiner Heimatstadt. Denn 70 Prozent der Treibhausgasemissionen entstehen in Städten. Das zeigt: Kommunen sind die Orte, wo die Klimawende umgesetzt werden muss. Jede einzelne Kommune muss einen Beitrag leisten, um das Pariser Klimaabkommen einzuhalten.

Um vor Ort anzupacken, gründete ich gemeinsam mit Mitstreiter*innen 2022 den Verein Klima-Taskforce e.V. in Nürtingen mit der Vision, Kommunen klimaneutral zu machen und in attraktive, grüne und lebenswerte Orte zu verwandeln. Denn momentan drehen sich auch die Räder der Kommunalpolitik viel zu langsam. Obwohl zahlreiche Konzepte und Beschlüsse vorhanden sind, werden notwendige Maßnahmen oft nicht umgesetzt. Entscheidungsträger*innen arbeiten nicht ausreichend zusammen und gute Ideen scheitern an Parteigrenzen. Deshalb erarbeiten wir als Klima-Taskforce gemeinsam mit kommunalen Akteuren aus Politik, Verwaltung, Wirtschaft, Wissenschaft und Zivilgesellschaft ganz nach dem Prinzip „Think global, act local" konkrete Handlungspläne zur Umsetzung von Klimaschutzmaßnahmen. Unter anderem unterstützen wir Bürger*innen, sich selbst zu organisieren und eigene Projekte umzusetzen. Die Klima-Taskforce versteht sich als überparteiliches Netzwerk, das Expertise und Informationen bündelt und gleichzeitig eine Interessenvertretung für Klimaschutz in der Kommune ist.

In den letzten zwei Jahren haben wir in Arbeitsgruppen zu den Themen Mobilität, Energie, Wärme, Bauen und Wohnen, Landwirtschaft, Ernährung und Bildung sowie zum Thema Konsum zahlreiche Projekte auf die Beine gestellt: von Photovoltaik-Informationsveranstaltungen, der Gründung eines nachhaltigen Unternehmensnetzwerks über die Entwicklung einer Kampagne für Verkehrsberuhigung und Superblocks bis hin zur Arbeit an einem Ernährungsrat und einer Selbstbau-Gemeinschaft, um Gebäude zu dämmen. Lokal lassen sich Projekte erproben und gemeinsam auf die Beine stellen, und am Ende wird die Wirkung unmittelbar sichtbar. Gleichzeitig versuchen wir, unsere Erfahrungen und Erkenntnisse aus unserer Arbeit politisch zu vertreten. Wir engagieren uns in verschiedensten politischen Gremien und arbeiten daran, bessere politische Rahmenbedingungen für die kommunale Klimawende zu schaffen. Nachdem wir die Klima-Taskforce in Nürtingen erfolgreich erprobt haben, verfolgen wir jetzt das Ziel, das Konzept auch auf weitere Kommunen zu übertragen.

In diesen zwei Jahren ist aber auch klar geworden: Es gibt kein perfektes Rezept für kommunalen Klimaschutz oder die Zusammenarbeit, die uns dem Ziel einer gelungenen sozialökologischen Transformation näherbringt. Das Wichtigste ist, weiterzumachen, Woche für Woche Ideen, Projekte, Strategien zu erproben, anzupassen und weiterzuentwickeln. Nur so kommen wir am Ende ans Ziel der Klimaneutralität. Genau das versuchen wir auch mit der Klima-Taskforce.

Empathische Kommunikation ist auf dem Weg zu einer erfolgreichen Transformation entscheidend. Denn in Gesprächen wird deutlich, wie viele Emotionen und Ängste bei Bürger*innen mit diesem Thema verknüpft sind. Gute Klimakommunikation ist nicht nur ein nettes Nebenbei, sondern entscheidend, um Mehrheiten und Akzeptanz für Klimaschutzmaßnahmen zu gewinnen. Politische Entscheidungsprozesse müssen besser offengelegt und kommuniziert werden. Klimaschutzmaßnahmen müssen so gestaltet sein, dass sie sozial und gerecht sind. Unterstützungsangebote für diejenigen, die besonders von Klimaschutzmaßnahmen betroffen sind, sind ebenso wichtig wie eine faire Kostenverteilung. Statt Streit und Blockade brauchen wir Politiker*innen, die auch kommunikativ zeigen, dass sie durch Krisen steuern können.

Unsere Arbeit mit der Klima-Taskforce hat verdeutlicht, wie entscheidend es ist, verstärkt in die Stadtteile zu gehen und dort Informationsangebote sowie Beteiligungsmöglichkeiten zu schaffen. Gemeinsam mit Menschen aus einem Stadtteil in den Austausch zu kommen und der Frage auf den Grund zu gehen, wie eine klimafreundliche Zukunft des Stadtteils aussehen könnte, was es zum Beispiel für eine gute Mobilität im Stadtteil braucht, erhöht die Akzeptanz für die nötigen Veränderungen.

Wir wollen Maßnahmen für den Klimaschutz von unten heraus organisieren. Denn am Ende benötigen wir für die Transformation eine demokratische Mehrheit für Klimaschutz. Die Klimawende von unten hat den Vorteil, die Anliegen der Bevölkerung direkt aufzunehmen, zu berücksichtigen und in praktische Maßnahmen umzusetzen. So entsteht ein direkter Bezug zu den Klimaschutzmaßnahmen, eine höhere Akzeptanz und Bereitschaft der Bevölkerung, auch umfassendere Klimaschutzmaßnahmen auf politischer Ebene zu unterstützen. Dieses Engagement vor Ort kann also auch dazu führen, mögliche Handlungsspielräume für die Bundes- und Landesregierungen zur konkreten Umsetzung von Klimaschutzmaßnahmen zu erweitern.

Für diese Umsetzung benötigen wir neue, positive Erzählungen. Derzeit wird Klimaschutz oft als etwas Negatives wahrgenommen. Ein auch von bestimmten Parteien gezielt etabliertes Framing vermittelt, dass Klimaschutz mit Verzicht, Wohlstandsverlust und unangenehmen Veränderungen einhergeht. Allerdings ist Klimaschutz auf lokaler Ebene vor allem ein Gewinn. Ein Gewinn an Lebensqualität, schöneren Aufenthaltsplätzen, die beschattet und grün sind, sicheren Orten für Kinder zum Spielen, mehr Freiraum, der öffentlich genutzt werden kann, statt Parkplätzen und stark befahrenen Straßen, weniger Lärm und bessere Luft – die Chance, die eigene Nachbarschaft schöner zu gestalten. Aus meiner Sicht braucht es solche positiven Visionen, ein Zukunftsbild, auf das hingearbeitet werden kann: Welche Chancen bringt die kommunale Klimawende mit sich? Wie wollen wir zusammenleben? Was können wir durch eine erfolgreiche Transformation gewinnen?

Die große Transformation gelingt nur mit allen Bürger*innen gemeinsam. Lokalpolitisch ist immer wieder deutlich geworden, dass Maßnahmen mehr Akzeptanz genießen, wenn Bürger*innen sie mitentwickelt haben. Deshalb müssen wir sicherstellen, dass die Zivilgesellschaft mehr in die Klimapolitik eingebunden wird. Bei Versuchen konnte beispielsweise festgestellt werden, dass Klimaräte – mit einem Querschnitt aus Bürger*innen, zufällig besetzt – sogar konsequentere und radikalere Klimaschutzmaßnahmen forderten als angenommen. Mehr deliberative Elemente in der demokratischen Ausgestaltung könnten also nicht nur zu einer höheren Akzeptanz von Klimaschutzmaßnahmen, sondern auch zu einem konsequenteren Klimaschutz führen.

Nicht erst seit der Coronakrise wird immer wieder deutlich, dass junge Perspektiven nicht ausreichend in der Politik repräsentiert sind. Zwar wird versucht, Jugendbeteiligung weiter auszubauen, allerdings ist diese Beteiligung wenig gewinnbringend, wenn die Jugend wiederholt angehört, am Ende dann aber doch nicht berücksichtigt wird. Diese Scheinbeteiligung ist mehr als frustrierend, weil junge Menschen viel Zeit umsonst investieren. Junge Menschen wollen gute Politik und eine eigene Stimme. Dafür braucht es echte Jugendbeteiligung und verbesserte Strukturen, die es wieder attraktiver machen, sich in Parteien, Initiativen und Gremien einzubringen. Denn wir brauchen junge, klimabewegte Menschen in allen Bereichen, egal ob Verwaltung, Wirtschaft oder Parlament. Dazu müssen wir die Menschen mitentscheiden lassen, um deren Zukunft es geht.

Worauf es aber letztendlich ankommt, ist, dass diejenigen, die den Wandel vorantreiben, die Hoffnung nicht verlieren. Doch das ist nicht immer leicht. Gerade als junger Mensch benötigt es wahnsinnig viel Energie, trotz der Katastrophenmeldungen und Krisen, die von allen Seiten hereinbrechen, weiterhin Hoffnung und Zuversicht zu bewahren und auf ein positives Zukunftsbild hinzuarbeiten. Denn auf der einen Seite besteht das Gefühl, sich für etwas abzukämpfen und ohnmächtig zu sein, und auf der anderen Seite ist da dieses Gefühl, dass viel zu wenig passiert, dass man noch mehr machen müsste. Es benötigt viel Energie, die Frustration und Unzufriedenheit mit den aktuellen Zuständen stetig in etwas Produktives umzuwandeln und mit Zuversicht in die Zukunft zu blicken.

Zugleich macht es Hoffnung zu sehen, wie viele Akteure, jung und alt, sich mit Herzblut für eine sozialökologische Transformation vor Ort einsetzen. Dafür, dass wir unsere Gesellschaft und Demokratie stärken, solidarischer und resilient für die Zukunft machen. Dafür, dass die Chancen dieser Transformation auch als solche wahrgenommen werden. Wir müssen den Mut haben, veraltete Strukturen zu durchbrechen und neue Wege zu gehen. Und dafür lohnt es sich, Tag für Tag zu kämpfen. Denn am Ende haben wir viel zu verlieren – und noch viel mehr zu gewinnen.

Kleine Schritte statt großer Worte

PETER UNFRIED

Der sichtbar gewordene Zweifel an der Moderne fräste sich in der Folge von Angela Merkels Satz „Wir schaffen das" in das kollektive Bewusstsein der Deutschen ein. Die damalige Kanzlerin hatte im Angesicht der Flüchtlingskrise 2015 mit der Peptalk-Parole im Grunde nur staatsfraulichen Optimismus verbreiten wollen. Das klappte auch zunächst, doch dann kippte es. Plötzlich empfanden Teile der Gesellschaft diesen selbstverständlich scheinenden Anspruch als Affront. Es schien Leuten nicht nur unmöglich, dass „wir" „das" „schaffen", sondern sogar unzumutbar, etwas schaffen zu wollen. Damit gab ein Teil – vermutlich, ohne sich dessen bewusst zu sein – das zentrale Versprechen der Moderne auf; dass die Verhältnisse positiv gestaltbar sind, von denen, die darin leben. Damit war offensichtlich, dass Teile der bundesdeutschen Gesellschaft deren Geschichte des Fortschritts aufgegeben hatten. Sie hatten sich nicht nur in das Krisennarrativ der Zeit begeben, sondern sich auch schon resignativ darin eingerichtet.

Resignation ist keine Lösung, allerdings für den Moment bequemer, weshalb man sie nicht unterschätzen darf. Aber wie kommt man von Resignation zu Zuversicht?

Zuversicht ist notwendig, um die Erderwärmung und andere große Gegenwartsprobleme zu bewältigen. Aber Zuversicht ohne eine Methode des Handelns ist dumm und vergrößert die Resignation. Deshalb müssen Zuversicht und Methode miteinander verknüpft werden.

Ausgangspunkt für ein von Zuversicht und Knowhow geprägtes Handeln ist zunächst eine realistische Betrachtung der Lage. Das bedeutet, dass man mit dem sehr Schlimmen rechnen muss, um es verhindern zu können und stattdessen etwas hinzukriegen.

Was kann sehr Schlimmes passieren, worüber wir nicht reden wollen? Na ja, der Westen kann sich verabschieden, und zwar ruckzuck, er kann nach dem Ende der Pax Americana, wie der Geopolitiker Joschka Fischer zu referieren pflegt, untergehen oder zumindest marginalisiert werden. Das heißt nicht, dass die USA untergehen, sondern sich nach Osten umorientieren und sich mit China als fragile Doppelspitze einer multipolaren Weltordnung arrangieren. Dann gibt es keinen Westen mehr. Europa und die Bundesrepublik könnten dann sehen, wo sie bleiben und wie sie sich und ihre liberalen Demokratien verteidigen. Entweder wird die EU dann ganz schnell machtfähig und resilient in einer völlig veränderten neuen Welt, oder sie hat nichts mehr zu melden, um es mal milde auszudrücken. Im Moment sieht es nicht so aus, als ob den Europäern das klar wäre, und auch nicht, was es für sie und ihre Zukunft bedeuten kann, wenn die Ukraine den Angriffskrieg Russlands verliert.

Ohne die Lage jetzt in allen Bereichen durchzudeklinieren, sollte damit klar sein, dass es angesichts des Erodierens der alten Normalität (billiges russisches Gas, kostenloser amerikanischer Schutz, florierende Geschäfte in und mit China) politische, wirtschaftliche und kulturelle Veränderungen braucht, die aber so gar nicht dem gewohnten Modus Operandi der EU und der Bundesrepublik entsprechen.

Und dann auch noch Klimapolitik.

Das ist derzeit der Tenor – und dies schon, ohne dass Politik und Gesellschaft sich ernsthaft über die Brisanz der Gesamtlage ausgetauscht hätten. Eine Antwort der Grünen auf diese Gesamtlage lautet: Gerade deshalb transformative Wirtschafts- und Klimapolitik! Das aber steht derzeit im heftigen Wettbewerb mit den Parolen anderer liberaldemokratischer Parteien, die sagen: Bloß nicht! Oder bloß nicht so!

In der Folge ist, zumindest temporär, eine mediengesellschaftliche Anti-Klimapolitik-Stimmung entstanden, wie es sie zuvor nicht gab. Wie kam es dazu?

2019 war der bisherige Höhepunkt des Bewusstseins für die Notwendigkeit und die Chancen von Klimapolitik – in der Bundesrepublik und in anderen Ländern des Westens. Auslöser war die jugendliche Klimapolitikbewegung Fridays for Future, die deshalb funktionierte, weil sie keine klassische („linke") Protestbewegung gegen die „Mainstream"-Gesellschaft war und deshalb – und über generationelle und familiäre Verbindungen – in der Breite anschlussfähig war und so Menschen sensibilisierte und zum Teil auch aktivierte, die bisher der Lösung des Problems keine zentrale Bedeutung beigemessen hatten.

Zur realen Umsetzung von Klimapolitik wurden dann 2021 die Grünen in die Bundesregierung gewählt, wenn auch schon längst nicht mehr von so vielen, wie es einige Monate davor noch zu erwarten gewesen wäre. Das war schon ein Beleg, dass zum einen allzu funktionärinnengrün orientierte Politik nicht mehrheitsfähig ist und zum anderen praktische Umsetzung nicht so zustimmungsfähig wie die theoretische Einsicht. Als dann der Grüne Vizekanzler Robert Habeck begann, Wirtschafts- und Klimapolitik mit einem Annähern an die Vereinbarung des Pariser Klimaabkommens zu verknüpfen, brach die Zustimmung ein. Grund: Die theoretische Einsicht in die Notwendigkeit war nun für alle sichtbar und in einigen Fällen spürbar mit praktischen Folgen für den eigenen Alltag und Geldbeutel verbunden.

Aber in dieser Zeit ist noch mehr passiert: Klimapolitik wurde zu einem Hauptwerkzeug von populistischen und illiberalen Kräften beim Versuch, Leute gegen die liberale Demokratie aufzuwiegeln.

Ich denke, es ist zentral, hier nun aber zwei Schlussfolgerungen zu vermeiden. Zum einen wäre es inhaltlich und strategisch falsch, anzunehmen, es gäbe zwei Lager und die klare Grenze sei Zustimmung oder Ablehnung von Klimapolitik. Noch falscher wäre es, das dann auch noch mit den Zuschreibungen zu illustrieren, die schon in der Vergangenheit nicht hilfreich waren, nämlich, dass es sich um einen Kampf zwischen Gut und Böse handele, Moral und Unmoral und mit quasireligiösen Begriffen wie etwa „Klimaleugner" zu hantieren.

Zum Zweiten sollte man eben genau nicht denken, die Ablehnung von Klimapolitik sei ideologisch. Meine These ist, dass Rechtspopulisten Klimapolitik aus strategischen Gründen instrumentalisieren, um die dort leicht zu entflammenden Emotionen für ihre Zwecke zu nutzen. Es ist in diesem Bereich ziemlich einfach, verschiedene Varianten eines antidemokratischen Verschwörungsweltbildes in Stellung zu bringen, nachdem böse Kräfte und Eliten mithilfe von Wärmepumpen und veganer Currywurst andere Teile der Gesellschaft unterjochen, vollends verarmen lassen oder loswerden wollen. Das hört sich für andere Teile der Gesellschaft absurd an und ist es auch, aber das ist ja genau der Witz an einem funktionierenden Verschwörungsszenario.

Das Problem der letzten Zeit war, dass auch konservative Liberaldemokraten angefangen haben, statt eine ordnungspolitische Differenz durchzuargumentieren, einen Kulturkampf zu simulieren, indem sie unterstellten, an Zukunftsfähigkeit orientierte Wirtschafts- und Klimapolitik sei ideologiegetriebenes Gängelungsvergnügen eines abgehobenen Teils der akademischen Mittelschicht, das sich gegen die „normalen Leute" und ihre berechtigten Normalitätsansprüche richte.

Diese Normalitätsansprüche folgen verständlicherweise den eigenen Erfahrungen und Gewohnheiten und beinhalten unter anderem billige Energie, ständig größer und mehr werdende fossil betriebene Autos, das selbstverständliche Reisen mit Flugzeugen, entsprechend wachsende Infrastrukturen, den ungebremsten Verzehr von Fleisch und so weiter. Auch wenn selbst Grüne Politiker sich längst hüten, Veränderungen zu personalisieren und zu individualisieren, so reicht Populisten zur Erzeugung von Abwehraggressionen bereits die Behauptung, die Alltagsnormalität solle in Teilen einer neuen Normalität weichen. Konkret: Markus Söder muss nur mit einer gegrillten Bratwurst winken, um Aggressionen gegen Klimapolitik als Ganzes zu erzeugen.

Zentral für den Backlash deutscher Klimapolitik war die mediengesellschaftliche Reaktion auf die Überarbeitung des Gebäude-Energie-Gesetzes (GEG) durch das Wirtschafts- und Klimaministerium. Während im Sommer 2023 klimabedingte Katastrophen an vielen Orten eskalierten, war die bundesdeutsche Politik und Öffentlichkeit offenbar traumatisiert von einer Mikrogesetzesreform. Die Wärmepumpen-Inszenierung der Transformationsgegner war in dem Sinne wirklich gelungen, dass sie die Bundesregierung und überhaupt die Politik zur Dethematisierung der Klimaeskalation brachte und – jedenfalls in weiten Teilen der Mediengesellschaft – den Eindruck durchsetzte, unsere größte Klimakatastrophe bestünde im Einbau einer Wärmepumpe. Statt also im Angesicht von Dürre, Hitze, Überflutungen und Hurrikanen postfossile und Resilienzpolitik zu intensivieren, wurde eine Kleinreform kleingehackt.

Nun gibt es zwei Möglichkeiten: Es lag am Handling des Ministeriums. Oder die Gegner von Zukunftspolitik hätten alles als Vorwand genommen, um den gleichen Zirkus zu veranstalten und die gleichen Vorwürfe zu lancieren (unsozial, handwerklich schlecht, kommunikativ nicht gut). Im ersteren Fall muss man es künftig nur handwerklich besser machen. Im zweiten – aus meiner Sicht wahrscheinlicheren Fall – braucht es eine Großstrategie gegen die absichtliche Desavouierung durch interessierte Kreise und die unabsichtliche durch klassische und neue Medien, deren Gewohnheiten, Knowhow und Systemlogiken noch nicht auf der Höhe der Problemlagen sind, mit denen es im 21. Jahrhundert umzugehen gilt. Diese Strategie gibt es noch nicht.

Eine weitere Schwierigkeit besteht darin, dass der berechtigte Ruf des baden-württembergischen Ministerpräsidenten Winfried Kretschmann nach Republikanismus, also Bürgern, die sich jetzt vermehrt für ihren Staat engagieren, gerade in Sachen Klimapolitik schwer in die Tat umzusetzen ist. Speziell, wenn er eben nicht ein individuelles Beispiel moralischer Exzellenz sein soll, mit unerheblichen Emissionseinsparungen, aber hohem Aufregerpotenzial für andere.

Aus Sicht eines Vegetariers ist die Frage an einen anderen Menschen naheliegend: „Warum isst du noch Fleisch?" Da Menschen aber Menschen sind, wird der andere das in der Regel nicht als nachahmenswerten Republikanismus verstehen, sondern als unangemessene Infragestellung seiner Existenz – und sich erst einmal ein besonders großes Steak bestellen. Das ist kindisch, aber ich kann nicht garantieren, dass ich selbst es nicht genauso machen würde. Insofern muss man bei der realistischen Einschätzung der Veränderungskapazitäten von Menschen einfach den Ball viel flacher halten, als das in den Weltrettungspredigten gemacht wird.

Jetzt könnte man sagen, das sei ja alles defätistisch, und wo bleibe denn die versprochene Zuversicht? Nein, es ist nicht defätistisch. Gemütlich mit dem kantianischen Imperativ wedeln kann jeder. Der wichtigste Schritt für Veränderung ist, dass ihn Leute in der realen Welt gehen können und wollen.

Deshalb muss man, erstens, die Welt verstehen, wie sie ist, und in der Folge, zweitens, statt großer Worte kleine Schritte machen. „Kleine Schritte heißt nicht kleine Lösungen", sagt der Soziologe Armin Nassehi. Kleine Schritte heißt an das anzudocken, was bereits in der Realität ist und konkret praktiziert wird. Wenn es gut ist, wird es zum neuen Alltag.

Die Defensive, in die Klimapolitikbefürworter geraten sind, kann man nicht mit besonders lautem Beschwören oder verstärktem Moralausstoß korrigieren.

Allerdings auch nicht, indem man den Gegnern von Klimapolitik weiteren Raum gibt und selbst zurückweicht. Bei Grünen gibt es seit dem Widerstand gegen das GEG das schöne Wording: „Wir haben zu viel gemacht und lassen das jetzt erst mal wirken." Man kann aber auch sagen: Sie haben bisher nicht einmal für das Wenige, was gemacht wurde, Akzeptanz gewonnen. In der Tat gibt es aber einen großen Unterschied zwischen der physikalischen und der gesellschaftlichen Realität, also dem, was gemacht werden muss, um den Planeten für Menschen einigermaßen stabil zu halten, und dem, was nicht sofort gemacht werden kann, um die Gesellschaft im Hier und Jetzt einigermaßen stabil zu halten.

„Wir haben keine Zeit, aber wir müssen sie uns nehmen", sagt Daniel Cohn-Bendit, der vom Anführer der studentischen Aufbruchsbewegung auf den Barrikaden von Paris 1968 zum bekanntesten Europapolitiker des Kontinents wurde und dabei weiter flammende Reden hielt, aber den kleinen Fortschritt in Brüssel in Kompromissen suchen musste und manchmal auch fand.

Es ist keine Frage, dass es auch beim Green Deal der EU zuletzt deutlich rückwärtsging, aber das Positive ist und bleibt sein Zustandekommen. Der Schub kam durch Europas Jugend. Kommissionspräsidentin Ursula von der Leyen sah dann die Chance; auch jene, sich selbst in Europas Geschichtsbücher einzuschreiben, was überhaupt nicht ehrenrührig ist. Und die Mehrheit dafür kam von einer sehr breiten politischen Allianz von Christdemokraten, Sozialdemokraten, Liberalen und Grünen. Es funktionierte, als es Ideologie-, Identitäts-

und Rechts-links-Denken entzogen war. Keine „grüne Geschichte", sondern lagerübergreifende Ordnungspolitik, von einer gemäßigt konservativen CDU-Frau organisiert.

Das ist derzeit anders, und genau so funktioniert es nicht.

Das ist die Lehre, die in eine politische und gesellschaftliche Realität umzusetzen ist, obwohl diverse Kräfte genau daran arbeiten, Zukunftspolitik zu einer Frage der Ideologie und Identität zu machen. Das meint Linke, die mit dem Begriff „Klimagerechtigkeit" ein humanistisches Ziel benennen, aber ohne Bezug zur realen Welt. Rechtspopulisten, die Klimapolitik als Verschwörung von angeblichen linken Mittelschichteliten gegen das Volk verkaufen wollen, aber auch liberalkonservative Politiker und Leitartikler, die Politik für den Erhalt planetarischer Lebensbedingungen und wirtschaftlicher Konkurrenzfähigkeit als Projekt ideologischer Verbotsfetischisten framen wollen.

Die Versuchung ist da, in ein WIR gegen DIE-Denken zurückzurutschen und eben nicht nur Antidemokraten als Gegner zu sehen, sondern auch derzeit skeptische und populistisch sprechende Konservative.

Don't.

Nullemissionen und postfossile Wirtschaft sind weder links noch rechts, sondern vorn. Das sollten parteigeschichtsbewusste Grüne, aber eben längst nicht nur Grüne als Leitlinie übernehmen. Ohne gemäßigte Konservative wird Zukunft nicht gehen. Das liegt vor allem daran, dass die meisten Menschen in ihrem Alltag konservativ sind. Um zuversichtlich sein zu können, muss man einen produktiven Austausch mit konservativen Parteien bewahren oder neu finden. So unangenehm oder gar absurd es scheint: Man muss einen Weg finden, sie in der Mitte zu halten.

Auch das geht wohl zu Lasten von Tempo und Qualität von Zukunftspolitik, aber wenn diese Parteien schrumpfen, wächst es rechts von ihnen, das zeigt die europäische Erfahrung – und dann ziehen sie selbst nach rechts, und dann geht nicht nur klimapolitisch nichts mehr. Eine erstaunliche Ausnahme war in den letzten Jahren Baden-Württemberg, wo die durch Regieren wachsenden Grünen von Winfried Kretschmann und ihr Juniorpartner CDU sich relativ vernünftig gegenseitig mäßigten und zusammen die liberaldemokratische Breite der baden-württembergischen Gesellschaft darstellen. Selbstverständlich gibt es gerade auch hier einiges zu kritisieren, aber diese Koalition bildet eben nicht mehr das politische Schubladendenken des 20. Jahrhunderts ab, die Grünen sind nicht „links", sondern Wirtschaftspartei. Und die CDU denkt sicher das Gleiche von sich. Es wäre vielleicht mal Zeit, auch anderenorts auf das Knowhow von Baden-Württemberg zurückzugreifen.

Wenn nun ein Politiker oder Leitartikler groß und zuversichtlich sprechen will, dann benutzt er gerne das „Wir". *Wir müssen, wir sollten, wir dürfen nicht* ... In einer funktional differenzierten Gesellschaft der Moderne gibt es faktisch kein Wir – und das ist auch gut so, denn die liberale Demokratie ist weder eine Religion noch ein totalitäres System wie Faschismus oder Sozialismus, in dem alle dasselbe denken und tun müssen. Und: Wo ein Wir ist, da ist auch ein Ihr, also Menschen, die nicht zum Wir gehören sollen. Die Entwicklung in den USA und anderenorts zeigt, wie verheerend und demokratieschädlich eine Wir-ihr-Konstellation ist. Es ist zentral, auf keinen Fall zu einem Wir-ihr-Bruch beizutragen und etwa konservativ tickende Leute verbal aus der liberaldemokratischen Mehrheitsgesellschaft auszuschließen, wie etwa mit Demonstrationen pauschal „gegen rechts".

Aber, sagte Vizekanzler Robert Habeck in einem Gespräch beim tazlab-Kongress 2024, und Immanuel Kant war nicht zu überhören: „Wir brauchen das Wir als Regulativ, als Horizont, als Auftrag, dass das Land zusammenbleibt. Das meint ein plurales, offenes, immer am Gelingen arbeitendes Wir, in dem Menschen zwar glauben, dass sie Recht haben, aber auch anerkennen, dass andere auch glauben, dass sie Recht haben." Die Aufgabe der Zeit besteht für ihn darin, „über die Verschiedenheit der Antworten einen politischen Konsens zu schaffen, der am Ende die Demokratie stärkt und nicht zerstört". Daraus folgt, sagt Habeck: „Wir müssen an dem Kampf um das offene Wir festhalten." Und wenn andere ihm das GEG vorhalten, dann fängt er in der Regel an, diverse andere Dinge aufzuzählen, die er geändert hat und die aus seiner Sicht zukunftstauglich sind. Das gehört zum Geschäft, klar, aber es geht um mehr: Denken und Sprechen über das, was funktioniert, ist Robert Habecks Versuch, gegen das Krisennarrativ der Zeit eine Zukunftszuversicht zu setzen, der sich „eine plurale, optimistische Mehrheit" anschließt, weil sie Vertrauen in den Mann und die Methode hat oder gewinnt.

Aus Zuversicht Wirklichkeit machen – ein Schlusswort

WINFRIED KRETSCHMANN

Wir müssen längst nicht mehr die Berichte des Weltklimarates wälzen, um zu verstehen, wie dringlich wirksamer Klimaschutz ist. Hitzewellen, Dürren, Brände und Überschwemmungen sind allgegenwärtig. Die Klimaüberhitzung und ihre Folgen sind Teil unserer Wirklichkeit.

Wir müssen auch keine Umfragen und Studien mehr durchackern, um zu verstehen, dass viele Menschen zurückhaltend sind, wenn es um konkrete Veränderungen ihres Alltags geht. Das gilt für den Abschied vom Verbrennerauto genauso wie für den Einbau von Wärmepumpen. Und es gilt erst recht für Appelle, die zu Verzicht und Einschränkungen auffordern. Auch das ist Teil unserer Wirklichkeit.

Die Wirklichkeit ist nicht eindeutig, sie ist widersprüchlich und mehrdeutig. Die Physik weist in eine Richtung, das Soziale in eine andere. Die Gesellschaft in der Transformation zum klimaneutralen Industrieland dennoch zusammenhalten – das ist eine zentrale Aufgabe unserer Zeit.

Die Wirklichkeit ist widersprüchlich

Die physikalische Wirklichkeit führt uns vor Augen: Wenn wir nicht so schnell wie möglich damit aufhören, Kohle, Erdöl und Erdgas zu verbrennen, wird es schwer werden, den Klimawandel zu begrenzen und die schlimmsten Folgen der Erdüberhitzung zu verhindern.

Aus Zuversicht Wirklichkeit machen – ein Schlusswort

Die soziale Wirklichkeit erinnert uns: Wer es mit dem Wandel übertreibt, wird mit demokratischem Liebesentzug bestraft. Es bleibt eben richtig: „Aus so krummem Holze, als woraus der Mensch gemacht ist, kann nichts ganz Gerades gezimmert werden." So hat es Immanuel Kant gesagt, dessen 300. Geburtstag wir in diesem Jahr feiern und dessen ethische Grundsätze also keineswegs als „rigoros" zu verstehen sind. Man muss die Menschen so nehmen, wie sie sind: zu Großem berufen, aber eben auch im Alltäglichen verhaftet. Konkret heißt das: Wir können von den Leuten nicht erwarten, dass sie von heute auf morgen ihr Leben radikal umkrempeln.

Wie schaffen wir es trotzdem, die 250 Jahre währende Epoche der Verbrennung fossiler Rohstoffe in gut 25 Jahren zu beenden – ohne dass sich unsere Gesellschaft darüber zerlegt? Wie verhindern wir, dass unsere Gesellschaft in eine Situation abgleitet, wie wir sie in den USA beobachten? Dort scheint es kein „Wir" mehr zu geben, sondern nur noch Freund und Feind.

Auch bei uns wächst das Gefühl, dass unser Land immer weiter auseinanderdriftet. Aber stimmt das auch? Der Soziologe Steffen Mau stellt sich dem in seiner verdienstvollen Studie *Triggerpunkte* entgegen. Wir haben keine gespaltene Gesellschaft, jedenfalls noch nicht. Stattdessen gibt es bei allen wesentlichen Konflikten – auch beim ökologischen Umbau – eine breite Mitte, die für gut begründete und ausgewogene Veränderungen offen ist. Daneben gibt es lautstarke Ränder, die Minderheitsposition einnehmen. Die Ränder erfahren jedoch sehr viel mehr Aufmerksamkeit als die Mitte, getrieben von der Verwertungslogik der sozialen Medien und angefeuert von „Polarisierungsunternehmern", wie Mau sie nennt: Medien und populistische Parteien, die von Skandalisierung und Diffamierungen leben und mit Affekten statt Argumenten arbeiten. Ihr Ziel ist gerade nicht die Verständigung, sondern die Spaltung, um auf Kosten anderer ihren Einfluss auszubauen.

Wir haben es selbst in der Hand

Ob unsere Gesellschaft zusammenbleibt oder wie in den USA auseinanderdriftet, ist offen. Das Gute ist: Es kommt dabei nicht auf irgendwelche „geheimen Mächte" an, wir haben es selbst in der Hand, wie es weitergeht. Der Staat – das sind letztlich wir alle. Was er kann und was er leistet, hängt von uns ab.

Demokratie ist eben nicht nur eine Regierungsform, sondern auch eine Lebensform, wie der amerikanische Philosoph John Dewey sagt. Der Mensch ist keine Insel, sondern ein „zoon politikon", ein soziales Wesen. Daraus erwachsen Bürgerpflichten und Verantwortung für das Ganze. Um diesen Pflichten in Zeiten des Umbruchs gerecht zu werden, müssen wir das magische Dreieck von Staat, Markt und Bürgergesellschaft neu austarieren.

Nicht das Individuum, nicht der Konsument, nicht der Zuschauer ist gefragt, sondern der Citoyen. Der aktive Staatsbürger, der bereit ist, Verantwortung für sich, vor allem aber auch für andere zu übernehmen. Der daran mitwirkt, den Weg für das Neue zu ebnen. Wie kann der Staat, wie kann die Politik eine solche neue republikanische Leitkultur befördern?

Diese Frage ist alles andere als trivial. Denn gemeinsames Handeln, freiwilliges Engagement und Gemeinsinn lassen sich nicht von oben verordnen. Trotzdem ist die Politik nicht machtlos. Sie kann das bürgerschaftliche Engagement und die Orientierung am Gemeinwohl befördern – und so die Grundlagen schaffen, auf denen sich der neue Republikanismus entfalten kann.

Elf Punkte halte ich dabei für entscheidend:

1. Öffentliche Institutionen stärken und modernisieren

Schwache öffentliche Institutionen sind der Anfang vom Ende der Demokratie, starke und verlässliche öffentliche Institutionen sind ihr Rückgrat. Sie sind entscheidend, damit unser Gemeinwesen funktioniert, und entlasten gleichzeitig den einzelnen Menschen, wie der Philosoph Arnold Gehlen betont. Kurz: institutions matter!

Dazu gehören ein funktionierendes Verkehrssystem und ein leistungsfähiges Gesundheitswesen, eine bürgernahe Verwaltung und Polizei und eine unabhängige Justiz. Sie garantieren unsere Sicherheit und schützen unsere Würde und Freiheit. Sie sorgen für Stabilität im Wandel und befähigen uns, mit Veränderungen umzugehen. Starke Institutionen sind der Nährboden, auf dem eine lebendige Bürgergesellschaft wachsen und gedeihen kann. Denn wer sich auf ein starkes Gemeinwesen verlassen kann, wird sich eher einbringen und ehrenamtlich aktiv sein als jemand, der auf sich selbst gestellt ist. Ich bezeichne sie daher auch als republikanische Institutionen.

Unsere Institutionen sind von den zahlreichen Umbrüchen unserer Zeit ebenso herausgefordert wie Wirtschaft und Gesellschaft. Damit sie stark und verlässlich bleiben, müssen wir sie an die neuen Anforderungen anpassen – etwa an Digitalisierung, künstliche Intelligenz und die Herausforderungen einer alternden Gesellschaft. Wir brauchen Institutionen, die auf der Höhe der Zeit sind.

Auch die Widerstandsfähigkeit unserer Demokratie bedarf einer Erneuerung und Stärkung – wehrhaft nach innen, verteidigungsfähig nach außen. Wer die demokratische Grundordnung und unsere freie Lebensweise zerstören will, darf nicht mit Nachsicht rechnen. Keine Toleranz den Feinden der Toleranz – in diesem Paradoxon brachte Karl Popper das Prinzip der wehrhaften Demokratie auf den Punkt. Und auch gegen Bedrohungen von außen muss sich unser Land verteidigen können. Das schließt ein, die Ukraine in ihrem Widerstand gegen den Angriffskrieg Russlands zu unterstützen. Nur so ist dauerhaft wieder Frieden in Europa möglich.

2. Bildung ist das Fundament der Demokratie

Unter den öffentlichen Institutionen ragt eine Aufgabe nochmal heraus: Bildung. Gute Kindergärten, Schulen und Hochschulen sind der Schlüssel dafür, dass junge Menschen ihr Leben selbstbestimmt in die Hand nehmen können. Deshalb ist Bildung das Fundament unserer Demokratie und unseres Wohlstands: Die Kinder von heute sind die Staatsbürger, aber auch die Pflegekräfte, Ingenieurinnen, Handwerker,

Programmiererinnen und Unternehmer von morgen. Sie sind es, die in Zukunft unser Gemeinwesen tragen und unseren Wohlstand erarbeiten werden – und das unter erschwerten Bedingungen. Gerade deshalb müssen wir die Kinder und Jugendlichen befähigen, mit den Veränderungen der Zeit souverän umzugehen und diese aktiv mitzugestalten.

Das heißt zuallererst: Wir dürfen kein Kind zurücklassen. Studien zeigen, dass derzeit ein beträchtlicher Teil der Kinder am Ende der Grundschule nicht richtig lesen und schreiben kann. Das können wir uns nicht leisten – weder mit Blick auf das einzelne Kind noch mit Blick auf Wirtschaft und Gesellschaft. Denn Sprache ist die Grundlage für alles. Und gerade weil wir als Gesellschaft hier zu lange die Augen verschlossen haben, etablieren wir nun bei uns in Baden-Württemberg eine neue Kultur des Hinschauens. Wir führen schon vor der Schule eine verbindliche Sprachförderung für alle Kinder ein, die hier Probleme haben. Außerdem setzen wir bei Schulen mit einem hohen Anteil von benachteiligten Kindern auf mehr Ganztagsunterricht und eine bessere individuelle Förderung durch multiprofessionelle Teams, die die Lehrkräfte unterstützen.

Zweitens wollen wir die Schülerinnen und Schüler bestmöglich auf die digitale Welt vorbereiten. Das bedeutet mehr Informatik und Programmieren, aber auch das Einüben eines souveränen Umgangs mit künstlicher Intelligenz und sozialen Medien. Diese Kompetenzen sind für die Zukunft enorm wichtig – wahrscheinlich neben dem Englischen als erster Fremdsprache sogar wichtiger als das Beherrschen einer zweiten oder dritten Fremdsprache. Schließlich ist schon heute absehbar: In Zukunft wird es die KI sein, die die Übersetzung in eine andere Sprache in Echtzeit übernimmt.

Zudem müssen wir die Demokratiebildung stärken. Und damit meine ich nicht: mehr Theorie. Wir müssen den Schülerinnen und Schülern vielmehr die Möglichkeit geben, demokratische Praktiken einzuüben: Debattieren, politisch Urteilen, Partizipation, die Übernahme von Verantwortung und gemeinsames Handeln. Auch das Prüfen von Fakten und Quellen ist eine Fähigkeit, die jede und jeder beherrschen muss. Gerade in Zeiten von Informationsüberfluss und Desinformation braucht das sehr viel Übung: Woher kommt die Nachricht und von wem? Was soll damit bezweckt werden? Kann man dem Urheber trauen? Nur so können wir unsere Demokratie zukunftsfest machen. Denn auch für das Bürgersein gilt: Learning by Doing ist der beste Weg.

3. Politik des Gehörtwerdens – die Bürgerinnen und Bürger beteiligen

Wir brauchen einen Staat, der die Menschen einlädt und ermuntert, sich in die Politik einzubringen und aktiv zu werden. Der Schweizer Schriftsteller Max Frisch hat einmal gesagt: „Demokratie heißt, sich in seine eigenen Angelegenheiten einzumischen." Das bringt es auf den Punkt. Es geht darum, die Bürgerinnen und Bürger aus ihrer passiven Konsumentenrolle herauszuholen und sie zu aktiven Mitgestaltern zu machen – und ihnen dabei auf Augenhöhe zu begegnen. In Baden-Württemberg habe ich deshalb vor über zehn Jahren die Politik des Gehörtwerdens eingeführt.

Mehr Bürgerbeteiligung – dieses Versprechen wurde anfangs oft belächelt. Heute nicht mehr. Denn nirgendwo sonst in der Republik können sich die Menschen so intensiv einbringen und politisch beteiligen wie bei uns in Baden-Württemberg – vom Klimaschutzprogramm über Unternehmensansiedlungen bis hin zur Zukunft des Gymnasiums, online wie offline. Dabei setzen wir besonders auf „Bürgerforen". So bezeichnen wir in Baden-Württemberg Bürgerräte, die aus zufällig aus dem Melderegister ausgewählten Personen bestehen, sogenannten Zufallsbürgern. Auf diese Weise kommen auch die Stillen zu Wort. Und wir geben denen eine Stimme, die sich oft übersehen fühlen.

Die Politik des Gehörtwerdens ist eine Schule bürgerschaftlichen Denkens und Handelns. Sie holt die Menschen aktiv ins Gemeinwesen, indem sie sie zu Mitspielern macht, Identifikation schafft und die oft beklagte Kluft zwischen „denen da oben" und „uns da unten" verringert.

4. Bürgerschaftliches Engagement unterstützen, Gemeinsinn stärken

Das größte Pfund für ein gutes Miteinander sind die Menschen im Land, die sich in ihrer Freizeit für andere engagieren, in Vereinen aktiv sind und die nicht auf den Staat warten, sondern die Ärmel hochkrempeln und anpacken. Wenn ich als Ministerpräsident im Land unterwegs bin, treffe ich viele solcher Menschen. Ich denke etwa an die kleine Gemeinde im Schwarzwald, wo Bürger sich zusammengetan haben, um gemeinsam ihr Dorf umzugraben und ein Nahwärmenetz zu errichten. An den Sportverein, der sich um Flüchtlinge kümmert und zeigt, wie Integration ganz konkret gelingt. Oder die Baugruppe, in der sich Jüngere und Ältere zusammengeschlossen haben, um neue Wege im Wohnungsbau aufzuzeigen. Solches Engagement ist der Kitt, der unsere Gesellschaft zusammenhält. Und mit Blick auf die Energiewende kann uns nichts Besseres passieren, als dass die Menschen selbst mitanpacken, indem sie eine Solaranlage auf ihr Dach schrauben oder sich an der lokalen Energiegenossenschaft beteiligen, die ein Windrad betreibt.

Das hebt auch die Idee der sozialen Marktwirtschaft auf eine neue Stufe: Denn hier bewirkt das Engagement für Klimaschutz, dass Hunderttausende Menschen zu Unternehmern werden. Hier schaffen die erneuerbaren Energien ganz neue Möglichkeiten, die es zu Zeiten atomarer und fossiler Großkraftwerke nicht gegeben hat.

Als politisch Verantwortliche müssen wir die Eigeninitiative und das vielfältige Engagement der Bürgerinnen und Bürger unterstützen und würdigen. Und ich schlage vor, dass wir die Idee eines allgemeinen Pflichtdienstes aufgreifen. Also ein republikanisches Jahr, in dem jeder junge Mensch für eine bestimmte Zeit gesellschaftliche Aufgaben übernimmt. Denn ein solches Jahr würde nicht nur den Gemeinsinn stärken und Einblick in andere Lebenswirklichkeiten ermöglichen, sondern alle zu Gewinnern machen: die Helfenden, die sinnstiftende Erfahrungen sammeln; diejenigen, die Unterstützung erfahren; und die Gesellschaft, die näher zusammenrückt. Dabei sollte es auch möglich sein, das republikanische Jahr bei der Bundeswehr zu absolvieren.

5. Für Sicherheit im Wandel sorgen

Erst Corona, dann der Krieg mitten in Europa und neben alldem die Klimaerhitzung – die Krisen türmen sich gerade auf. Da kann es kaum verwundern, dass viele bei uns im Land erschöpft sind. Und auch wenn eine große Mehrheit der Deutschen das Klima schützen will, fürchten manche den Wandel, der dafür notwendig ist. Umso wichtiger ist es, ein grundständiges Maß an Sicherheit für alle zu schaffen. Das ist ein zentraler Schlüssel für eine gelingende Transformation. Denn jeder Mensch und jede Gesellschaft braucht ein gewisses Maß an Sicherheit, um sich auf grundlegende Veränderungen einzulassen.

Damit meine ich erstens die finanzielle Sicherheit, niemanden zu überfordern. Klar ist: Wir kriegen die Transformation nicht gestemmt ohne Zumutungen und Anstrengung. Gerade deshalb braucht es Fairness. Niemand soll eine Last tragen müssen, die er nicht tragen kann. Schon gar nicht die finanziell Schwächeren. Das bedeutet aber auch, weniger auf das Gießkannenprinzip zu setzen als in der Vergangenheit.

Zweitens braucht es die Sicherheit, sich in seiner alltäglichen Lebenswelt ernst genommen zu fühlen, in den eigenen Bedürfnissen, Befürchtungen und Wünschen. Dafür braucht es Anerkennung und Wertschätzung. Und einen Rahmen, der einem die Freiheit lässt, den eigenen Weg selbst zu wählen.

Drittens braucht es die ökonomische Sicherheit, dass wir mit unserer Politik den Industriestandort sichern und unseren Wohlstand auf eine neue Grundlage stellen. Dabei ist klar: Nur mit emissionsfreien Autos, ressourceneffizienten Maschinen und energiesparenden Produkten werden wir auf den Märkten von morgen erfolgreich sein. Das ist es, was US-Präsident Biden mit seiner Losung meint: „Denke ich an Klima, dann denke ich an Jobs."

6. In die Infrastruktur der Zukunft investieren

Die Voraussetzung dafür ist eine zukunftsfähige Infrastruktur. Die Industrialisierung vor 200 Jahren konnte nur gelingen, weil nicht nur die Energie der Dampfmaschinen verfügbar gemacht, sondern auch ein Schienennetz für den Gütertransport aufgebaut wurde. Auch heute müssen wir wieder im großen Stil neue Infrastrukturen schaffen: ein leistungsfähiges, mit Windrädern, Solaranlagen und Stromtankstellen verbundenes Stromnetz, ein Leitungsnetz für grünen Wasserstoff, Fern- und Nahwärmenetze und ein flächendeckendes Netz für eine schnelle Datenübertragung. Gerade in Zeiten tiefer wirtschaftlicher Umbrüche kommt es darauf an, dass der Staat die Weichen richtig stellt. Solar- und Windkraftanlagen produzieren längst kostengünstig Strom – auch ohne Förderung. Doch an anderer Stelle muss der Staat in Vorleistung gehen und den Aufbau der Infrastruktur unterstützen.

Je schneller wir es schaffen, die Infrastrukturen der Zukunft zu etablieren, umso leichter wird der Übergang hin zu einer fossilfreien Zukunft gelingen. Das sollte sich auch im Haushaltsrecht niederschlagen. Die Schuldenbremse begrenzt zu Recht die Ausgaben des Staates. Investitionen hingegen, von denen auch zukünftige Generationen profitieren und an denen unsere gemeinsame Zukunft hängt, sollte die Schuldenbremse nicht ausbremsen, sondern ermöglichen. Ein Beispiel ist grüner Wasserstoff, der voraussichtlich erst in zehn Jahren eine zentrale Rolle spielen wird. Das bedeutet: Wir haben es mit einer langen Investitionsphase zu tun, die mit großen Unsicherheiten verbunden ist. Zu gewährleisten, dass in dieser Phase dennoch ein tragfähiges Wasserstoffnetz aufgebaut wird, ist Aufgabe des Staates.

7. Öffentlicher Raum: Das Nervensystem der Demokratie stärken

Die zentrale Infrastruktur unserer Demokratie ist der öffentliche Raum. Hier kommen wir als Gesellschaft zusammen und treffen auf Menschen mit einer großen Vielfalt unterschiedlicher Ansichten und Standpunkte. Deshalb streiten wir – das kennen wir alle, und das ist wichtig. Wichtig ist aber auch, uns in den anderen hineinzuversetzen, seine Perspektive einzunehmen. Hannah Arendt zufolge können wir dadurch die Wahrheit und das Weltverständnis begreifen, die in der Meinung des anderen liegen. Diese Fähigkeit ist grundlegend für unser demokratisches Miteinander. Denn dadurch können Verbindungen wachsen, die es ermöglichen, ein Verständnis von der Gemeinsamkeit der Welt zu entwickeln.

Das setzt einen öffentlichen Raum voraus, in dem man Dinge durchsprechen und erörtern kann. In dem man die Dinge vom Standpunkt des anderen betrachten kann. In dem man wägen und prüfen kann. In dem man lernen kann. Dieser öffentliche Raum ist das Nervengeflecht der Demokratie.

Schauen wir aber auf die Realität des Jahres 2024, dann stellen wir fest: Da ist einiges aus den Fugen geraten. Unmengen an Informationen prasseln auf uns ein. Der Ton in der Debatte wird rauer. Desinformationskampagnen werden gefahren und Verschwörungsideologien verbreitet. Manchmal hat man den Eindruck, dass sich die Grundkategorien von Richtig und Falsch, von Wahr und Unwahr in einem Orkan aus Fake News, Irrationalität und Hass auflösen.

Die sozialen Medien nehmen dabei eine Schlüsselrolle ein. Durch sie wird der öffentliche Raum neu formatiert. Manche schöpfen ihr großes demokratisches Potenzial hervorragend aus. Doch leider sind sie auch allzu oft die Echokammern von Empörten und die Verbreitungsmaschinen für Aggressionen, Falschinformationen und Propaganda.

Im Grunde genommen geht es genau darum: ihr demagogisches Potenzial abzustellen. Und ihr demokratisches Potenzial gezielt zu stärken.

Deshalb müssen wir unseren Kindern und Jugendlichen in der Schule Medienkompetenz, Streitkultur und Urteilskraft vermitteln. Damit sie lernen, selbstbewusst und kompetent mit Fake News, aber auch mit Beleidigungen umzugehen.

Aber als demokratischer Staat müssen wir auch klare Regeln definieren, rote Linien ziehen und digitale Gewalt entschlossen bekämpfen. Wichtig ist dabei, dass die EU ihren Weg konsequent weitergeht, digitale Plattformen zu regulieren. Ziel müssen praktikable Regeln gegen Desinformation und Hassrede im Netz sein, ohne dabei die Meinungsfreiheit zu beschränken. Denn es gilt der Grundsatz: Jeder hat das Recht auf eine eigene Meinung. Aber niemand hat das Recht auf eigene Fakten.

8. Zivilisiert streiten – Kulturkämpfe vermeiden

Ganz entscheidend ist auch die Art und Weise, wie wir miteinander streiten. Dabei geht es nicht um falsche Harmonie. Es gibt nun einmal verschiedene Grundhaltungen, Interessen und Ansichten. Daran ändert sich auch nichts, wenn wir alles mit einer Konsens-Soße übergießen. Zusammenhalt ist nicht zu verwechseln mit Harmonie. In diesem Sinne gehört Streit zum Wesen der Demokratie. Damit er die Demokratie stärkt und die Gesellschaft zusammenhält, muss der Streit aber mit einem Mindestmaß an Fairness geführt werden – und am Ende auch mit dem Willen, Lösungen in der Sache zu suchen, und der Bereitschaft, mehrheitsfähige Kompromisse zu finden. Stehen Diffamierungen, Affekte und Machttaktik an erster Stelle, kann dies nicht gelingen. Zivilisierter Streit hält die Gesellschaft zusammen, unzivilisierter Streit treibt sie auseinander.

In der aufgeheizten Atmosphäre dieser Tage heißt das auch: Wir müssen Sachfragen auf der Sachebene lösen und dürfen keine Kulturkämpfe daraus machen. Nehmen wir das Beispiel der Mobilität. Die Menschen wollen zuverlässig, sicher und zu vernünftigen Kosten von A nach B kommen. Eingedenk der Klimakrise müssen wir das so organisieren, dass es nicht zu Lasten des Klimas geht. Welche Lösung für wen in welcher Situation geeignet ist, sollten wir den Menschen selbst überlassen. Sie wissen am besten, was das Richtige ist, sei es das Fahrrad, die Bahn, das emissionsfreie Auto. Weder ist das Auto der Sündenfall. Noch ist das batterieelektrische Auto ein Auswuchs grüner Ideologie. Sondern eine Lösung, die Pragmatismus mit Klimaschutz verbindet.

9. Politik erklären, Sorgen aufgreifen, Brücken bauen

Politik braucht rationale und wissenschaftliche Erkenntnisse, an denen sie ihre Entscheidungen orientieren kann. Aber sie braucht noch etwas anderes: das Vertrauen und die emotionale Zustimmung der Mehrheit. Politik, die trägt, muss auch von den Menschen getragen werden.

Gerade wenn sich vieles schnell und tiefgreifend verändert, ist von den politischen Verantwortlichen mehr gefordert als reines Verwalten und Verkünden. Unsere Aufgabe ist: Orientierung geben. Wir müssen unsere Politik erklären, die Dinge einordnen, Grundsatzdebatten führen, Lösungen in den Ring werfen, die ihnen zugrunde liegenden Werte und Prinzipien erläutern und das Für und Wider abwägen. Und wir müssen dabei die Gesellschaft als Ganzes im Blick haben und Brücken zu denen bauen, die ganz anders ticken als wir selbst. Wir müssen auch denen ein Angebot machen, die Angst haben, als Verlierer des Wandels zurückzubleiben. Das ist vor allem auch eine Frage der Wertschätzung und des Respekts. Es geht darum, dass wir die Menschen nicht mit dem Eindruck einer entwerteten Biografie zurücklassen: mit dem Gefühl, dass sie vielleicht früher wichtig waren, es aber jetzt nicht mehr auf sie ankäme.

Dieses Gefühl, außen vor zu sein, verstärkt sich dann noch, wenn die eigenen Sorgen im öffentlichen Raum und in den Medien kaum abgebildet werden und dort zudem eine Sprache gesprochen wird, die von Akademikern geprägt und von Anglizismen durchsetzt ist. Karl Popper hat gesagt: „Jeder Intellektuelle hat eine ganz spezielle Verantwortung. Er hat das Privileg und die Gelegenheit, zu studieren. Dafür schuldet er es seinen Mitmenschen, die Ergebnisse seines Studiums in der einfachsten und klarsten und bescheidensten Form darzustellen."

Und manchmal sind es auch praktische Dinge, die Menschen zusammen- oder auseinanderbringen können. Wir müssen auch Lösungen anbieten, die den permanenten Druck moralischer Entscheidungen von den Menschen nehmen. Wenn man sich beim Einkauf im Supermarkt oder bei der Planung einer Urlaubsreise immer auch moralisch rechtfertigen muss, dann provoziert das bei vielen Menschen Ablehnung. Stattdessen braucht es Anreize und wo nötig auch klare Regeln, die für alle gelten. Und wir müssen auf die Größenordnungen achten. Anstatt sich an Symbolen abzuarbeiten und Details zu regulieren, die am Ende nur eine geringe Wirkung haben, gilt es die großen Fragen anzupacken. Ich denke etwa an mehr nachhaltiges Bauen – vom Holzbau über Recyclingbeton bis hin zu verstärktem Sanieren. Denn der Gebäudesektor ist für über ein Drittel des weltweiten CO_2-Ausstoßes verantwortlich, spielt aber in der Klimadebatte immer noch eine zu geringe Rolle.

10. Heimat und gemeinsame Identität stiften

In Zeiten stürmischer Veränderungen wächst die Sehnsucht nach Halt, nach einem Ort, an dem „man sich auskennt, sicher fühlt, erkannt wird, willkommen ist", wie der Schweizer Publizist Hans Widmer es ausdrückt. Und an dem man mit seinem Engagement sichtbar und wirksam ist. Auch deshalb suchen Menschen die Nähe zu Menschen, die ähnlich ticken wie sie selbst, in denen sie sich wiedererkennen. Und auch aus diesem Grund ist es für den Großteil der Menschen wichtig, eine Heimat zu haben. Einen Ort, der offen ist für das Verbindende einer lebendigen und vielfältigen Alltagskultur: Gemeinsame Feiertage, der lokale Fußballverein, der regionale Dialekt und das, was wir in unserem Alltag sehen, riechen, hören und schmecken, ist vielen Menschen lieb und teuer. All das schafft ein Gefühl des Gemeinsamen, oftmals ohne dass wir uns dessen bewusst sind.

Egal, ob es um den Glauben geht, um die politische Überzeugung oder die Verwurzelung in einer Region – eine moderne republikanische Identität setzt sich immer aus beidem zusammen: der Rolle als Staatsbürger als Träger von Rechten und Pflichten, als Teil der Gesellschaft. Und der Rolle als Teil einer Gemeinschaft, sei sie religiös, politisch oder kulturell begründet.

Entscheidend ist: Die Werte und Regeln der Gemeinschaft gelten nur für die jeweilige Gemeinschaft. Für uns alle gelten die Werte des Grundgesetzes, und die stehen im Zweifel über den Werten der Gemeinschaft – gleichgültig, worauf sich diese beruft. Es geht um eine „Bekenntnisnation", wie es der amerikanische Politologe Francis Fukuyama treffend ausgedrückt hat. Der modernen republikanischen Demokratie liegt die Idee vom Zusammenhalt in Vielfalt zugrunde. Sie hält die Spannung aus zwischen einer freien Lebensweise, Selbstbestimmung und Individualismus auf der einen Seite und Gemeinschaftlichkeit, Miteinander und Gemeinwohl auf der anderen Seite. Darf das auch in Patriotismus münden? Ja, wenn es ein republikanisch imprägnierter Patriotismus ist. Ein solcher Patriotismus geht über den Gedanken des bloßen Verfassungspatriotismus hinaus, wie ihn der Politologe Dolf Sternberger geprägt hat. Ein republikanischer Patriotismus bejaht das Verbindende der Alltagskultur, ohne dabei kulturelle oder gar nationalistische Überlegenheitsgefühle zu fördern. Er baut auf den aktiven Bürger und die aktive Bürgerin. Er fragt nicht: „Wo kommst du her?", sondern „wo willst du hin und wie bringst du dich ein?"

11. Die Wirtschaft widerstandsfähiger machen

Die Lieferausfälle im Laufe der Corona-Pandemie und die – mittlerweile überwundene – Abhängigkeit von russischem Erdgas haben die Verwundbarkeit unserer Volkswirtschaft sehr klar zu Tage treten lassen.

Unser Land hat von der internationalen Arbeitsteilung und dem freien Verkehr von Waren und Kapital profitiert und tut es noch heute. Deshalb sind wir gut beraten, uns weiterhin für offene Märkte und den Abbau von Handelsbarrieren einzusetzen. Zugleich dürfen wir nicht naiv sein. Wir müssen zur Kenntnis nehmen, dass Zölle und andere Handelshemmnisse mehr und mehr eingesetzt werden, um sich geostrategische und ökonomische Vorteile zu sichern. Dies müssen wir in unsere Politik einbeziehen, etwa indem wir in zentralen Bereichen die Widerstandsfähigkeit unserer Wirtschaft stärken. Auch das ist eine Frage des Gemeinwohls. Dazu gehören sichere Lieferketten; vor allem aber die Fähigkeit, strategisch wichtige Vorprodukte wie Computerchips selbst herstellen zu können und in sensiblen Bereichen in der technologischen Weltspitze zu spielen. Dazu zählen Bereiche wie die Energieversorgung, die Medizintechnik und die pharmazeutische Industrie und natürlich der gesamte Bereich der Informations- und Kommunikationstechnologien.

Damit wir das Niveau unseres Wohlstands halten können, sind neben der Frage der Widerstandsfähigkeit weiterhin auch die Effizienz, Wettbewerbsfähigkeit und Innovationskraft unserer Wirtschaft von größter Wichtigkeit. Das allein garantiert zwar noch nicht den Erfolg der ökologischen Transformation, ist aber eine wichtige Voraussetzung dafür.

Aus Zuversicht Wirklichkeit machen

Mit einem solchen Programm für einen neuen Republikanismus stärken wir die Resilienz unserer Gesellschaft. Der Begriff der „Resilienz" stammt aus der Psychologie. Er bezeichnet die psychische Widerstandsfähigkeit eines Menschen, gerade auch seine Fähigkeit, Krisen zu bewältigen. Genau diese Fähigkeit brauchen wir auch als Gemeinwesen: eine innere Stärke, die uns hilft, die Umbrüche und Krisen unserer Zeit zu bewältigen. Eine solche Sicherheit und die Freiheit von Furcht bilden das republikanische Immunsystem einer Gesellschaft. Genau das gilt es zu stärken, um als Gesellschaft die Untiefen und Stromschnellen der Veränderung zu meistern. Damit wir den Stress gut aushalten, dem unsere Gesellschaft durch die notwendigen Veränderungen der ökologischen Transformation ausgesetzt ist.

Aber noch mehr braucht es ein weiteres: Zuversicht. Damit meine ich keinen schalen Optimismus. Oder den bloßen Wunschglauben, alles werde schon irgendwie gut ausgehen. Denn Zuversicht ist eben nichts Passives, nicht Untätiges. Sie ist vielmehr eine sehr aktive Angelegenheit. So betrachtet Immanuel Kant Hoffnung als „praktisches Postulat" – also als eine Haltung, die wir annehmen, um der guten Handlungen willen, die sie erst möglich macht. Zuversicht lässt uns entschlossen anpacken, gibt uns die Kraft, die es braucht, um große Ziele zu erreichen.

Wenn wir auf den ökologischen Umbau und den Übergang ins postfossile Zeitalter schauen – dann ist das vielleicht die größte Aufgabe, die wir als Menschheit je zu stemmen hatten. Aber wahr ist eben auch: Der Mensch hat die Fähigkeit, auch große Herausforderungen zu meistern. Mit seiner unerschöpflichen Kreativität. Und mit seiner besonderen Kraft zur Kooperation.

Das Grandiose ist doch, dass wir Menschen eben kein Einheitsbrei sind, sondern völlig verschieden und vielfältig. Daraus entsteht unendlich viel Neues. Das hat mich übrigens schon in meinem Biologiestudium fasziniert: Bei den menschlichen Chromosomen gibt es mehr Kombinationsmöglichkeiten als Atome im ganzen Weltall. Und weil eben jeder Mensch ein Unikat ist, kann er Dinge denken, die noch keiner vor ihm gedacht hat. Neues erfinden, was noch nie jemand vor ihm geschaffen hat. Und handeln, wie noch nie jemand vor ihm gehandelt hat.

Neben dieser unendlichen Kreativität ist es die einzigartige Fähigkeit zur Kooperation, die den Menschen ausmacht. Menschen sind langsamer als Geparden, schwächer als Gorillas und haben trotzdem die Welt erobert. Warum ist das so? Der wichtigste Grund ist, dass der Mensch „als einzige Art auf Erden in der Lage [ist], in großer Zahl flexibel zu kooperieren", wie es Yuval Noah Harari ausdrückt. Kooperation ist also die „Superkraft", die den Menschen erst wirklich mächtig macht.

Ganz in diesem Sinne sagt auch Hannah Arendt: Wenn Menschen sich um eine Idee versammeln und gemeinsam handeln, dann dürfen wir Wunder erwarten. Nicht im religiösen Sinne, gestiftet durch eine göttliche Macht. Sondern als irdische, menschliche Leistung: Sie meinte damit, dass wir das „Unwahrscheinliche und Unerwartbare" zu leisten im Stande sind.

Ich bin überzeugt: Wenn wir auf die menschliche Kreativität und auf Kooperation setzen, dann werden wir gemeinsam die Transformation hin zu einem weltweit führenden klimaneutralen Industrieland schaffen. Und zwar so, dass wir als Gesellschaft zusammenbleiben.

Über die Autorinnen und Autoren

Christian Bangel, geboren 1979 in Frankfurt (Oder), ist Buchautor und Politikredakteur bei *Zeit Online*. Er gründete dort das Rechtsextremismus-Watchblog stoerungsmelder.org. Von 2012 bis 2017 war er Chef vom Dienst und Redaktionsleiter, danach Leiter des Sonderressorts #D17/#D18 und politischer Autor. Er prägte den Begriff „Baseballschlägerjahre" für die rechte Gewalt der Nachwendezeit. 2017 erschien sein Roman *Oder Florida*.

Barbara Bosch studierte Politikwissenschaften und Kunstgeschichte an der Universität Stuttgart. Von 2003 bis 2019 war sie Oberbürgermeisterin der großen Kreisstadt Reutlingen. Für ihr herausragendes Engagement – unter anderem als Präsidentin des DRK-Landesverbands – wurde Bosch 2019 mit dem Verdienstorden des Landes Baden-Württemberg ausgezeichnet. 2021 wurde sie von Ministerpräsident Winfried Kretschmann zur Staatsrätin für Zivilgesellschaft und Bürgerbeteiligung ins Staatsministerium Baden-Württemberg berufen.

Prof. Dr. Marc Debus ist seit 2012 Professor für Politikwissenschaft mit dem Schwerpunkt Vergleichende Regierungslehre an der Fakultät für Sozialwissenschaften der Universität Mannheim. Der Schwerpunkt der Forschung und Lehre liegt in der vergleichenden Sicht politischer Systeme, insbesondere in den Bereichen Koalitionstheorien, politische Parteien und Parteienwettbewerb, politische Institutionen, Gesetzgebung sowie Wahl- und Demokratieforschung.

Dr. Enrico De Monte ist seit Oktober 2021 wissenschaftlicher Mitarbeiter im ZEW-Forschungsbereich „Innovationsökonomik und Unternehmensdynamik". Er studierte Volkswirtschaftslehre mit

Schwerpunkt Ökometrie an den Universitäten Konstanz, Florenz und Straßburg. Im Rahmen seiner 2021 abgeschlossenen Promotion beschäftigte er sich mit Unternehmensdynamiken wie etwa Markteintritte und -austritte in der französischen verarbeitenden Industrie.

Prof. Dr. Anita Engels ging nach der Promotion in Soziologie an der Universität Bielefeld als Juniorprofessorin an die Universität Hamburg, wo sie 2009 den Ruf auf die Professur für „Soziologie, insbesondere Globalisierung, Umwelt und Gesellschaft" annahm. Sie war maßgeblich am Aufbau des Hamburger Exzellenzclusters „Klima, Klimawandel und Gesellschaft" beteiligt. Darüber hinaus ist sie Mitglied im Klimabeirat Hamburg und beschäftigt sich dort mit der Verbindung von Klimaschutz und der sozialen Frage.

Ralf Fücks ist geschäftsführender Gesellschafter des Zentrums Liberale Moderne. Davor leitete er 21 Jahre lang die Heinrich-Böll-Stiftung und war Bundesvorsitzender der Grünen und Senator für Umwelt und Stadtentwicklung in Bremen. Eine Passion für Ökologie und Freiheit spiegelt sich auch in Fücks' Büchern *Intelligent Wachsen. Die grüne Revolution* (2013) und *Freiheit verteidigen. Wie wir den Kampf um die offene Gesellschaft gewinnen* (2017) wider.

Prof. Dr. Markus Gabriel hat seit 2009 den Lehrstuhl für Erkenntnistheorie, Philosophie der Neuzeit und Gegenwart an der Universität Bonn inne und ist dort Direktor des interdisziplinären Center for Science and Thought (CST). Gabriel gehört zu den prominentesten Vertretern der deutschen Gegenwartsphilosophie. 2020 ist sein *Spiegel*-Bestseller *Moralischer Fortschritt in dunklen Zeiten. Universale Werte für das 21. Jahrhundert* erschienen.

Joachim Gauck studierte Theologie und trat schon als Jugendlicher in Opposition zur Diktatur in der DDR. 1989 war er Mitinitiator des kirchlichen und öffentlichen Widerstands gegen die SED-Diktatur. 1990 zog er als Abgeordneter von Bündnis 90 in die zum ersten Mal frei gewählte Volkskammer ein. Von 2012 bis 2017 war Joachim Gauck der elfte Bundespräsident der Bundesrepublik Deutschland. Er war

u. a. Gastprofessor an der Heinrich-Heine-Universität Düsseldorf und ist Ehrenbürger von Berlin und seiner Heimatstadt Rostock.

Dr. Robert Habeck ist seit dem Dezember 2021 Vizekanzler und Bundesminister für Wirtschaft und Klimaschutz. Bei der Bundestagswahl 2021 errang er das Direktmandat im Wahlkreis Flensburg-Schleswig und ist seitdem Mitglied des Deutschen Bundestags. 2018–2022 war Robert Habeck Bundesvorsitzender der Grünen, 2012–2018 stellvertretender Ministerpräsident und Minister in Schleswig-Holstein. Zuletzt leitete er dort das Ministerium für Energiewende, Landwirtschaft, Umwelt, Natur und Digitalisierung.

Dr.-Ing. Stefan Hartung ist seit Januar 2022 Vorsitzender der Geschäftsführung der Robert Bosch GmbH sowie Gesellschafter der Robert Bosch Industrietreuhand KG. Zu seinem Verantwortungsbereich gehören u. a. Unternehmensstrategie, Unternehmenskommunikation und Regierungsbeziehungen sowie Technologieentwicklung. Er verantwortet darüber hinaus den Zentralbereich Forschung und Vorausentwicklung, das zentrale Qualitätsmanagement sowie die Zentralabteilung Technologie Fertigung. Er ist auch zuständig für die Gesellschaft Bosch Healthcare Solutions GmbH und für das Bosch-Geschäft in China.

Prof. Dr. Felix Heidenreich studierte Politikwissenschaften, Philosophie sowie mittlere und neuere Geschichte in Heidelberg, Paris und Berlin. Er arbeitet als wissenschaftlicher Koordinator am Internationalen Zentrum für Kultur- und Technikforschung (IZKT) der Universität Stuttgart. Zu seinen Forschungsschwerpunkten gehören u. a. Nachhaltigkeit und Demokratie, politische Emotionen und Theorien der Gerechtigkeit. Er ist Autor von *Demokratie als Zumutung. Für eine andere Bürgerlichkeit* (2022) und *Nachhaltigkeit und Demokratie. Eine politische Theorie* (2023).

Dr. Johannes Hillje ist Politik- und Kommunikationsberater in Berlin und Brüssel. Er berät Institutionen, Parteien, Politiker, Unternehmen und NGOs. Zur Europawahl 2014 arbeitete er als Wahlkampfmanager der Europäischen Grünen. Zuvor war er im Kommunikationsbereich der UN in New York und in der heute.de-Redaktion des ZDF tätig. Er ist Autor des Buches *Propaganda 4.0* (2017). Hillje hat Politics and Communication an der London School of Economics und Politikwissenschaft und Publizistik an der Universität Mainz studiert.

Prof. Dr. Everhard Holtmann war bis 2015 Professor für Politikwissenschaft an der Universität Halle-Wittenberg. Ab 2012 war er Forschungsdirektor und am Zentrum für Sozialforschung e.V. (ZSH) an der Universität Halle-Wittenberg, wo er inzwischen als Senior Research Fellow tätig ist. 2024–2029 übernimmt er die Leitung eines Teilprojekts im Forschungsinstitut Gesellschaftlicher Zusammenhalt (FGZ)-Forschungsverbund.

Prof. Dr. Hanna Hottenrott ist Professorin für Innovationsökonomik an der Technischen Universität München (TUM). Seit 2023 leitet sie zudem den Forschungsbereich für Innovationsökonomik und Unternehmensdynamik am Leibniz-Zentrum für Europäische Wirtschaftsforschung (ZEW). Bevor sie 2016 an die TUM kam, war sie Juniorprofessorin für Industrieökonomik am Institut für Wettbewerbsökonomie (DICE) der Heinrich-Heine Universität Düsseldorf und promovierte an der KU Leuven in Belgien. Hottenrott beschäftigt sich in Forschung und Lehre mit Themen aus den Bereichen der Innovations- und Industrieökonomik sowie der Wissenschafts- und Technologieforschung.

Tobias Jaeck ist wissenschaftlicher Mitarbeiter am Zentrum für Sozialforschung Halle. Er studierte Soziologie und Kulturwissenschaften in Halle (Saale), Leipzig und Essex. Forschungsschwerpunkte sind Einstellungs-, Partizipations- und Demokratieforschung, Stadtsoziologie, Rechtsextremismus, gruppenbezogene Menschenfeindlichkeit und Transformationsforschung.

Philipp Krohn ist in der Wirtschaftsredaktion der *Frankfurter Allgemeinen Zeitung* für die Reportage-Seite „Menschen und Wirtschaft" zuständig und schreibt über wirtschafts- und sozialpolitische Themen. Nach einem Studium der Germanistik und Volkswirtschaft, Aufenthalten in Montpellier und Paris folgten dreieinhalb Jahre beim Deutschlandradio. Er ist Autor der Bücher *Sound of the Cities. Eine popmusikalische Entdeckungsreise* (2015, mit Ole Löding) und *Ökoliberal. Warum Nachhaltigkeit die Freiheit braucht* (2023).

Wolf Lotter ist Autor und Vortragender und beschäftigt sich seit Jahrzehnten mit der Transformation von der Industrie zur Wissensgesellschaft. Er ist Gründungsmitglied und langjähriger Leitartikler von *brandeins*, Kolumnist der *taz FUTURZWEI* und *Wirtschaftswoche* und Autor einschlägiger Bücher zum Thema, etwa *Innovation. Streitschrift für barrierefreies Denken* (2018), *Zusammenhänge* (2020), *Die Gestörten* (2023) und *Echt. Der Wert der Einzigartigkeit in einer Welt der Kopien* (2024). https://www.wolflotter.com/

Prof. Dr. Steffen Mau ist Professor für Makrosoziologie an der Humboldt-Universität zu Berlin. Sein Buch *Lütten Klein. Leben in der ostdeutschen Transformationsgesellschaft* (2019) stand auf Platz 1 der Sachbuch-Bestenliste von ZDF, Zeit und Deutschlandfunk Kultur. Mau wurde mit zahlreichen Preisen ausgezeichnet, darunter 2021 der Leibniz-Preis der Deutschen Forschungsgemeinschaft. 2023 ist sein *Spiegel*-Bestseller *Triggerpunkte* (gemeinsam mit T. Lux und L. Westheuser) erschienen.

Isabel Müller ist Soziologin und wissenschaftliche Mitarbeiterin am Zentrum für Sozialforschung Halle. Zu ihren Forschungsschwerpunkten gehören soziale Innovationen, insbesondere in Bezug auf sozialräumlichen und demografischen Wandel sowie die Entstehung und Entwicklung sozialer Innovationen im ländlichen Raum. Weiteres Forschungsinteresse ist die Gestaltung sozialer, ökologischer und ökonomischer Nachhaltigkeit durch regionale Akteure.

Prof. Jan-Werner Müller lehrt Politische Theorie und Ideengeschichte an der Princeton University. *Was ist Populismus? Ein Essay* (2016) wurde in zahlreiche Sprachen übersetzt und gilt als zentraler Text zum Verständnis zeitgenössischer politischer Entwicklungen. Müller äußert sich regelmäßig zum Zeitgeschehen; er schreibt u. a. für *Foreign Affairs*, die *Neue Zürcher Zeitung*, die *New York Times* und die *Süddeutsche Zeitung*. Er wurde mit dem Bayerischer Buchpreis 2019 ausgezeichnet.

Prof. Dr. Armin Nassehi ist Professor für Soziologie an der Ludwig-Maximilians-Universität München. Seine Arbeitsgebiete sind soziologische Theorie, Kultursoziologie, politische Soziologie, Wissenssoziologie. Seit 2012 ist er Herausgeber der Kulturzeitschrift *Kursbuch*. Er ist Autor zahlreicher Bücher, darunter: *Muster. Theorie der digitalen Gesellschaft* (2019); *Unbehagen. Theorie der überforderten Gesellschaft* (2021); *Gesellschaftliche Grundbegriffe. Ein Glossar der öffentlichen Rede* (2023) und *Kritik der großen Geste. Anders über Transformation nachdenken* (2024).

Prof. Dr. Isabelle-Christine Panreck ist Professorin für Politikwissenschaft an der Katholischen Hochschule NRW, Köln. Zuvor vertrat sie die Professur für Politikwissenschaft an der Universität Hildesheim und war u. a. Visiting Fellow an der London School of Economics and Political Science (LSE) sowie an der SciencesPo Lille. Sie lehrt und forscht zu den Themen Krisen und Innovationen in der Demokratie, Politische Bildung sowie Politische Theorie und Ideengeschichte.

Prof. Dr. Bernhard Pörksen ist Professor für Medienwissenschaft an der Universität Tübingen. Er erforscht die Macht der öffentlichen Empörung und die Zukunft der Reputation. Seine Werke *Wahrheit ist die Erfindung eines Lügners* (1998 mit H. von Foerster) und *Kommunikation als Lebenskunst* (2014 mit F. Schulz von Thun) wurden Bestseller. 2008 wurde Pörksen zum „Professor des Jahres" gewählt. 2018 erschien sein Buch *Die große Gereiztheit. Wege aus der kollektiven Erregung*.

Dr. Axel Salheiser ist seit 2022 wissenschaftlicher Leiter des Instituts für Demokratie und Zivilgesellschaft (IDZ) und Sprecher des Teilinstituts Jena des Forschungsinstituts Gesellschaftlicher Zusammenhalt (FGZ). 2012–2021 war Salheiser Co-Autor des Thüringen-Monitors – einer jährlichen Studie zu den politischen Einstellungen der Bürgerinnen und Bürger Thüringens. Er ist Mitglied im KomRex-Zentrum für

Rechtsextremismusforschung, Demokratiebildung und gesellschaftliche Integration an der Universität Jena.

Benno Stieber ist seit 20 Jahren in Baden-Württemberg als Korrespondent und Autor für verschiedene Medien tätig, darunter die *Financial Times Deutschland*, *Brand eins* und *Cicero*. Seit 2015 ist er landespolitischer Korrespondent der *taz*. Er hat mehrere Bücher geschrieben und war Gründungsvorstand des Journalistenverbands Freischreiber. Benno Stieber hat Politik, Geschichte, Soziologie und Journalistik in München studiert.

Clara Schweizer setzt sich seit ihrem 13. Lebensjahr für Klimaschutz ein und ist der Überzeugung, dass wir innovative und vor allem pragmatische Ansätze brauchen, um die zwingend notwendige Klimaneutralität zu erreichen. Mit der Gründung des Vereins Klima-Taskforce e.V. gestaltet sie Klimaschutz ganz konkret auf kommunaler Ebene mit. Schweizer studiert Politikwissenschaften und Öffentliches Recht. Außerdem engagiert sie sich bei den Grünen, bei Fridays for Future und ist Gemeinde- und Kreisrätin für die Stadt Nürtingen.

Peter Unfried ist Chefreporter der *taz* und Chefredakteur von *taz FUTURZWEI*, Magazin für Zukunft und Politik. Außerdem ist er Kolumnist und Autor. Sein Spezialuntersuchungsgegenstand sind die gesellschaftlichen Bedingungen, unter denen ernsthafte Klimapolitik möglich wird. Unfried lebt in Berlin-Kreuzberg.

Prof. Dr. Maren Urner ist Neurowissenschaftlerin und seit September 2024 Professorin für Nachhaltige Transformation an der FH Münster. Sie studierte Kognitions- und Neurowissenschaften und wurde am University College London promoviert. 2016 gründete sie das erste werbefreie Onlinemagazin *Perspective Daily* für Konstruktiven Journalismus mit. Ihre Bücher *Schluss mit dem täglichen Weltuntergang* (2019), *Raus aus der ewigen Dauerkrise* (2021) und *Radikal emotional. Wie Gefühle Politik machen* (2024) sind *Spiegel*-Bestseller.

Über die Autorinnen und Autoren

Roman Zitzelsberger war von 2013 bis Februar 2024 Bezirksleiter der IG Metall Baden-Württemberg, 2015, 2018 und 2022 verhandelte er die Pilotabschlüsse für die Metall- und Elektroindustrie bundesweit. In dieser Funktion war er Mitglied in zahlreichen wirtschafts- und landespolitischen Gremien und nimmt Aufsichtsratsmandate bei Daimler Truck, Mercedes-Benz und ZF wahr. Bei ZF ist Zitzelsberger stellvertretender Aufsichtsratsvorsitzender.

Laura Zöckler war nach dem Abschluss ihres Politikwissenschaftsstudiums von 2018 bis Anfang 2024 im Vorstand der Heidelberger Energiegenossenschaft, wo sie die Bereiche Kommunikation und Öffentlichkeitsarbeit verantwortete. Seit März 2024 ist sie Pressesprecherin der Energiegenossenschaft. Hauptberuflich arbeitet sie bei dem genossenschaftlichen Ökostromanbieter Bürgerwerke eG, wo sie sich um einheitliche Außenkommunikation und Projektmanagement kümmert.